广告文案

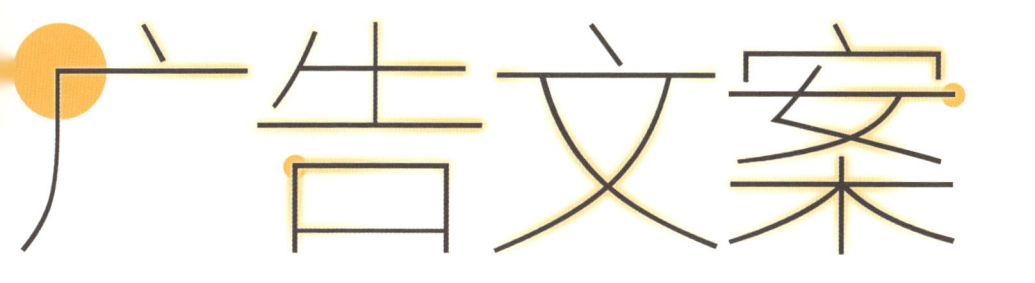

文案人的自我修炼手册

乐剑峰 著

THE POWER OF WORDS

中信出版集团·CHINACITICPRESS·北京

图书在版编目（CIP）数据

广告文案/乐剑峰著. -- 北京：中信出版社，
2016.11（2023.8重印）
ISBN 978-7-5086-6502-3

I. ①广⋯ II. ①乐⋯ III. ①广告－写作 IV.
①F713.8

中国版本图书馆CIP数据核字（2016）第172507号

广告文案

著　者：乐剑峰
策划推广：中信出版社（China CITIC Press）
出版发行：中信出版集团股份有限公司
　　　　　（北京市朝阳区东三环北路27号嘉铭中心　邮编　100020）
　　　　　（CITIC Publishing Group）
承　印　者：天津丰富彩艺印刷有限公司

开　本：880mm×1230mm　1/32　印　张：14.5　字　数：186千字
版　次：2016年11月第1版　　　　印　次：2023年8月第14次印刷
书　号：ISBN 978-7-5086-6502-3
定　价：58.00元

版权所有·侵权必究
凡购本社图书，如有缺页、倒页、脱页，由销售部门负责退换。
服务热线：400-600-8099
投稿邮箱：author@citicpub.com

目 录
contents

前言一　新手必读——广告文案的基本观念

人间何处无文案　X
时代语录：激扬文字的生命力　XI
广告文案的双重定义　XII
全能文案的日程表　XVIII
你的作"案"工具　XXII

前言二　老生常谈——史上著名广告撰稿人及作品

大卫·奥格威　XXVI
威廉·伯恩巴克　XXVIII
罗瑟·瑞夫斯　XXX
李奥·贝纳　XXXII
乔治·葛瑞宾　XXXIV
萨奇兄弟　XXXVI

第一章　策略为先——文案思考的源头统摄

为什么要有策略　002
先解决问题，再卖掉创意　003
四项基本原则：起舞前请戴上镣铐　005
像个侦探一样去逛街　026
策划书：只要模板，不要刻板　027
老观点，新用途　029

广告文案
The Power of Words

第二章　创亦有道——文案写作的执行金律

创意，是什么玩意儿　036

新瓶装旧酒，味道刚刚好　038

披上创意外衣，传播多么容易　042

至少被说过一万遍的 5 步秘籍　045

4 个动脑游戏，学会"多快好省"　047

迷宫的出口：评判创意的标准　056

第三章　言外之意——看图说话的视觉体系

整个作品就是一幅图　060

字体：让阅读成为悦读　065

版式：建立视觉流通的秩序　071

图像：何尝不是一门语言　078

文与图的化学反应　082

文稿管理：职业文案的基本动作　086

第四章　开门见山——怎样写广告标题

由阅读心理学谈起　092

AIDMA：揭开文案结构之谜　093

成败在此一"句"　096

思考标题的 10 条路径　099

陈词滥调，一律下岗　112

平面标题的禁区　115

第五章　引人入胜——怎样写广告正文

用标题叫卖，用正文说服　118

正文撰写 5 部曲　120

随文的几大要素　134

善用边角料：利益点描述练习　136

文案修订与"刷牙测试法"　138

第六章　说长道短——怎样写长文案、短文案

要多长，有多短　142
高关心度与低关心度　143
结构：长文案的秘密武器　145
让文案更好读的 8 个办法　152
积累常识，而不是形容词　153
短文案的爆发力　161

第七章　举一反三——怎样创作系列广告？

不是一家人，不进一家门　168
系列广告的形式解码　170
系列感，从标题开始　176
一句话，写出 core idea　189
从作品中归纳"核心概念"　191

第八章　一语中的——怎样创作广告口号

写广告口号，比写广告难多了　196
广告口号的基础知识　197
别把口号与标题混为一谈　199
口号升级的三重境界　201
我的口号创作秘籍　205

第九章　名正言顺——怎样为品牌或产品起名

文案不会起名怎么行？　218
品牌这点事儿　220
价值，是感觉出来的　223
会想，还要会卖　227
好名字的 5 个标准　229
"波啦"面包店命名提案　237

广告
文案
The Power of Words

第十章　本本主义——怎样写样本、单页等线下物料

被误解的物料写作　244　　　　　怎样写企业、品牌、产品样本　254

样本分类与创作要诀　245　　　　怎样写促销折页　264

几个很严肃的技术问题　248

第十一章　声色俱全——怎样写电视广告

电视广告及其媒体　268　　　　　电视广告文案的零件拆解　277

分工搭配，干活不累　271　　　　脚本、故事板、分镜头　295

百闻不如一见　272　　　　　　　电视广告文案的检核　304

第十二章　耳听为实——怎样写广播广告

广播广告及其媒体　308　　　　　声音写作的 4 个要点　324

如何讨好他们的耳朵　310　　　　广播广告检测技巧　335

广播广告的类别一览　312

第十三章　常变常新——怎样写网络广告

新媒体，创造新机遇　338　　　　如何撰写电商类文案　346

如何策划不同风格的网站文案　340　　H5 文案：豪华版的移动端广告　353

第十四章　分享共鸣——怎样写微信微博等社交媒体文案

"约吗？"社交媒体来啦！　366
为读者而写：社交营销文案的逆袭　375
AISAS：决定微博文案的重心　380
如何策划品牌的微信公众号？　386
如何让你的文案被更多人分享　404

附　录　有备而战——广告行业入门常识

什么是4A　412
英文头衔大盘点　413
广告奖，逐个讲　418
专业书刊何其多　423
如何准备你的作品集　424

The Power
of
Words

前言一

新手必读
广告文案的基本观念

人间何处无文案

时代语录：激扬文字的生命力

广告文案的双重定义

全能文案的日程表

你的作"案"工具

人间何处无文案

　　文字，从毛笔宣纸上走出来，从输入法和对话框里跳出来，以惊人的速度繁衍传播，包围着我们的生活。从杂志、报纸、电视，到直邮、手机、互联网，文字组成了我们无法回避、纷乱嘈杂的大众传媒；从热门小说、流行歌词、影视剧本，到网络段子、八卦新闻甚至促销信息，文字为我们所阅读、所体验、所娱乐、所消费。

　　带来信息爆炸的新媒体，将文字的力量重新激活：古诗词焕发新时尚，民间语言大摇大摆粉墨登场，新字词、新句型持续井喷。新媒体，让话语权不再只是少数人的专利，你方唱罢我登场，语不惊人死不休。其实，细心的你会发现，在这些快速涌现的流行语词背后，离不开大量以此为业的创作者。

　　好书、好戏、好文章，伟大的作品需要伟大的作者。今天，在高速运转的广告产业流水线上，同样有一群点石成金的创作者——文案撰稿人。他们凭借着脑袋和笔杆，和美术设计师一起，担负着广告创作的重任，构思着广告的概念，用命名美化品牌，用标题刺激眼球，用口号鼓动消费。

　　他们通过洞察人性、解剖品牌，去贩卖梦想；他们无时无刻不在追求语言的说服力和鲜活度，并借此为广告注入强心剂。这针强心剂，在目标消费者的心中演变成销售力，从而轻松卖出各色商品。而在贩卖的同时，某些东西以历史或潮流的名义，被不经意地记录、流传下来。

时代语录：激扬文字的生命力

Make love, no war（没有战争，只有爱）/ 兼爱，非攻

I have a dream（我有一个梦想）/ 道路是曲折的，前途是光明的

Today is history（今天将成为历史）/ 知己知彼，百战不殆 / 上兵伐谋

三人行必有我师 / 四海之内皆兄弟 / 失败乃成功之母

王侯将相，宁有种乎 / 三十功名尘与土，八千里路云和月

三碗不过冈 / 少年强则中国强 / 一切反动派都是纸老虎

一国两制 / 马照跑、股照炒、舞照跳 / 发展才是硬道理

飘一代 / 中国可以说不 / 男儿当自强

做人要厚道 / 常回家看看 / 跟着感觉走

无知者无畏 / 动物凶猛 / 该出手时就出手

面朝大海，春暖花开 / 你别无选择 / 谁动了你的奶酪

出来混，迟早都是要还的 / 我思故我在 / 穷爸爸、富爸爸

蟑螂不死，我死 / 不是我不明白，是这世界变化快

21世纪什么最贵？人才

飞雪连天射白鹿，笑书神侠倚碧鸳 / 需要理由吗？不需要吗？需要吗？

黑夜给了我黑色的眼睛，我却用它来寻找光明

卑鄙是卑鄙者的通行证，高尚是高尚者的墓志铭

流传下来的每一句话都是这个世界的一个截面，透视着时代的丰富变迁和潮流的光怪陆离。作为语言，它们早已超越基本的交流功能。它们将意识化为形态，被公众接受、放大、颠覆或传播；它们唤醒梦想、

承载智慧、表明立场、制造流行、记录历史……对文案撰稿人而言，最高的奖赏，莫过于写出如此有影响力的金句，犹如熠熠星辰般闪耀人间。

广告文案的双重定义

文案＝广告语？

文案＝标题？

文案＝广告正文？

文案＝广告的文字方案？

文案＝广告策略？

文案＝文案作者？

上述说法都不够准确。广告文案一词，起源于英文名词 advertising copy。文案，既可以指一个广告作品中的文字组成部分（copy），也可以代表广告公司中从事文稿写作人员的职称（copywriter、writer）。为了方便起见，在本书中，我们以"文案"和"文案撰稿人"区分两者。

定义 1：当文案只是文字

广告文案：广告作品中的全部语言符号，包括有声语言和文字

每一则广告作品，均由语言符号与非语言符号构成。

在平面广告中，文案不仅包括标题、正文、口号、随文，更包括广告画面中常被忽视的部分，比如场景中的路牌名、产品包装上的文字、手机屏幕上的文字等。

在电视广告中,文案包括了脚本、旁白、字幕、口号等;在广播广告中,文案包括了脚本、旁白以及对声音、音效的描写。它们更多以"有声语言"的形式出现。

今天,广告文案的构成早已突破了传统模式。在微博、微信、网络论坛等形式的文案中,除了主题内容之外,甚至连评论语、转发语等内容,都可归为文案创作的范畴。

从广义上来讲,凡是有助于完成广告目标的一切形式的文字,都可以称之为广告文案。

广告文案的媒体类别

关于广告文案的媒体类别,请见下表:

类别	媒介
印刷广告文案	大众媒介:报纸、杂志; 宣传品:海报、产品手册、企业样本、直邮(DM)等
电波广告文案	电视、广播等
其他媒介广告文案	户外广告、展览展示广告、电梯广告、短信广告、网络广告、新媒体广告等

广告文案写作的特别之处

妙趣横生、风格多变的广告文案作品,总是给人一种错觉:它的写作过程相当轻松、随意、充满乐趣。文笔好,就能写文案,成了普遍观点。这一观点吸引了大量新人入行,直到真刀真枪的实战开始后,他们才知道原来这是一场误会。

广告文案
The Power of Words

从本质上讲，文案撰稿人首先是商人，其次才是艺术家。你写的文案，承担着艰巨的销售任务——宣传商品或服务。文案的核心，一定是某种承诺，即让消费者从消费中得到某种好处。的确，在对写作能力的要求上，文案撰稿人与许多职业文字工作者（如记者、小说家、评论员等）有着众多共性。但有一点本质区别不可忽视，广告文案撰稿人所写的是论述清晰、说服力强并且有利于销售的文字。

比较一：文案写作 Vs. 文学写作

> 莎士比亚会是一位很糟糕的文案作者，海明威、陀思妥耶夫斯基或是托尔斯泰等人们能叫得出名字来的小说家，都一样。如果让作家去搞文案创作，那么他们大都是不合格的。
>
> 罗瑟·瑞夫斯
美国著名文案大师

文学写作事先没有明确目的，也不一定要确定写给谁看，更不必遵循一些外在的要求。而广告文案写作，是一种按要求、有目的的写作，必须经过长期训练与商业实战，才能达到运用自如的境界。

文学作者可以在小说、散文中尽情展现个人风格，自由地表达喜怒哀乐。而广告文案作者，需要将产品个性放在第一位，言简意赅，一语中的。你的写作技能和文字风格，不过是一种商业工具，绝不是爬上文学殿堂的阶梯。

文案撰稿人的工作，更像是"翻译"——将常识转换成具有销售力的文字。而它的最高境界，就是用尽可能低廉的费用，将一项信息灌输到最多数人的心中。

比较二：文案写作 Vs. 新闻写作

两者对于能力、知识与经验等方面，有着极为相似的高要求。两种从业人员都必须善于分析、敏于观察并掌握大量的相关专业知识，用简练的文笔描述事物。

不过，在广告文案中还要增加一种新闻报道所没有的元素——劝服元素。记者只需要讲出事实，无须美化粉饰。但对于文案撰稿人来讲，单纯地罗列事实，是不够的。他在讲事实的同时，还要用文字为产品或服务营造出气氛，激发潜在消费者的欲望，促成购买。

记者写报道可以遵循某种固定的格式，而文案写作则不可能依赖某种固定的风格来减轻工作量。它必须依照不同的时间、地域要求，为不同的产品量身定做文案。

> **TIPS**
>
> 小测验：下面哪些才是文案？
>
> 作文、日记、情书、通知、新闻、遗失启事、征婚启事、通缉令、征友、招聘、欠条、奖状、散文、小说、杂文、评论、评书、相声、二人转、独角戏、流行歌曲、剧本、电视广告、广播广告、网络广告、户外广告、报纸广告、海报、单页广告。

定义 2：当文案成为职称

每家广告公司的创作团队，至少包括两种不同的专业分工：文案撰稿人（copy writer）+ 美术设计师（art designer）。在广告公司里，"文案撰稿人"简称为"文案"或"撰文"；"美术设计师"，则通常称为"美术

XV

指导",简称"美指"。在这两个领域里,按照资历高低,又可分出"助理""资深""组长""总监"等不同称谓(详见本书"附录")。

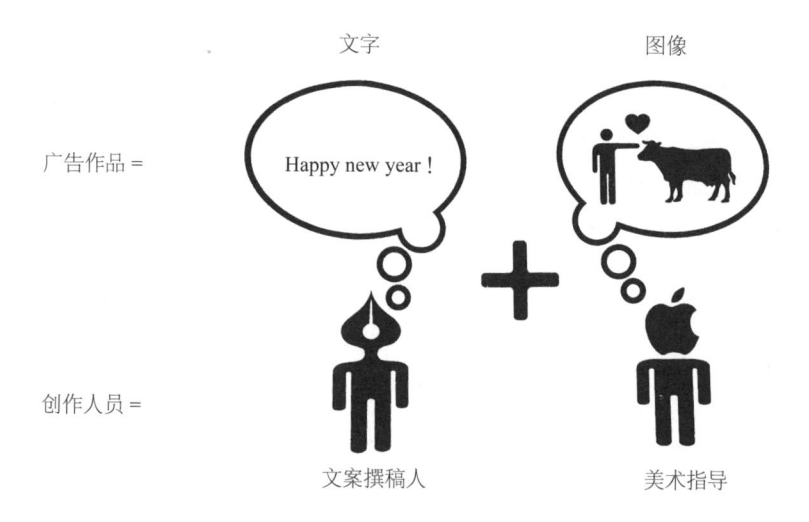

文字　　　　　　图像

广告作品 = 　Happy new year！　＋　[心 人 牛]

创作人员 = 　文案撰稿人　　　　美术指导

文案加美指,构成了一个最基本的创意小组,他们之间能否默契合作、各取所长,是保证一则广告作品成功的前提。若干个创意小组,构成了广告公司的创意部,他们与客户部、策略部、媒介部、制作部等并肩作战,构成整个广告公司的运作体系。

做文案,还是做美指?

要是与广告公司的文案聊天,常常可以听到这样的话,"如果上天再给我一次机会,我宁可做美指"。因为文案实在太简单,门槛太低,每个人都会写字,从美术、AE(业务经理)到客户,都可以对你的文案"指手画脚",让你疲于修改,一句才几个字的slogan(广告口号)有时候可能要写上个把月、改上几十稿,还是不能定稿。而美术就显得比较高深,摆弄着酷酷的苹果电脑,玩着设计软件,名片上印着"art director"(美术指导),因为"director"与总监同义,一不小心还有跻身于公司管理层的错觉。

如果去问美指,他们又会告诉你,我宁可选文案,而不是做设计。美术可是个苦活,跟文案一起想完创意后,文案只要想几句俏皮话、写几行字就可以交差了,而美指就累多了,先要手绘草图,再上机做设计,还要找大量辅助图片、品牌元素,好不容易客户通过了,还有一大堆完稿等着做。君不见,在公司跷着二郎腿,泡泡咖啡、打打台球、游手好闲者,往往是文案大人,而在苹果机前默默耕耘者,往往是美术设计。

文案的工作果真是这样吗?会舞文弄墨,就能不费吹灰之力赚钱?如果真的是这样,我们就无法解释,为什么很多人文采斐然,却无法胜任文案这个职位。有些人从没做过广告,却能写出抢眼的标题、说出绝妙的句子,比如畅销书作家、脱口秀主持人?

做文案,何止写文案?

或许可以这样说,重要的是想法,不是文字。

文案的工作,绝不是"copy writer"字面上所涵盖的那样。文案撰稿人,也不是一个纯粹的文字工作者。他要写,更要想。除了要求有娴熟的文字表达能力,更需要文字以外的想法:缜密的策略思考能力,创造性的信息表达方式,敏锐的视觉发想能力,对色彩、图片、版面的选择搭配,对故事情节、分镜头脚本的构想,对社会的观察,对人性的理解,生活阅历的积累等。

一个成熟的文案,完全应该成为创意的源头。这就是为什么,如果

广告
文案
The Power of Words

一个文案能写能画，想法又不错，就能更快地得到升迁；同理，一个美指除了美术功底扎实外，如果逻辑思维出众、对好文字有感觉，也会更有前途。

全能文案的日程表

大多数人对于文案工作内容的了解极为模糊，受到一些影视剧的影响，人们认为文案大多是"伶牙俐齿、衣着光鲜"的口号制造者，甚至把文案和办公室文秘混为一谈。

经验告诉我们，没那么简单。广告文案撰稿人的工作总体分为三块：发想创意、用文字表达创意、跟设计一起想画面。从实际执行上来看，这三块，又细化出林林总总的多重任务，这还不包括校对文字、拍摄跟片、录音监制、市场调研等各项后续工作。

如果你要尝试应征文案撰稿人的岗位，就我的经验而言，以下的这些工作，你迟早会碰到：

- 撰写报纸广告、杂志广告、海报
- 撰写企业样本、品牌样本、产品目录
- 撰写日常宣传单页、各类宣传小册子
- 撰写直邮广告中信封、邮件正文
- 撰写电视广告脚本，包括分镜头、旁白、字幕
- 撰写电视专题片脚本
- 撰写电视广告的拍摄清单

- 撰写广播广告
- 将海外版广告文案汉化
- 撰写广告歌词，或汉化外文歌词
- 撰写各种形式的网络广告
- 为网站栏目命名
- 撰写网站内部文案
- 撰写微信日常内容，以及微博内容、评论、转发语
- 为微信公众号命名，撰写简介、问候语、菜单栏、签名档等
- 撰写微博、微信等社交媒体传播策划
- 撰写手机短信广告
- 撰写各类广告作品的创意阐述
- 撰写广告口号
- 撰写产品包装文案，包括品牌名、使用说明、产品成分等
- 为产品或品牌命名，并做创意阐述
- 为路演或活动命名，并做创意阐述
- 撰写活动请柬及活动现场宣传品上的文字
- 为各种礼品命名，并做创意阐述
- 为专卖店命名，并做创意阐述
- 撰写商店的橱窗或店内POP（促销工具）物料文案
- 撰写软文（新闻式、故事式、评论式）
- 撰写策划书，或协助策划人员优化、润色方案文字
- 协助客户企业内刊的编辑，提供主题方向，审核文字

广告文案
The Power of Words

不同的环境对文案撰稿人有着不同的锤炼和要求。如果你是一名外资广告公司的文案，所做的事就会比较纯粹，侧重创意；如果是本土公司，就会对你有更多综合要求，如撰写年度策划案等；如果你就职于企业的市场部、公关部，或者媒体广告部，你可以委托你的供应商来执行，但前提是你自己也要懂。日常的写作过程往往充满反复，烦琐而缺少激情。但是，作为一个文案，哪怕是一封电子邮件，都应该写得精练、高效、富有沟通力。

> **TIPS：入行前的预习课：经典广告影视剧**
>
> 《99法郎》电影海报
>
> 《99法郎》：改编自同名畅销书，作者和导演都曾经是法国广告界的创意高手，使得这部影片映射出强烈的自传色彩，也暗藏着对商品社会的嘲讽。衣着光鲜的才子佳人，貌似轻松的浮华生活，让观众一窥声色犬马、糖果般绚丽的广告行业；而略带苦涩的双重结尾，无意间讽刺了这群差点将灵魂卖给魔鬼的人。

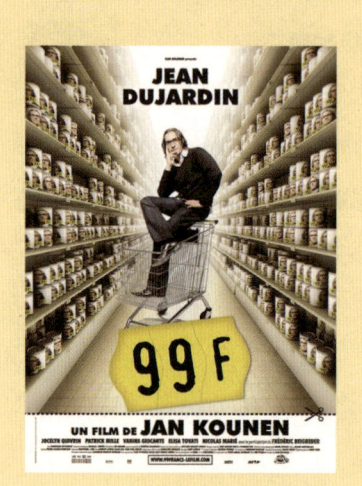

XX

前言一　新手必读——广告文案的基本观念

TIPS!

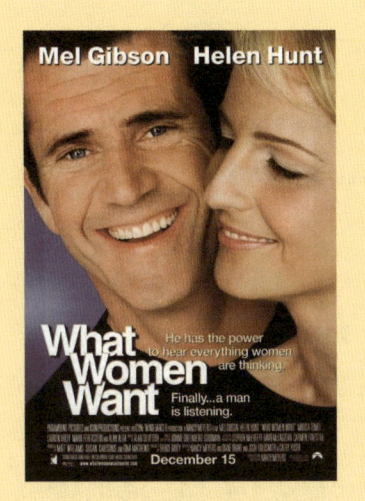

《谁知女人心》电影海报

《谁知女人心》：好莱坞喜剧电影，由大名鼎鼎的梅尔·吉布森主演。芝加哥的一家广告公司里，一位专做妇女用品的创意总监，在经历一场意外后，突然拥有了超能力，居然能够读懂女人的心思。如此，他的爱情和工作，是否就能如愿以偿、所向披靡？种种笑料等着我们去体验。

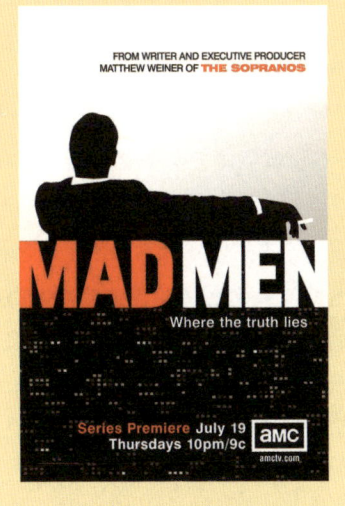

《广告狂人》电视剧海报

《广告狂人》：20世纪60年代的纽约麦迪逊大道（Madison avenue）上的广告人，诱惑和操纵着整个国家的欲望与需求。他们推销香烟、钢铁、口红、泻药，也推销美国总统，方法和卖肥皂没什么不同。故事大胆地描述了美国广告业的黄金时代，也反映了当时社会的性、伦理、生育、宗教等情况。

XXI

广告
文案
The Power of Words

你的作"案"工具

说到文案工作，似乎从来就与精良的装备无关。你用不着像你的美术搭档那样，老捧着那台酷酷的 Mac 苹果电脑，时刻惦记着更新换代的处理器，更不需要花长时间学习 Photoshop、Illustrator、3D MAX 等复杂的设计软件。多数时候，你凭着你的独门武器——大脑，只要能按时生产好点子，并用文字把它精准表达就够了。

不过，一旦你正式走上了职业生涯，就会发现，广告公司里除了个人才华，更需要沟通和协作。所以，尽早掌握一些基本的工具，就像学会几门通用的语言，让你走遍天下都不怕。放心，它们都非常简单。

电脑软件类

Word。文案工作必备，主要用于文稿的创建、输入及排版的软件。它几乎是你日常工作中使用频率最高的软件，可以帮你设置字体、编辑段落、调整版式、统计字数、突出重点信息等。未经排版的文字，坚决不能直接发给客户——它不仅降低沟通效果，也意味着你的专业形象也是"杂乱无章"。Word 软件功能不胜枚举，即使你只搞懂它的 1/10，就足以应付日常工作。

Word

前言一　新手必读——广告文案的基本观念

记事本。用于基本文本格式的创建与编辑的软件，存储为TXT文件，可以被地球上所有电脑操作系统和软件顺利识别。文件小，打开快，它的兼容性更使其横跨Windows、Mac两个系统。大多数的美术设计师都喜欢用苹果机，因此早年在微软Office软件尚未推出Mac版本时，文案撰稿人往往需要将完成后的文稿存为TXT文件，才能让搭档顺利打开。缺点：无法编辑复杂格式，仅供临时存储或公司内部文件传输。

记事本

Power Point。演示文稿软件，江湖人称PPT。擅长制作图文并茂的方案，常用于幻灯片播映与会议演示。一个生动的PPT方案、丰富的动画效果、精美统一的底板，绝对能为你的提案加分！PPT讲演有一个小技巧：要让你所说的和屏幕显示的有明显区别，这样才能让房间里的观众最感兴趣的是你，而非幻灯片。屏幕画面再炫，也只不过是视觉辅助手段。

Power Point

IE和Google。IE（Internet Explorer）是微软的网络浏览器，Google（谷歌）是最有名的搜索引擎之一。在这里用它们来统称同类软件，你可以利用它们自由浏览、讨论话题、收发邮件。互联网的资讯海洋，将大大地减轻你的记忆强度，使常识的积累和冷知识的应用变得异常便捷，当之无愧是你的"外脑"和"智库"。

IE和Google

XXIII

广告文案
The Power of Words

QQ、微信和Skype。社交通讯软件,随着手机、平板电脑等移动客户端的普及,各种"QQ群、微信群"已被广泛地应用于日常沟通及商务工作协同,解决了很多跨地域的沟通需求。这三款最常用的免费、即时聊天工具,它们各有所长:腾讯QQ多用于在线聊天,附带大附件邮箱等基础功能;微信,有手机端和电脑客户端两种模式,可以召开在线动脑会,也可以在手机和电脑之间自如传输文件;Skype,作为全球通用的聊天工具,方便与国外用户连线视频沟通。如需进行较大的文件传输,可采用QQ,不仅速度快,而且支持断点续传;更大的文件,还可选用百度、360等网络硬盘进行共享。

QQ、微信和Skype

日常工作类

铅笔。很多创意人的至爱涂鸦工具,用于画layout(草图)、写草稿。

水笔。书写流畅,笔迹鲜明,携带方便。

笔记本。居家出门常备,灵感随时记录。开会不带本子、不做记录,绝对是菜鸟表现。

手机。除了通话、短信等正常通讯功能,还有微信等App软件,可以随时记录、传输图文。

数码录音笔(或录音软件)。出门采访、市场调研的秘密助手。

U盘/移动硬盘。文件轻松转移,大容量资料安全备份,保存期限长。

常用工具书。《新华字典》《汉语成语词典》《同义词词典》《汉语正反序词典》等,供随时查证。

前言二

老生常谈
史上著名广告撰稿人及作品

大卫·奥格威

威廉·伯恩巴克

罗瑟·瑞夫斯

李奥·贝纳

乔治·葛瑞宾

萨奇兄弟

大卫·奥格威

大卫·奥格威

生平

大卫·奥格威（1911—1999），著名的奥美国际广告公司创始人，1911年生于英国苏格兰，早期曾做过厨师、厨具推销员、市场调查员、农夫及英国情报局职员。于1948年在美国创立奥美广告公司，随后以创作许多极富创意的广告而赢得盛誉。奥美公司在其经营管理下，发展迅速，现已成为在世界各地有众多分公司的跨国广告公司。

著作有《一个广告人的自白》《奥格威谈广告》等。

语录

绝对不要制作不愿意让自己的太太、儿子看的广告。

广告是推销技术，不是抚慰，不是纯粹美术，不是文学，不要自我陶醉，不要热衷于奖赏，推销是真刀真枪的工作。

我的做法是先写出一个草稿来，然后进行修改、修改再修改，直到可以通过为止。至少有些时候是这样写的。我知道很多作者可以写得很流畅、很自信，一气呵成。那是他们，我做不到。

《一个广告人的自白》图书封面

前言二 老生常谈——史上著名广告撰稿人及作品

作品一

标题：穿海瑟威衬衫的男人

简介：广告中，这位气宇轩昂的男人，以其所戴的一只黑色眼罩，促发了一种奇妙的关联性，使海瑟威衬衫拥有了自己独一无二的个性特征及形象魔力。奥格威采用"故事诉求"创作出一系列的海瑟威广告，让这个男人指挥音乐会、开豪华汽车、参加贵族社交、购买梵·高名画等，使消费者产生了心理认同。凭借这些广告，海瑟威成为当时世界著名的高档衬衫品牌，一家默默无闻长达114年的手工作坊顿时名扬天下。

海瑟威衬衣广告

作品二

标题："在时速60英里（约96公里）时，这辆劳斯莱斯车内最大的噪声，来自它的电子钟。"

副标题：是什么原因使劳斯莱斯成为世界上最好的汽车？"其实没什么奥妙——无非是对细节的一丝不苟。"劳斯莱斯公司一位著名的工程师如是说。

简介：这是奥格威最著名的平面广告之一。这个广告有着超长的标题以及719个英文单词，洋洋洒洒地陈述了有关劳斯莱斯汽车的细节，列举了11大理由，对车子的技术性能大肆渲染。这些事实，无一不是顾客所关心的。奥格威这种实用、朴素，甚至略显平庸的广告风格，虽然招来一些人的批评，却在实际销售上收到了奇效。

劳斯莱斯汽车广告

XXVII

广告文案
The Power of Words

威廉·伯恩巴克

生平

威廉·伯恩巴克（1911—1982），1911年生于纽约。在获得纽约大学的文学学位后，他在几家广告公司工作了七八年，随后与人合伙创立了DDB（Doyle Dace Bernbach）广告公司。1947年，公司成立之初，全部资本只有区区1 200美元，而到了1982年，当公司35周年诞辰时，DDB已是世界第十大广告公司，年营业额超过10亿美元，客户遍及全球。伯恩巴克在同时代广告大师之中，以另辟蹊径的想象力著称，作品自成一家，常令人拍案叫绝。

威廉·伯恩巴克

语录

我奉劝你一句，切勿相信广告是科学。研究是创意的敌人。

85%的广告根本没有人注意。广告最重要的就是要有独创性和新奇性。拥有了这两点，广告才有力量和世界上一切惊天动地的新闻事件以及一切暴力事件相竞争。

有想象力并不是说扯得远一点，耍点小聪明。我经常举一个例子：在纸上画一个做倒立的人可以吸引不少人，但这不是一个好广告，除非你画出他口袋里掉下来的很多东西，而那些东西正是你做广告的商品。

作品来自DDB广告公司

作品一

标题：艾维斯在租车行业只占第二位。那为什么要租我们的车呢？——因为我们更努力。

简介：这是美国历史上第一个将自己置于领先者之下的广告。20世纪60年代，艾维斯租车公司与身为行业龙头的赫兹（Hertz）竞争，实力悬殊，连续亏本13年。伯恩巴克为其提出了前所未有的"定位"策略：甘居老二，以退为进。这一表态，巧妙地吸引了消费者的关注，进而在广告中认识到了它在老大的阴影下，因努力而自信的一面。它运用人们同情弱者的心理，成功地传播了服务理念，奇迹般地扭亏为盈。

艾维斯企业广告

作品二

标题：想想还是小的好。

简介：20世纪60年代的美国汽车市场，是大型车的天下，大众的甲壳虫（Volkswagen Beetle）刚进入美国时根本无人问津。伯恩巴克在广告中提出"Think Small"的主张，强调低廉的售价、较少的维修费用、精湛的工艺和设计、良好的操控和安全性，最重要的是——油耗少。"Think Small"战胜了美国人的观念与购车习惯，使美国人认识到小型车的优点。它不但改变了甲壳虫的销量，还创造出独特的"甲壳虫文化"：简约、独特、个性化、反物质主义。自此，甲壳虫风行世界30余载，全球销量已超过2 500万辆。

大众"甲壳虫"汽车广告

XXIX

广告文案
The Power of Words

罗瑟·瑞夫斯

罗瑟·瑞夫斯

生平

罗瑟·瑞夫斯（1910—1984），1910年生于美国弗吉尼亚州，最初担任报社记者，从1940年进入达彼思广告公司（The Bates Company）后一直升至该公司董事长，并使公司跃升为世界最大的广告公司之一。他所提出的USP理论（独特的销售主张），对广告界产生了经久不衰的影响。"只溶在口，不溶在手"的M&M巧克力豆、"清洁牙齿，清新口气"的高露洁牙膏，以及"含有两万瓣过滤气泡"的总督牌香烟等名作均出自其手。1961年，他的著作《实效的广告》出版，更确立其"科学派广告"的旗手地位。

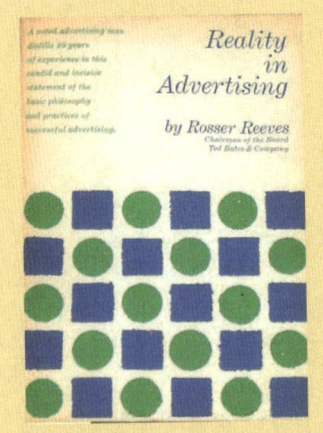

《实效的广告》图书封面

语录

我没有说迷人的、富于机智、热情的广告效果不佳。我只是说见到过成千个迷人的、富于机智的、热情的广告并没有产生市场效果。

广告的主旨在于付出最小的代价，却使尽可能多的观众接受你所要表达的信息。

你知道，只有广告人才会开研讨会来评判各种广告。公众不开研讨会，也不做评判。他们要么采取购买的行动，要么就无动于衷。

作品

M&M巧克力豆——"只溶在口,不溶在手"

瑞夫斯认为,一个商品的成功因素就蕴藏于商品本身,而M&M巧克力豆是当时美国唯一用糖衣包裹的巧克力。基于这个与众不同的特点,他创作出这条家喻户晓的广告语。在电视广告中,一只脏手对比一只干净的手,让观众猜猜哪只手里有M&M?结果,当然是干净的手。因为M&M巧克力豆,"只溶在口,不溶在手"。简单、清晰的广告语,只用了8个字,就使得产品不黏手的特点深入人心,更表现出人们迫不及待想将它放入口中品尝的念头。半个世纪过去,M&M巧克力豆仍然在全世界各地延用这条广告语,而它的制造者玛氏公司,也成为年销售额达40亿~50亿美元的跨国集团。

M&M巧克力豆广告图片

广告文案
The Power of Words

李奥·贝纳

生平

李奥·贝纳（1891—1971），1891年出生于美国。从密歇根大学毕业后，他当过日报记者，为凯迪拉克汽车公司编过内刊，随后逐步进入广告业。在芝加哥一家知名广告公司磨炼了6年之后，1935年8月，李奥·贝纳成立了以自己姓名注册的广告公司。如今，李奥·贝纳广告公司已经遍及全球。他最伟大的成就，就是替万宝路牌香烟创立了男性化性格和美国西部牛仔的全新形象，将其从美国市场占有率不足1%的品牌，推到世界销售的第一位。

李奥·贝纳

语录

伸手摘星，即使徒劳无功，亦不致一手污泥。

在我认为，做广告最伟大的成就是使人信服；而没有任何东西比产品本身更能说服人。

对于某些商品，比方说药物，懂得一些背景知识会非常有用；关于食品行业，作者最好懂一点营养学……但是，这一类的知识和经验远不及其他一些能力重要，比如表达能力、思考能力和组织语言的能力。

我们一直努力追寻在最自然状态下的内在的戏剧性，却又需要时时注意不要显得太怪异、太聪明、太幽默，或者别的什么——一切只要自然。

李奥·贝纳公司标志性 Alpha 245 黑色大铅笔

作品

万宝路香烟——"欢迎来到万宝路的世界"

香烟品牌万宝路,诞生于 1924 年,它的名字 Marlboro,是"Man always remember love because of romantic only"(男人记得爱只因为浪漫)的缩写。可是,它作为女士香烟,一直销量萎靡。1954 年,李奥·贝纳为其"重新定位",一改往日的脂粉形象,开创了一个充满男子汉气概的品牌!广告以美国西部大草原为背景,以粗犷原始、野性豪迈的牛仔为主角,昭示出万宝路品牌的铮铮雄风,号召人们争相加入男子汉的行列。广告推出 1 年后,万宝路销量奇迹般地翻了 3 倍,1975 年,它又登上了全美销量第一的宝座。从 20 世纪 80 年代中期一直到现在,世界上每被抽掉的 4 支香烟中,就有一支是万宝路。

万宝路香烟广告,作品来自李奥·贝纳公司,1954 年

广告文案
The Power of Words

乔治·葛瑞宾

乔治·葛瑞宾

生平

乔治·葛瑞宾（1907—1981），1907年出生于美国密歇根州。1929年大学毕业，当时正值经济危机，他回到家乡底特律，在一家百货公司当售货员，积累了丰富的销售经验。1935年，他加入美国著名的扬罗必凯广告公司，从最基本的广告撰写员做起，在20多年后终于升为总经理。在长期的广告生涯中，他创作了大量独具特色的广告作品，为箭牌衬衫、旅行者保险、美林证券、哈蒙德和弦风琴等创作的广告，被公认为世界广告史上的经典之作。

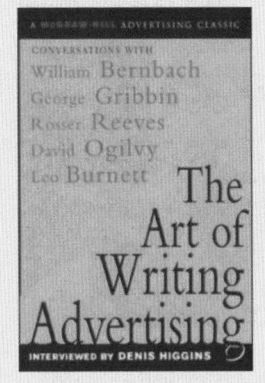

《广告写作的艺术》图书封面

语录

一个好的广告人的特征是：他一定是一个阅读广泛的人；他要做各种周刊及月刊杂志的读者，而不只是专业书。

一个好的作者，会尽量避免陈词滥调。不光是在写作中，在说话中也应避免。他会尽量不说那些老掉牙的比喻。

任何隐含着对生活的否定的东西，对一个文案作者来说都是不合适的，而愤世嫉俗正是一种对生活的否定。我想说的是，要参与生活，参与生活，再参与生活。

前言二　老生常谈——史上著名广告撰稿人及作品

作品一

标题：我的朋友乔·霍姆斯，他现在是一匹马了。

内容简介：主人公的朋友乔·霍姆斯因为受不了普通衬衫领口紧得令人窒息的压迫而死，后来，乔·霍姆斯变成一匹马，作者通过主人公和马的对话衬托出箭牌衬衫舒适的特点。

箭牌衬衫广告

作品二

标题：当我28岁时，我以为今生今世再也不会结婚了。

内容简介：女主人公因自己身材高大而为自惭形秽，她认为不会有人和她结婚，终于，有个男人和她结婚了，并且他们婚后很幸福。不久，她的丈夫死了，留下一张保险单，使她安详幸福地度过余生，作者用一个凄美的故事来烘托出保险公司留给人一如既往的关怀。

旅行者保险公司广告

XXXV

广告
文案
The Power of Words

萨奇兄弟

生平

英国的萨奇兄弟,是世界广告业中鼎鼎大名的两匹黑马。长兄查尔斯·萨奇18岁便辍学进入广告业,25岁创办咨询公司;弟弟莫里斯·萨奇毕业于著名的伦敦政治经济学院,随后也从事广告。1970年,兄弟俩在伦敦联手创立 Saatchi & Saatchi 广告公司(中国大陆译名为盛世长城)。他们曾帮撒切尔夫人成功入驻唐宁街,更将触角伸向全球各地,通过收购、兼并等各种手段,迅速建立起自己的广告王国。他们的广告作品一直以高质量、高格调著称。

萨奇兄弟

《创意奇才!萨奇兄弟和广告公司》图书封面

语录

世上无事不可能。

言简意赅而令人折服的真理能产生巨大的影响。

简洁明了意味着一切。

假如你难以将你的论证归纳为几个朗朗上口的单词或短语,那么你的论证中就肯定有不对的地方。

前言二　老生常谈——史上著名广告撰稿人及作品

作品一

　　标题：工党无所作为

　　简介：这则精心策划的竞选广告，将撒切尔夫人推上了首相的宝座，也让萨奇兄弟登上了伦敦广告界之巅。画面上领取救济金的队伍排成了一条长龙，上方醒目的标题"Labor isn't working"语含双关，一个意思是"工人们无法工作"，同时也是在贬低"工党无所作为"，深刻地揭露了当时英国的主要社会问题。该广告为保守党赢得了民心，进一步确保其在最后的投票中一举击败工党。

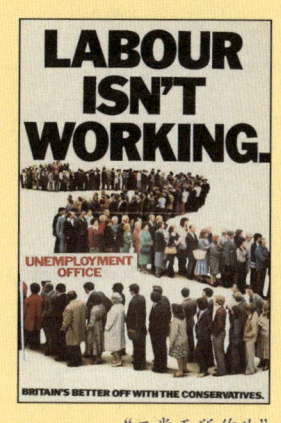

"工党无所作为"
竞选广告作品

作品二

　　标题：假如怀孕的是你，你是否会更加小心一些呢？

　　简介：公司成立之初，受英国健康教育委员会之托，需要制作一则反对早孕和未婚先孕的公益广告。萨奇兄弟极为重视，为此召集了所有创作人员投入工作。会议上，一名职员战战兢兢地提出了"怀孕的男人"的构思，本以为创意过于大胆会被否决掉，没想到查尔斯·萨奇听后大喜过望，迅速地完成广告的设计与制作。这则别出心裁、毫无说教的广告，在公众和同行中激起强烈反响，使公司一时间声名大振。

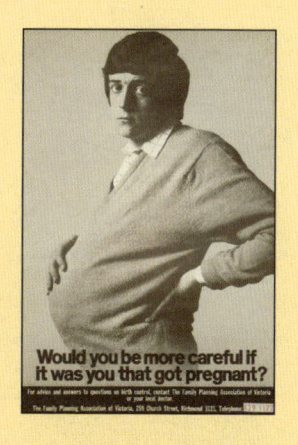

"假如怀孕的是你，你是
否会更加小心一些呢"
公益广告作品

XXXVII

第一章

策略为先
文案思考的源头统摄

为什么要有策略

先解决问题,再卖掉创意

四项基本原则:起舞前请戴上镣铐

像个侦探一样去逛街

策划书:只要模板,不要刻板

老观点,新用途

为什么要有策略

一张贴在店门口的海报,路过的行人会关注:画面够不够漂亮,有没有明星,促销奖品是不是有吸引力。而有经验的专业人士,一眼就可以看出,这张广告的背后有没有策略。

沟通,是一个极其精密的过程。只有集中火力,避免不必要的浪费,才可以精准地达成目标。这就需要我们在一开始就运用精密的方法——策略。策略化思考,通过辨识问题与机会,从而最终打动消费者的心,帮助你在成千上万条广告中脱颖而出。

简单来讲,策略就是能够达成目标的方法。策略不会只有一条,但你只能选择一条。许多策略之所以平庸,就是因为一开始确立目标的时候,思考太过粗糙或者根本没有思考。广告策略,是为了实现整体的营销目标所做出的阶段性广告活动纲领。如果说,营销目标是对大方向的把握,它是宏观、长期的战略部署,那么,广告策略则是具体的执行手段与对策,负责解决实际问题。

营销战略是核心,它决定着广告策略,而广告策略又制约着广告创意与文案表现。因此,如果不了解前面的市场环境及营销目标,贸然跳入后面的步骤，就有盲目作战的危险。

营销战略 ▶ 广告策略 ▶ 创意概念 ▶ 广告文案

事实上，广告文案在整个营销传播结构中的作用，通常来说比较弱小，尽管有时也很重要，但从来都不突出。这就仿佛是"戴着镣铐的舞蹈"，文案也好，创意也罢，貌似纯粹自由的创造性工作，其实都得归于广告目标的统摄和约束。所以，对于初学文案写作的人，一定要多花点时间去学习策略化的构思与表达，这样才能让你的作品除了表现力，更有销售力。

我并不特别看重文案，我更看重宣传计划。当一个客户出了问题来找我，我会给他设计一个宣传计划——而不是广告——如果10年之后，别的情形还是老样子，而他的生意越来越好，我想那就是这个好的宣传计划在起作用了。在这个行业中并不仅是文案才能产生推动作用。

罗瑟·瑞夫斯
达彼思广告公司董事长

先解决问题，再卖掉创意

客户更在乎的，是你能不能帮他解决问题，顺利地清空他们的产品库存，其次，才是你的创意有多厉害。创作者只有在营销层面上给客户一个可以打动他的理由，才有可能让他认同你的天才想法。而且，很多实际问题，并不一定就直接显露在他们之前的广告上，很有可能还会出现在品牌的视觉体系、公关形象、产品、渠道、促销及服务等诸多方面。

这时，你要面临的，绝不仅是创作单独的一条广告，而是要制定一套整体性的策略，也就是通常所说的"策划案"。你需要透视客户的"前世今生"，探听它的营销计划和广告目标，挖掘大量的市场数据，然后再结合产品和消费者的特性进行分析，拟出一个既省钱又有效的强大计划，最后，还得考虑怎样实施与检验。下面这两个方法可以帮助你更快地进入状态，找到客户的症结所在。

四态分析法	SWOT行销分析法
市场形态	strength 优势
产品状态	weakness 劣势
竞争者动态	opportunity 机会
消费者心态	threat 威胁

四态分析法

策略的本质，就是提出方法，解决问题。那么问题又在哪里呢？市场怎么样？产品怎么样？竞争者是谁？他们在说什么？消费者怎么样？如何看待我们和竞争者的品牌？让我们暂且忘记客户网站上的官方介绍，或是同事提供的参考消息，让自己对这几个问题做重新审视，可能你会推导出截然不同的结果。

SWOT行销分析法

你还可以借助咨询界常用的SWOT分析法。SWOT是stregth、

weakness、opportunity、threat 的首字母缩写，代表综合分析 4 项事实后所采用的结论。它是制定公司发展战略、进行竞争对手分析的基本手段。它通过对组织机构内外环境的分析，明确本身的优势和劣势，以及面临的机会和威胁。其中的优劣势分析主要着眼于企业的自身实力与竞争对手的比较；而机会和威胁分析则将注意力放在外部环境变化对企业的可能影响上面。作为行销分析的经典技巧，在菲利普·科特勒等的著作《营销管理》中对此有详尽的阐述。

> **小结：**
>
> 由于本书的主题关系，以上内容，仅对策略思维做了一个极为简略的介绍。对一个广告新人来讲，闯过这一关，需要相当长时间的实战积累。而一旦养成了这些思考习惯，无论对你个人的思辨能力，还是职业生涯的发展提升，都将起到不可低估的作用。

四项基本原则：起舞前请戴上镣铐

前面的思考，是为了解决客户的问题。下面，就来重点介绍如何解决你的问题。作为一个创意人，在充满激情的创作开始之前，为什么要保持冷静？当你文思如泉涌，每一个想法又都是自己的亲生骨肉，如何取舍？

这一节要介绍的，就是在这场创意舞蹈之前所要戴上的"镣铐"——4W原则。我在这里将它们称为"四项基本原则"，是因为它跟发想创意、评判创意的关系更为紧密，弄清楚了它们，就等于找到了策略落地所需要的 4 个支点。

Who，对谁说？
Why，为什么说？
What，说什么？
How，怎么说？

Who，对谁说——目标消费者

你一定要让自己清楚地知道，你的广告瞄准的目标受众是谁。你希望哪些人购买你的产品？给这些目标消费者下定义，是制定所有策略的关键：

他们是谁？性别、年龄、职业、收入、教育程度、婚姻状况等人口统计学指标。

他们是否有与某品牌（或某产品品类）相关的生活形态？

他们在哪儿居住、购物或者休闲娱乐？

他们如何看待广告？

他们的购买行为是价格导向的、随机的，还是比较忠诚于某一品牌？

以上谈到的，其实就是一个目标市场细分（target segment）的概念。企业不可能设计出适用于所有人的产品，我们的广告战役，也不可能跟每个人去沟通。在庞大的、多样化的市场人群中，我们需要根据我们产品的情况，精心挑选出具体的、容易控制的细分群体，然后瞄准他们，做出有针对性的独特诉求。

例如，当我们为女性内衣新品牌"艾黛妮"做前期策划时，首先想到的就是要去界定它的消费者。目标消费群的划分，绝不只是"女性"那么简单笼统。我们需要细分出，她们的年龄段大概在哪个范围？属于什么身份？是青春无敌、活力四射的学生，品位大胆、略显叛逆的文艺青年，还是正处于事业打拼期、讲求效率的金领白领？是生活悠闲、自给自足的开店族，还是巧妙地兼顾家庭与工作，追求得体形象的母亲？

然后，可以从目标群体的生活点滴中，来判断她们的口味、喜好与价值观。你对她们的生活特征了解得越多，就越容易选择能有效接触到她们的媒体，找到打动她们的方法。比如，她们爱看什么时尚杂志，是欧美老牌《VOGUE》、职业着装圣经《ELLE》，还是日系风格的《瑞丽》、倡导新女性主义的《悦己》？她们怎么看电视，喜欢财经频道、探索节目，还是美食旅游、情感谈话、日韩长剧？她们什么时候听广播，是早上上班开车时，还是临睡前？她们怎么上网，是上搜狐看新闻，上淘宝网淘新货，上篱笆网找团购，去开心网抢车位，还是看老徐（徐静蕾）或者韩少（韩寒）的博客？

此外，要记着你的消费者住在哪里。一个人所处的地域，常常影响到他的生活方式，也就决定了不同的需求。比如，我们曾经要在广告中介绍 Polo 车的"座椅加热"功能，但这款广告只限于华北地区投放。因为，这一功能对北方冬季来讲甚为实用，而如果一个住在海南的购车者就很难因此被打动，因为不需要。所以，如果针对南方的车主，就需要有其他的营销手段，比如免费的空调检测与保养、夏季送车载小冰箱等。

广告文案
The Power of Words

案例 CASE

为你的受众画像

例1 摩根船长朗姆酒的目标消费群（总体描述）

24 岁左右的男性，刚踏入社会的年轻群体。

对于他们来说：生活中完全以朋友为中心，朋友就是他们生活的一切；他们是彼此生活的一部分，他们一起住、一起外出、一起派对；希望所有的共同经历，都能成为彼此长期分享的难忘回忆。

他们认为，那些"共同的经历"是连接朋友间的纽带及桥梁。

摩根船长（Captain Morgan），它有着淘气、搞怪的性格，彻底玩乐的派对态度，是最适合这群男性的品牌。它将点亮他们的夜生活，让他们与朋友分享美好时光，增进与朋友间的友谊。

摩根船长朗姆酒的目标消费群（个体样本）

例2 艾黛妮内衣的目标消费群

18~35 岁之间的"轻熟女",她们是美貌、智慧、个性 3 者并重的都市精英女性。

"轻",指的是外貌年轻,甚至还能扮一回粉嫩;"熟",指的是内心成熟、人情练达、谈吐优雅。

她们介于天真与成熟之间,对自己的需求了然于心,让男人趋之若鹜。

她们思想现代,经济独立,不再小鸟依人,不再推崇"女人三从四德"的传统价值观。

她们认为内衣不再是用来取悦男人,而是用来取悦自己的。

她们清楚自己的魅力所在,也能和自己的缺点和平共处。

她们崇尚消费,而且有能力消费。她们正处于女人为自己的外表付出最高消费的年纪。对于艾黛妮内衣来讲,争取到她们,就意味着给自己带来终身的顾客。

代表人物:大 S 徐熙媛、伊能静、林志玲、苏慧伦。

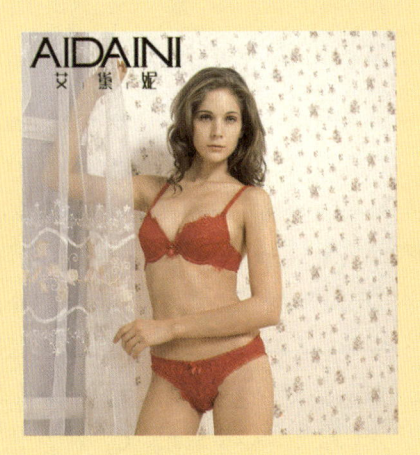

艾黛妮广告图片

你是哪一族？——从族群变迁看市场细分

社会文化的大潮，引导着消费者结构的变革。在都市生活中，新阶层、新群体迭出不穷：单身贵族、新新人类、MTV世代、时尚达人、小资、中产、乐活族、白骨精（白领、骨干、精英）、富皮士（富有的老年人）等。他们纷纷被冠以文化或时尚的标签，成了商家与传媒竞相瞄准的目标。

极客

来自于英文"geek"一词的音译，又译作"奇客"。在西方文化中，它曾被用来形容智力超群、善于钻研但不懂与人交往的知识分子，或者沉迷于网络的黑客（hacker）、计算机癖，多含贬义。但近年来，随着互联网文化兴起，它被用来形容那些思想自由、离经叛道的计算机嬉皮士，又称发烧友或怪杰，例如computer-geek（电脑怪杰）、techno-geek（科技怪杰）、gamer-geek（玩家怪杰）等。"极客"正成为一种时髦，他们是新的精英亚文化群体，是一群爱好原创事物、以技术为中心的边缘人类，并为自己的"地下"身份而倍感骄傲。

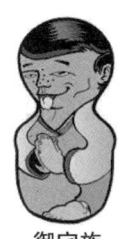

御宅族

"O－TAKU"——"御宅族"的称呼，起源20世纪80年代的日本，专指那些热衷ACG次文化（animation，动画；comic，漫画；game，游戏）以至于足不出户的人群。这群人有着如下特征：20~40岁，单身，个性封闭，不修边幅，长期游离于主流圈之外。在一般人印象中，他（她）们被认为是无法适应社会生活的自闭一族；而如今，"御宅文化"却越来越成为一种热门的消费文化，被众多商家所鼓吹，风靡东南亚和欧美。由此更衍生出"宅男""宅女"等新名词，深得"出门光鲜亮丽，回家疲懒邋遢"的都市青年的共鸣。

第一章 策略为先——文案思考的源头统摄

飘一代

城市移民文化的产物，这个字眼最早出现在 2000 年的《新周刊》杂志，继而作为一个国内新生代的称谓而深入人心。"飘一代"指的是一群 20~35 岁的年轻人，又被称为"新世纪的时尚领袖"。他们普遍拥有高学历，追求快乐、自由飘荡的生活，厌恶循规蹈矩。他们类似美国反战年代的"嬉皮"，生活在社会的边缘，但又更具现实主义的色彩。他们不喊自由的口号，但试图在日常生活中实践着绝对的自由。例如，他们坚持"只买报，不订报""只租房，不买房"，就是为了准备随时来一次长途旅行。

雅皮士

"yuppies"，是美国人根据"嬉皮士"（hippies）仿造的一个新词，意思是"年轻、上进的都市专业工作者"。他们从事那些需要受过高等教育才能胜任的职业，如律师、医生、建筑师、传媒策划、工商管理等。在事业上他们十分成功，收入极高、恃才傲物；他们懂得享受生活，但不奢靡铺张，他们的着装、消费行为及生活方式，都追求特立独行的格调。他们不像嬉皮士们那般玩世不恭，他们并不关心政治与社会问题，也没有明确的组织性。有人也把他们称为"优皮士"，甚至是更为桀骜不驯的名称——"雅痞"。

丁克族

亦即 DINK，是英语"double incomes, no kids"的首字母缩写，直译过来就是拥有双份的收入，而没有孩子的家庭。固守"丁克"家庭模式的都市人群，大多在 20 世纪六七十年代出生。丁克族标志如下：比较好的学历背景；收入高于平均水平；消费能力强，不再为下一代存钱；很少用厨房，不和柴米油盐打交道；一有空闲就外出度假。

011

啃老族

又称尼特族，源自英文缩写"NEET"，全称"not currently engaged in employment，education or training"，意指不升学、不就业、不进修，终日无所事事的族群。这个称谓起源于英国和日本，泛指 15~34 岁的年轻群体。由于高等教育的普及化，大学毕业人数逐年增加，但是高学历的心态，使他们不愿从事较低薪资的工作；同时，这群又被称为"草莓族"的青年吃不了苦，一心想找个钱多活少的工作，所以甘愿一直空等。

Why，为什么说——广告目标

提高销量，是广告的唯一使命吗

在大多数人的眼里，的确如此。奥格威他老人家就曾说过"We sell，not else"（不卖货，做什么广告）。在实战工作中，更是经常会有不少客户提出，希望用销售量来衡量广告创意或服务效果。

但其实，这种观点过分夸大了广告的力量，混淆了广告目标与营销目标的区别。广告目标，是指通过广告能够直接达成的结果，它的作用体现在信息的传达上，通常以消费者的反应变量来表示，如创造品牌知名度，增进品牌美誉度、偏好度，建立品牌形象、激发购买意向等。营销目标，通常用销售额及其有关的指标来表示，如市场占有率、利润率或投资回报率等指标。

所以，广告和销售额不能直接挂钩，但也脱离不了干系。应该这样说：广告目标是为营销目标服务，它的近期目标是沟通，经过长期累积后最终应转化为销售额。举个例子：某一品牌产品的营销目标，是将销售额提高40%；而为实现这一目标服务的广告目标应是：（1）提高品牌知名度80%以上；（2）提高品牌认知度70%；（3）提高品牌偏好30%；（4）提高尝试购买率35%以上，品牌忠诚率（再次购买）达到20%。

一个营销目标的成功实现，离不开产品研发、价格定位、通路选择、业务团队等多种组合变量的综合性制约。在营销史上，伴随滞销产品的天才广告，或伴随畅销产品的平庸广告，都不乏先例。就拿美国苹果公司来说，它的广告一向杰出，但是在20世纪80年代末，其便携式电脑照样因为产品和价格因素而败下阵来，停产3年；而反观国内，不少企业的广告品质一时跟不上，但是由于营销功夫做得非常扎实，销售照样红红火火。

文案的目标，不能脱离创作的靶心

创意，必须为广告目标而服务；文案，就是为了达成这个目标而使用的工具。

可以说，一则广告中所有的文字与图像，都带有强烈的目的性。有的广告为了建立企业形象，有的广告需要介绍产品功能，有的广告只是一次常规促销……这些形形色色的广告目的，都取决于营销过程中的阶段性目标。不管你的创意如何精彩，一旦偏离了这个目标，都逃不了市场的无情制裁。

作为广告创作者，你就是领路人，必须时刻在脑子里清楚地想好：要将你的消费者带到哪个位置。

广告文案
The Power of Words

怎样描写你的广告目标

广告目标有很多,大致包括:创造、提高知名度,提供资讯,强化对品牌的正面态度,改变对品牌的认识,提醒消费者,刺激欲望、需求,增加使用频率,使品牌进入候选名单,肯定现有的购买行为,引发某特定直接回应,提高偏好,克服偏见,增强通路配销,鼓励尝试等。

在撰写广告任务时,措辞要再三考虑。比如"创造产品或者服务在消费者心目中的地位",就要精准到"什么样的知名度/偏好度",而不只在强调"知名度/偏好度"。

案例 CASE

克服香港消费者对维他奶的成见(2000年)

背景:维他奶在香港的历史已有60年之久,是香港家喻户晓的饮料品牌,健康是其品牌价值所在。

面临的问题:18~25岁的年轻消费者觉得这一品牌太过陈旧,品牌与他们缺乏沟通。

维他奶电视广告系列,作品来自香港奥美广告,2000年

第一章　策略为先——文案思考的源头统摄

广告目标：使新一代从态度上接受维他奶，改变年轻人的既有认知，以更酷的方式激发关注。

广告诉求：言行得体，能让你更受欢迎——广告故意扭曲"健康"本身的意义，将其夸大延展到"思想健康"。

表现方式：每则广告以"维他奶研究班"为开场画面，以复古教育片风格对"搭讪""冻柑"等一些词语做出非正统解释，为年轻观众上了一堂轻松有趣的社交关系课。

What，说什么——广告诉求

广告诉求，又叫品牌主张或卖点

在这个环节中，就是要琢磨和确定广告所要传达的信息。这个信息，就是"广告诉求"，它必须简单、清晰、好记，以使读者不费吹灰之力就可以获得"它"、相信"它"。

例如，面包——新鲜，卫生纸——柔韧，空调——省电，农夫山泉——有点甜，碧浪洗衣粉——去除 99 种污渍……诉求一旦拟定，接下来的创意工作都要竭尽所能把"它"表现出来，而且不得偏离。如果你要诉求一部车的安全性，结果却对它的外观极尽溢美之词，丝毫不提安全性，那就吃力不讨好了。

广告诉求讲究单一原则，这样才能被成功记住。如果你的产品面临着一个以上的诉求点，也只能选择绝大多数消费者最感兴趣的那一个。因为，"霰弹枪"似的主题可以包含好几个诉求，看似面面俱到，但由于削弱了信息本身的分量与纯度，往往就会失去原始的杀伤力。

广告
文案
The Power of
Words

如何发掘广告诉求

广告诉求并不是凭空想象出来的，它来自于丰富的经验与不懈的思考。要善于通过多种途径去发现、论证和确定它：

——研究产品测试资料和竞争者对比资料。
——在市调中发现具有差异性的消费态度与认知。
——在了解消费者生活形态，或者购买市场调研资料时获悉。
——寻找顾问团体的支持，如专家论证、权威指认等。

文案大师伯恩巴克有句话直中要害："我有个最厉害的花招，让我们实话实说吧。"的确，当一个产品卖点够特别，这个时候，只要清晰地传达卖点，就会比拐弯抹角的创意要来得有效。任何与商品或者消费者无关的噱头，都注定要失败。

以下的两个广告诉求，恰恰来源于产品本身：三江榨菜的广告一直强调"三清三榨"，它所带出的利益点就是"美味更干净"，消灭了你心中对榨菜制作可能存在的卫生顾虑；乐百氏纯净水宣扬"27层净化"，把品质给做足了，实际上所有水都有27层净化，少一层净化就是不合格产品，但是乐百氏先声夺人，巧妙地将这个资源占为己有。

好的广告诉求，建立在对人性的深刻洞察上

虽然人与人之间存在着不同之处，但事实上，我们的相似之处比不同点要多。不论是什么种族和肤色，人们最基本的动机从未改变：爱、性、贪婪、饥饿与不安全感的影响。要想让你的广告充满内在的力量，就应该围绕着人类的基本兴趣点展开诉求。以下所列的这些诉

第一章 策略为先——文案思考的源头统摄

求，可以为你的写作提供可靠的指南。

想要得到的	希望避免的
赚钱、省钱、省时省事、健康安全、快乐、性感、被赞美、吸引人、跟得上时代、有个人尊严	无能的、抠门、懒惰、胆小怕事、痛苦、风骚、被批评、讨人嫌、落伍、没面子

芝华士威士忌广告"心领神会"系列，洞察饮酒者的心理，以成熟男性群体的视角来演绎人生真相。作品来自TBWA广告，2001年

作者为"电音中国"网站所创作的海报，打破传统的"进化规则"，比喻网络音乐世界，带来无时无刻的自在享受。作品来自电音中国，2007年

广告
文案
The Power of Words

人类的基本诉求

贪心：对金钱、权利、声望、能力、物质财富的欲望。

舒适：对身体舒适、休息、休闲、心灵平静的欲望。

方便：希望不干工作或轻松地工作。

好奇：对任何新鲜经验的欲望。

自我中心：希望自己有魅力、出名、受人赞美。

家庭亲情、团聚和幸福家庭生活：希望全家人一起做事，希望取悦家庭成员，希望在孩子的成长过程中帮助他们。

恐惧：对疼痛、死亡、贫穷、批评和丧失财富、美貌、知名度以及至爱亲人的恐惧。

健康：对健康、长寿和青春活力的欲望。

英雄崇拜：希望像自己崇拜的人。

慈悲、慷慨和大公无私：希望帮助别人、国家或教堂。

爱和性：对浪漫爱情和正常性生活的欲望。

智力刺激：希望提高心智、开阔眼界。

愉悦：对快乐、娱乐和一般性享受的欲望。

感官诉求：对感官刺激的欲望。

（美）菲利普·沃德·博顿

《广告文案写作》作者

> **TIPS!**
>
> ### 马斯洛需要层次理论（Maslow's Hierarchy of Needs）
>
> 1943年，美国心理学家马斯洛（Abraham Harold Maslow，1908—1970）提出"基本需要层次理论"，这是分析人类行为规律与心理活动的著名理论之一。他认为，人类潜藏着五种不同层次的需求：生理需求、安全需求、社交需求、尊重需求和自我实现需求（后来又提出，还包含了：求知需要和审美需要）。它们由低到高依次不断发展，是激励人行动的主要原因和动力。
>
> 这一理论，可以帮助营销传播者分析目标对象所处的不同需求层级，从而做出有针对性的营销计划。
>
> 马斯洛需求层次理论

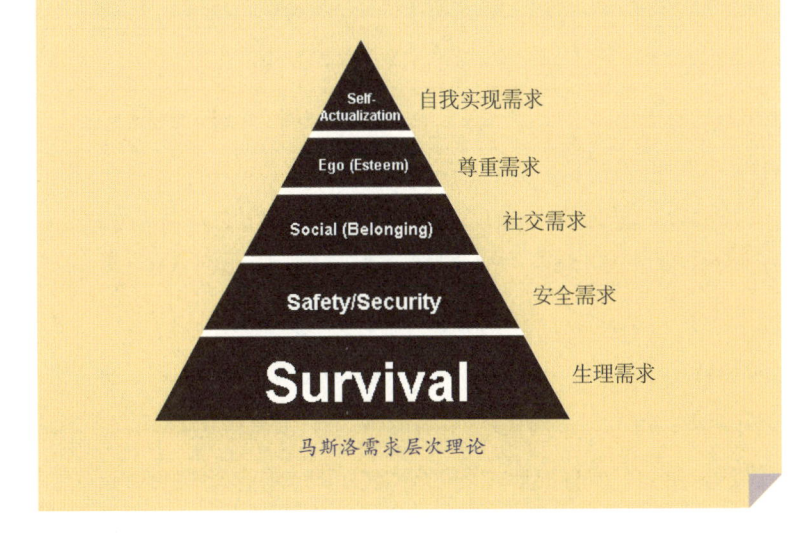

广告诉求，就是将产品利益点转换成消费者语言

产品的特点，与消费者的真正理解和需求之间，存在着相当大的差异。广告诉求，就是将产品特性变成看得见、摸得着的好处，让消费者接收到这些信息。比如：我们能解决你的问题、满足你的需要与欲望，或者我们的产品独具特色，跟别人相比优势明显等。

功能属性（feature）	好处（benefit）
招商银行：支持一卡双币	在海外，你也可以直接用美金刷卡
炒锅：有特弗龙表面	炒菜不粘锅，菜更好看好吃，容易清洗
Polo：方向盘带有电液伺服动力转向系统	平时转向轻便，高速时转向变重，更安全
多芬香皂：含 1/4 乳霜	沐浴以后皮肤润滑不干燥
海飞丝：含 ZPT（奥麦丁锌）去屑成分	去除头屑，彻底护发，社交更自信
BenQ 笔记本电脑：超长电池续航能力	到处都是你的随身电影院
零度可乐：无糖分	享受可乐美味，同时保持健康身材

How，怎么说——广告创意/语气或态度

这个环节，往往是广告创作中的核心部分。当"说什么"已经确定，应该"怎么说"才能出彩？你的广告，能不能杀出重围，让消费者看得到、记得住，拼的就是这个环节的扎实功夫。这时，你需要把握好两点：（1）创意形式——用什么样的方式来传达卖点；（2）格调气氛——通过什么样的形式元素来反映品牌、塑造个性。

创意形式

仅仅把产品卖点罗列出来，让读者自己去费力寻找，这可不是职业广告人的做法。你必须通过一种有趣或者感人的形式，将卖点尽量清楚、明确地传递给对方。信息传达得越简单，沟通力就越强。美国

的威尔巴切曾为各种创意形式做了如下归类,可供参考。更多具体的创意技巧,还将在本书其他章节中提到。

说什么?(表达核心)	怎么说?(表达形式)
产品本身、利益、服务、解决消费者难题、身份地位、经验、品牌保证	示范、隐喻、事件、烘托、渲染、类比、代言人、新闻、夸张、朴实、神秘、形象反射、认知不协调

格调气氛

格调气氛,不外乎高雅、通俗,明朗、晦涩,低调、张扬,热闹、宁静,小资、市井,老成、年轻等常用的字眼,但是目标对象不同、创作目的不同,每个人脑子里对某个词汇的定义与画面感都不同,所以,需要一个创意人的经验与功力,来做出筛选和判断。

对一个美术指导来讲,它意味着刻意设计的氛围、选用的视觉元素和色调;对一个文案撰稿人来讲,它意味着你写广告的语气、使用的词汇等。银行的形象广告和便利店的促销广告,调性肯定不同;给红酒和给汽水做广告,也有不同的方法。

案例 CASE

通过三款手表的品牌个性,来建立广告风格

如果是一个活生生的人,他应该是什么样子?品牌个性中的哪些部分

广告文案
The Power of Words

有助于了解消费者与我们之间的关系？

品牌 1：百达翡丽（Patek Philipe）

创意内容	永恒的经典
主要信息	代代相传的手艺
传播呈现的风格和调性	时尚、优雅、重视家庭
预设的目标受众	中年的较高收入的家长们——借"重视传统"将自己的购买行为合理化

品牌 2：劳力士（Rolex）

创意内容	以卓越工艺服务于这个世界的改造者们
主要信息	以精细的工艺确保品质可以信赖
传播呈现的风格和调性	经典、粗犷，冒险家的最爱——这群人在自己的领域拥有最高成就
预设的目标受众	炫耀地位的富人们，用对于功能的追求掩盖野心

品牌 3：豪雅（Tag Heuer）

创意内容	给坚强的人佩戴的结实的表
主要信息	历史可以追溯到 1860 年的运动用表，瑞士制造，耐用性好
传播呈现的风格和调性	坚强、干脆、果断——赢家
预设的目标受众	渴望成就感，反感哗众取宠的年轻雅皮，购买的感性原因是：借此追求卓越表现

资料来源：奥美"品牌管家培训"课程

除了4个W，还需要关心Where和When

Where（在哪里说）和When（什么时候说）

当你考虑好前面的4个W，接下来，就要找到消费者会在何时何地出现，并采用相应的媒介渠道与之建立联系。这两点，关乎广告的媒体策略。

报纸、电视、广播、杂志、户外、售点、网站、手机、直邮……不同的媒体，受众存在着极大差异；而时段、版位不同，更会影响到传播效果。所以，要尽可能地利用所选择的媒介特点，来创作你的广告。

尤其是环境媒体，最佳的创意方式莫过于与现场环境能产生某种呼应。

案例 CASE

例1 车身广告——电音中国派对大巴

在为电音中国网站创作大巴车体广告时，我将车身侧面设计成一个俯视视角的超大号"DJ台"（在俱乐部或活动现场中调度音乐、影像的总控台）。当车辆在城市中行驶，前后轮胎缓慢转动，犹如黑胶唱片正在DJ师手中播放美妙的音乐，呈现出一种强烈的超现实感，引发关注。这样的创意，就是根据特别的载体（大巴车身）、特别的环境（户外街道）而特别发想的。

广告
文案
The Power of
Words

车身广告案例：电音中国派对大巴

例2　礼品广告——电音中国纸扇

为了助力电音中国网站的品牌推广，契合潮流音乐人群的个性，我们策划了一套个性化礼品，以吸引更多注册用户。这是一份几乎可以以假乱真的"唱片扇"：扇面尺寸正好是一张唱片的1/3，凑齐3款即可拼成一张完整的唱片。在热闹的派对活动现场，这把酷酷的纸扇，成为人们彰显个性的小道具，活动之后也不舍得丢弃，将其当成纪念品带走，使品牌元素得到进一步推广。

电音中国纸扇

024

第一章 策略为先——文案思考的源头统摄

例3 电梯广告——《杀死比尔》电影预告

著名暴力电影《杀死比尔》的电梯广告，利用电梯门一开一闭的固有形式，造成一种虚拟真实的血腥感，令人过目难忘。

《杀死比尔》电影推广案例

例4 网络广告——《第一次亲密接触》海选男女主角

2000年，某制作单位欲将知名网络小说《第一次亲密接触》改编成电视剧，他们在新浪网上设立了影星投票专区，请网友们据此来选举主角"痞子蔡"和"轻舞飞扬"。当时，网络投票尚属新鲜事物，我的任务，就是创作一条banner（网络横幅）广告，吸引尽可能多的新浪网友来投票选举，同时也关注该片的进展。鉴于banner广告的特点，考虑再三，再舍弃掉若干个方案后，我决定采用一条最简单的问句，激起网民的好奇心。最后，居然吸引了超高点击率，超额完成任务。最长版的文案只有10个字"告诉我，谁，是你的第一次"？

作品来自奥美广告，2000年

025

广告
文案
The Power of Words

例5　手机短信广告——J&B（珍宝）文案

"奥运才结束，就在期待新一轮激情？！J&B（珍宝）威士忌——全球酷乐派对引领者，为2008带来'环球派对中国行'，让你纵情体验异国派对风潮！作为以派对用酒闻名于全球的苏格兰威士忌，J&B（珍宝）不断推陈出新，为每个夜晚注入无穷动力。×月×日的××，请至××市×××店（城市或夜店名），神秘夏威夷花火舞夜派对，浪漫登场！海岛狂欢，燃情假日，草裙诱惑，开始派对吧！"

小结：6W原则——策略思考的路径

在正确的地方（Where）　　正确的时间（When）
跟正确的人（Who）　　　　用正确的方式（How）
说正确的话（What）　　　　达到正确的目的（Why）

像个侦探一样去逛街

在专业越来越细分的广告行业里，传播策划书的撰写，一般由资深的客服人员或企划人员完成。但这绝不意味着身处创意部门的文案撰稿人，就可以只做呈现，对策略思考不闻不问。在我刚进奥美广告做撰文的时候，误以为这下可以专心玩创意，再也不用像在本土公司那样考虑营销计划了，结果大大地局限了自己的思维，后经前辈点拨才走出这一死胡同。

每一个专业广告人，都应该懂得从源头去把握客户的生意。如果你想撰写一份翔实、有见地的策划书，但是又不知道从哪里开始，不妨就从下面的这些工作做起吧：

- 了解这项工作的时间进度，确定作业人员的组成
- 向客户提交从策略形成到所有广告完成的工作进度表
- 准备一份你需要的资料清单，请客户照单提供
- 准备一份问卷，问问自己这次的6W有哪些
- 搜集竞争品牌的广告资料，上网或请客户部门的同事协助
- 搜集客户所处的行业情况，上网或向市调公司索取、购买
- 搜集并了解国家广告法规对该类别的限制
- 打电话或开座谈会，了解至少5个消费者对产品的意见
- 上街去，看看客户与竞争对手的店面陈列，尽可能多地收集它们的广告资料
- 自己使用产品，多多益善

策划书：只要模板，不要刻板

很多创意人一听说要写策略，多少会有点发怵。因为天马行空的感性思维失去用武之地，策略需要的是条理分明的思辨能力及大量的市场营销知识。策划书的长度，更呈现出竞相攀比之势，动辄上百页，不然就显得你缺乏内涵、水平不够。

其实，一份专业的策划书，绝不是故作高深的八股文章，也不该

充斥着虚伪的逻辑推理。只要你想清楚上节所讲的 6W，然后用略微专业的沟通语言，诚实地表达出你的解决方案，就已够格。若是拘泥于字数的长短，或者跌入术语、数据、架构的迷阵之中，只怕到头来把自己先给搞糊涂了。

下面这份目录，取自一份真实的广告策划书。它提供了一份相对标准的格式，剩余的工作，就用你的想法去填满它吧。

> **TIPS!**
>
> **A 品牌 2017 年度推广方案**
>
> 1. 品牌描述（我们是谁？我们现在怎么样？我们要成为什么样？）
>
> 2. 市场分析（竞争者分析及其广告分析，找出机会）
>
> 3. 目标对象（确定潜在消费对象及其消费需求，总结其目前对品牌持何态度，问题何在？）——Who
>
> 4. 广告任务（广告要解决什么问题？要消费者接触广告后怎么想或怎么做？）——Why
>
> 5. 广告诉求（确定利益点）——What
>
> 6. 产品支持点（支持利益点的事实依据，为什么消费者会相信？与竞争者比我们有何不同？）
>
> 7. 沟通方式（综合上述信息，确定沟通的语气、风格和态度）——How
>
> 8. 广告主题 [整个传播战役（campaign）的主题，通常是一句话]
>
> 9. 广告作品（电视、广播、报纸、杂志等传统媒体应用）
>
> 10. 线下物料设计（店头 POP、海报、样本、单页等促销物料）

> TIPS!
> 11. 网络推广计划（网站规划、网络广告等）
> 12. 媒介投放计划
> 13. 预算分配
> 14. 执行时间表

老观点，新用途

从20世纪50年代开始，广告行业的领袖人物，相继将他们的"撒手锏"公之于众，以此确立他们的江湖地位。作为思想与实践的结晶，这些理论的演变，印证了现代广告业的不断发展。在本书中，我们将旧理论结合新案例，摆在一起对比着讲，是为了印证它们的影响力。时至今日，它们依然为无数的成功营销提供了强大支持。

独特销售主张（USP理论）——强调产品利益

20世纪50年代，罗瑟·瑞夫斯在《广告真相》一书中提出"Unique Selling Point"（USP，独特销售主张）。他认为：每个广告，都必须提出一个鲜明的、独一无二的产品卖点，才能吸引消费者试用你的产品。这种独特性有时在于产品本身，比如某轮胎强调"超强抓地力"；有时则在于广告为产品提出的承诺，高露洁的"牙齿清洁、口气清新"便属于此类典型。

今天，产品同质化日趋严重，想找出一个全新的USP已是难上加难。所以，有时不妨强调我们比对手略胜一筹的特点，比如：牛仔裤比别人更耐磨、电池比别人更持久。

广告
文案

The Power of Words

案例 CASE

Double A 复印纸——不卡纸（2005 年）

在造纸业市场中，复印纸一直被视为完全标准化的产品，厂商都在大打价格战。泰国品牌 Double A 大胆地提出独特诉求——"不卡纸"，成功地塑造了品牌差异化，一举成为市场上最受关注的纸张品牌。而其实，"不卡纸"是一个复印纸的基本标准，谁先说出来，消费者就认谁。

广告中的复印机变身为机器人，教训办公室女子：卡纸的真正原因在于纸张本身，不要再怪罪于机器！作品来自泰国达伯埃大众有限公司，2000 年

品牌形象理论（Brand Image）——塑造情感差异

这是一次对 USP 的超越。当产品无法以功能卖点与对手相区别，我们就应当把广告创意关注的焦点放到"品牌形象差异化"上。其实，

它也是一种USP，即"独特的品牌形象，所带给消费者独特的心理或精神感受"。

20世纪60年代，商品极大丰富，竞争相当激烈。因此，大卫·奥格威适时地提出了这一理论，他认为，消费者买到的不只是产品的物质利益，还应该包括心理利益，所以，应该树立清晰、明确的品牌形象，并将其作为企业的长期投资。

影响品牌形象的因素多种多样，不仅是广告，还有定价、品名、包装、企业的公众形象、市场曝光率等。这些因素，最终可以带来一个鲜明的品牌个性，唤起情感的共鸣。

案例 CASE

摩托罗拉心语T189手机——小巧一派，更得宠爱（2001年）

心语T189手机，强调它是消费者的"贴身宠物"，不仅能帮你传情达意，更以其小巧、好用的特点让你爱不释手。在广告中，失宠的小狗醋意十足，惹得无数消费者为之动心。这是国内第一支以真实的宠物狗代言的手机广告，以低成本创造了堪称辉煌的市场业绩。这也是我在奥美广告创作的第一支TVC（电视广告影片），在"宠物"策略大获成功之后，摩托罗拉乘胜追击，继续委托我们创作了另一支广受关注的广告"T191小兔篇"。

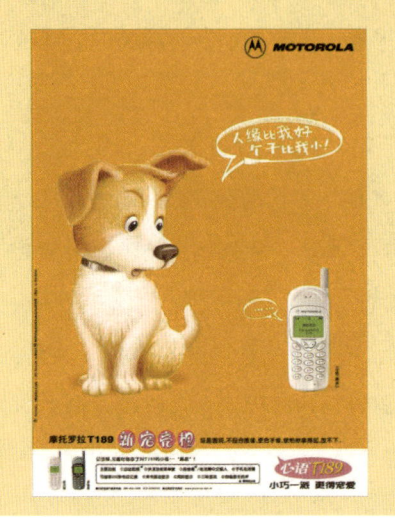

广告
文案
The Power of Words

消费者爱上了这只吃醋的小狗,也爱屋及乌地迷上了 T189。作品来自奥美广告,2001 年

定位理论(Positioning)——抢占心灵高地

20 世纪 70 年代早期,艾·里斯和杰克·特劳特提出另一个颇具威力的营销理论——"定位"。这个理论认为,在消费者的脑海里,各品牌是分类归档的,就像一个个的"抽屉"。一旦消费者需要满足某个特定的需求时,就会直接联想到位于脑海中某个"抽屉"里的品牌。

广告人员的任务,并不是改变产品,而是结合产品的属性,在消费者的心里找到一个空的"抽屉",把你的品牌放进去。一旦抢占了某个空白点,就能让消费者意识到你的不同之处,那么就是进行了成功的定位。

定位,要善用逆向思维来突显你的个性。比如,苹果电脑的"Think different"(非同凡想)、七喜的"非可乐"、美特斯邦威的"不走寻常路",无一不是定位精神的体现。在豪华轿车领域,宾利讲究"身份",保时捷坚持"自我",宝马追求"驾驶乐趣",沃尔沃强调"安全",而雷克萨斯则诠释"优雅",可谓各领风骚。

第一章 策略为先——文案思考的源头统摄

案例 CASE

飘柔、潘婷、海飞丝——必有一款适合您（1988年）

　　这三大洗发水品牌，均属于P&G公司（美国宝洁，全球最大的日用消费品公司之一）旗下，但是它们各具特色，以个性鲜明的定位，避开了同类竞争，牢牢地占领各自的市场。海飞丝主攻头屑——"头屑去无踪，秀发更出众"；飘柔，突出"飘逸柔顺"；潘婷，则强调"营养头发，更健康、更亮泽"。三个品牌，细分出三种群体，消费者可根据自己的需要对号入座。除此之外，宝洁旗下还有能制造"专业发廊效果"的沙宣，永远散发迷人"香气"的伊卡璐等。

摩托罗拉导航手机广告"指路篇"×2

策略就是达成目标的方法。策略不会只有一条，但你只能选择一条。
作品来自奥美广告，2004年

033

实战演练：

1. 什么是 6W 原则？

2. 请收集三则不同产品广告，用以下问题分析它们：对谁说、为什么说、说什么、怎么说？

3. 某休闲服装品牌与电影《变形金刚》合作，联合推出"变形金刚"系列 T 恤，请为该新品上市撰写一份推广策划书。

第二章

创亦有道
文案写作的执行金律

创意，是什么玩意儿

新瓶装旧酒，味道刚刚好

披上创意外衣，传播多么容易

至少被说过一万遍的 5 步秘籍

4 个动脑游戏，学会"多快好省"

迷宫的出口：评判创意的标准

创意，是什么玩意儿

它是犹如传奇小说般，是在汪洋大海中突然冒出来的环状珊瑚岛。

詹姆斯·韦伯·扬
美国广告大师

创意不属于任何人，它属于上帝。上帝创造出许多古怪的东西，你可以像他一样创造出鸭嘴兽吗？

保罗·阿顿
萨奇兄弟前全球执行创意总监

它就像是毒气。

乔治·路易斯
广告界的坏小子

它必须意料之外，情理之中。

某娱乐节目

创意就是反常规，逻辑被颠覆才有张力。

某广告杂志

创意，被很多人认为是一件神秘、无法定义的事情，人们对它的解释各有千秋。如果我们追溯到它的英文原意（create、creative、creation），一言以蔽之，笼统的说法应该就是"创造一个意念"。意念的诞生过程，是如此没有理性，所以，我们还需要对它进行物化——通过某种物质的媒介（比如图像、文字、音乐、产品），将它从头脑引进现实，让人看得见、摸得着。

创意这个词，有时还直接指向"意念"本身。不过这个意念，可绝不是普通的想法，它必须能够引人注意，新鲜感是重要指标。作为广告世界运转的原动力，创意，又被称为"idea"（点子、想法），"鬼点子真多""超有idea"用来形容一个人古灵精怪、充满奇思妙想。在专业的广告公司里，当你的老板说"我要一个big idea（大创意）！"并不是指他要用一大笔钱来换取一个庞大的想法，而是指一个可以延续成系列广告战役、具有扩展性的意念。

创意的发想，充满无穷乐趣，可它的过程却实在难以描述，评价它的标准更莫衷一是。大多数的广告或文案教材，似乎都不太重视或者干脆就回避这一部分，它们告诉你一些让人云里雾里的理论知识，或者涉及字体、字号之类的技术性信息，很少讲到创意本身。说实话，对于这个命题，我也不愿在这本书里充当大师，号称为你揭开创意的千古之谜，信誓旦旦地给你指条明路，最后却落得一个不自量力。

不过，干了十几年所谓的"创意工作"，我多少还是见证了一些或好或坏的实战案子，再加上教书时的课堂作业，或许可以供我们用求证的眼光，来聊一聊创意思维的规律。然后，我们还不妨用游戏的形式，对发想创意的方法做一个粗浅的模拟，顺便再探讨一下创意的标准到底在哪。希望这是一个新的开始。

新瓶装旧酒，味道刚刚好

从本质上讲，无论在哪个领域，创造力都是相通的

无论是摄影、绘画、写小说、做广告、拍电影，还是发明产品、演奏乐器、设计大楼、钻研宇宙物理等，只有创造力，才能让你超越平凡，获得与众不同的创意成果。

千百年来，人们对于真正有创造力的人总是另眼相看，觉得他们要么是天才，要么是疯子。他们离经叛道，自信中夹杂自负，单纯中带着分裂；可他们的想法，却又如此出众，让常人难以企及。

不可否认，创造力的确伴随着一定的天分。但事实上，真正"无中生有"的创意又有多少呢？完全原创的东西极为罕见。这并不为怪，大部分的创意都是一些"高明的模仿""改良性的主意"或者"拼凑式的创造"。所以早有人说过：创意就是旧元素、新组合。我想还应该加

上：用新视角看待旧事物。这里的"新、旧"缺一不可，没有"新"，就缺乏自身的价值；没有"旧"，又不足以引起共鸣。

所以，有了以下这三个要素，才称得上一个好的广告创意——**冲击力**：情绪上造成冲击，形成记忆，**原创性**：前所未有的陌生感，没有人曾用同样的方式表达过；**相关性**：与品牌个性、产品类别是否搭调，是否有联系。

创意＝冲击力＋原创性＋相关性

美国的广告大师詹姆斯·韦伯·扬（James Webb Young）称创意就像"万花筒"：装满了彩色玻璃碎片，每转一下就显示出新的花样。有创造力的头脑，就是一台花样制造机，它将品牌信息与从大千世界中提炼的知识和经验相结合，搭配出千变万化的效果。

詹姆斯·韦伯·扬及其著作《如何制造创意》

广告文案
The Power of Words

有创意，凡事都可以再关联

在有些人的眼中，每件事都是独立的、细微的；而对于有创造力的人来说，不同的事实，在知识链上都可以构成相互连接的一环。它们的关系就像"蝴蝶效应"：一只蝴蝶在巴西轻拍翅膀，将导致一个月后得克萨斯州的一场龙卷风暴。创造力，就是一种将看似无关的因素和力量放在一起加以思考的能力。梁山伯与朱丽叶，样板戏和电子乐，诸子百家和卡通漫画……日常的推理逻辑被摆脱，一切都可以重新组装。因此，要成为一个优秀的创意人，你就要训练将事物关联的能力，并使之成为习惯。

有创意，凡事都可以再设计

电灯、电话、闹钟、家具、耳机、自行车……在创意人的眼里，没有一样东西是"天生如此""理应如此"，它们应当顺应生活的需求不断进化。这就是"再设计"，它让产品重获新生，也带给我们新的视角：原来还可以这样！日本设计界在这方面的表现尤为突出：我们知道，大多数改变人类工艺和科技的发明来自于德国、英国和美国，但是日本通过有效的模仿，把这些发明"改善"到了极致。比如他们把别人发明的汽车缩小，重量减轻，自然更省油。设计和再设计，都是创意。

第二章 创亦有道——文案写作的执行金律

软纸包+黄色蕉皮=香蕉味饮料

钢筋水泥+鸟巢=2008年最有名的体育馆

门铃+黑白琴键=门禁也艺术　　球鞋+拖鞋=运动休闲两不误

广告
文案
The Power of Words

手机号码+可拉伸橡胶片=健身教练的名片

排气扇+壁灯拉绳+激光唱头=无印良品CD（光盘播放器）机

废弃的磁盘+牛皮纸=怀旧笔记本

披上创意外衣，传播多么容易

创意，就是美丽的包装

形象就是营销力，包装成了必需品。物也好，人也好，一件好包装，绝对可以化平淡为神奇，让人对此刮目相看。在广告中，创意，就是为你的"信息"穿上一件外衣，用这个美丽动人的新包装，来增强"信息"的诱惑力，让它更轻易地为人所接受、领会，至少不被讨厌。

创意，不能只有美丽的包装

广告传播的最终意图，肯定是要影响受众。而这影响力的大小，取决于创意的力量。作为创意人，我们所付出的努力，都是为了得到新的意念，然后通过语言符号（文案）和非语言符号（图像），将这一意念转化成可以直面受众的广告作品。

一个伟大的创意，让人震惊、兴奋或者开心，它可以弥补设计糟糕或者图片低劣造成的缺陷。相反，一个蹩脚的创意，再多的艺术修饰也无法拯救它。

创意指挥文案，也不妨文案诱导创意

从理论上讲，肯定是广告创意在先，文案写作在后。因为，创意是文案写作的根据，而文案只是表现、深化创意的一个手段。有了"创意"这个魂，所有的语言文字才活了起来，你就知道对什么人说什么话，不至于胡言乱语。

但是，在实际发想中，两者完全可以互相"反串"。我有过很多次经验，都是先出来一个"文字"元素，然后根据它的特点，去发想出一把"创意大伞"（创意主题），再去考虑还有什么例子可以被收罗到这把"大伞"之中。（见案例：摩托罗拉"Walkie Talkie"对讲机）

同理，画面与创意的关系也是如此。一个创意的形成，有时可以由文字开始，有时可以由画面开始。但最终，两者殊途同归、珠联璧合，构成一套完整的广告作品。

广告
文案
The Power of Words

案例 CASE

摩托罗拉"Walkie Talkie"对讲机

广告口号"喊什么喊",意思是"对讲机不受网络限制,你可以用它轻松交流、想说就说"。最初,我只是随意地想到鲁迅的名著《呐喊》,似乎能带到一点产品功能。后来发现,如果从品牌角度上来讲,Walkie Talkie 代表着全新的沟通工具,它的目标群体指向年轻人——他们拒绝约束、渴望自由表达,却苦于没有机会。那么,能否借这台时髦的对讲机之口,来颠覆一下传统的思维定式呢?于是,好莱坞老片《惊声尖叫》(*Scream*),被我收入这把"创意大伞"之中。当然,还可以包括"盖叫天"(著名京剧武生)、《有话好好说》(张艺谋电影)等各种反差强烈的元素。沿着这条思路,你还能想到更多吗?

Walkie Talkie 广告"惊声尖叫"篇

Walkie Talkie 广告"呐喊"篇

第二章　创亦有道——文案写作的执行金律

至少被说过一万遍的 5 步秘籍

有一个现代舞蹈家曾经说："如果我能形容舞蹈的话，我就不会去跳舞了。"对于大多数的广告创意人而言，解释创意的产生过程，同样是个难题。因此，市面上多见零散的、经验式的个人描述，在公众眼里，创意被蒙上了不少神秘的色彩。

好在广告先哲詹姆斯·韦伯·扬，在 1932 年就已经为我们归纳出一套发想创意的基本规律，他用了 5 个步骤总结：创意的产生，其实是一个积累、思考到飞跃的过程。

多年来，人们在传授创意技巧的时候，都跑不掉拿这"5 步秘籍"举例，其经典指数可见一斑；而那些"神乎其神"的创意人，在实际思考中，肯定也得"熬"过这几个阶段才能修成正果。下面就为大家来详解这套方法，为了符合实际的广告公司环境，我对部分说法简单做了调整。

第一步：收集

创意就是一个发现的过程，一开始就拼命想点子，显然是闭门造车。你需要大量的时间和努力去收集资料，千万不能以"赶时间下班""客户明天就要"为借口。现在图省事，以后更麻烦。不过，在广告公司里，客服人员一般会协助创作人员来做好这件事。你需要收集的资料大致有两种：

1. 与产品和消费者有关的事实。使用产品，或拆开它，试着和其制造者一样了解产品；找消费者或者一切与产品有关的人聊天，了解其习惯、讲话方式、生活方式。

2. 一切信息，都可能激发你的想象，尤其是常识的积累。还记得本章开头说的"凡事都可以相关联"吗？对任何事、对生活各方面，你都要抱以兴趣，寻根究底。

第二步：消化

你所收集的资料素材，会铺满你的电脑桌面，萦绕于你的脑海。你可以从不同角度和不同思路研究它们，着力寻找其新的关联和新的结合。如果某一项结合变得费时费力，并且最终发现它是毫无希望的，那就不妨放弃，另辟蹊径。注意：把最初哪怕是疯狂的或不成熟的想法记下来，以后也许会派上用场。

第三步：抛开

躲开动笔的诱惑，暂时忘记整件事情，交由潜意识去工作。但是不要无所事事，继续刺激你的想象力和情感。喝啤酒、听音乐、看电影、游泳、读书、散步、聊天、玩象棋、逗宠物……一句话、一幅图、一个表情都能激发灵感。深思熟虑，让知识、信息和经验在你的脑海里融会贯通，不要急于求成。这是一个等待意外的过程。

第四步：捕捉

只要一有想法，就可以马上把它们记录下来。灵感无处不在，洗澡时、等红灯时、半梦半醒间，你的无意识能将潜水艇变成乐器，将大象变成粉红色。这是灵感飘然而至的方式，它经常在你放弃苦思冥想之后的休息时刻到来。你应该让自己尽量地松弛。

第五步：检验

1. 自我检验，不妨再次拿出创意简报，进行核对。

2. 跟别人分享，听取不同意见，发展和完善你的想法。灵感就像一个婴儿，要有耐心去培养它，不要只希望得到赞扬和认同，你需要的是客观、诚实的批评。虽然有时你会觉得不好意思，但是你要记住两点：不管是多么了不起的主意，也要被别人接受才有价值；而且，别人会从一个崭新的角度来评价你的创意，让它更为成熟。

收集 ▶ 消化 ▶ 抛开 ▶ 捕捉 ▶ 检验

4个动脑游戏，学会"多快好省"

创意的发想，绝不是胡思乱想。要想变得老练，就要掌握其中的窍门和规律。所谓的资深广告人，无非就是拥有了以下两大拳头技能：第一，创意思维（idea，想法）；第二，创意表现（skill，技巧）。所以，他们的产量更多、速度更快、质量更好、体力更省。

游戏1：思维导图

这个游戏，起源于英国"记忆之父"托尼·巴赞（Tony Buzan）所发明的"思维导图"（Mind Map），又称"心智图"。它倡导图像化的思维方式，将你的思考轨迹清楚、有效地图解出来。

它是一个激活大脑潜能的强力工具，将左脑的逻辑、顺序、条例、文字、数字，以及右脑的图像、想象、颜色、空间、整体等各种因素

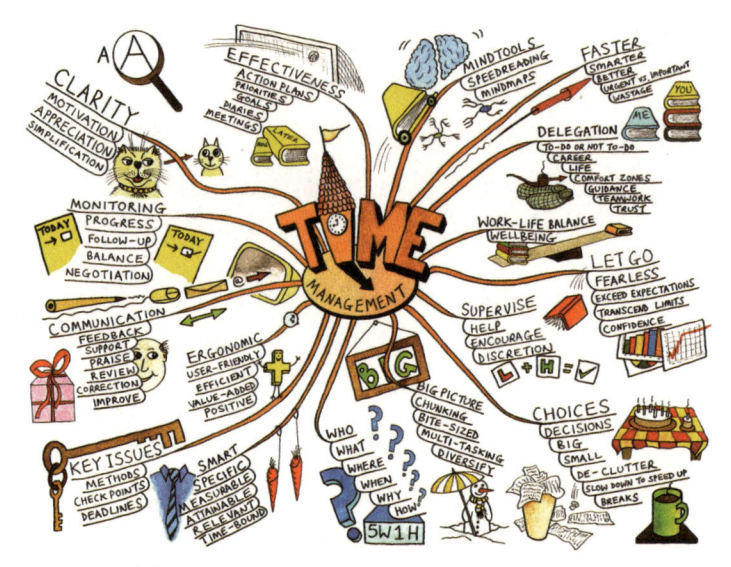

广告
文案
The Power of
Words

图片来源：https://www.mindtools.com/media/Diagrams/mindmap.jpg

全部调动起来，把一长串枯燥的信息，变成彩色的、容易记忆的、有高度组织性的图文。它可用于生活的各个层面，绘制起来简单有趣，而且一个人就可以独立完成。

思维导图绘制步骤

首先，将有关产品或品牌，或者将要在广告中突出的特点，暂称其为"Q"或"问题Q"，画在一张白纸的中央。

然后，放松自己的心情，让脑子开始漫游，用笔记下你的脑子里想到的任何跟"Q"有关的东西。一边可以问自己一些简单的问题，比如"它是什么？它在哪里？谁在用它？为什么要用它？它的形状？颜色、功能、结果、同义词、有关系的图像、相反的东西……"

第二章 创亦有道——文案写作的执行金律

组词、造句、影像、画面，任何内容都可以写，不要阻碍思维的发散，不要轻易停下来，不要在一个问题上逗留太久，要一直到才思枯竭为止，这样你就得到了一张密密麻麻的脑地图。

你将看到，以"Q"为起点延伸出的多条思维路线，你可以从这些路线中，挑出一个特别的"站点"（元素），将它与起点"Q"相组合，看能否形成一个有新意的思维组合，不行就再来；你还可以把不同路线上的任意两个点，甚至多个点连接起来，看看有什么惊喜发现。

案例 CASE

沃尔沃轿车——从"安全"想到"安全别针"

这里的Q（发想原点）就是"一部安全的轿车"，从这个原点开始，你可以联想各种能够代表安全的元素，比如救生圈、红绿灯、人行道、平安符、工地安全帽、安全别针、安全用语、人寿保险等。最后从中筛选出"安全别针"，因为它可以轻松地变成"汽车的外形"，巧妙地传达出一个简单明了的信息。

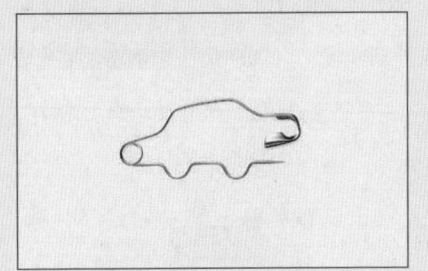

沃尔沃轿车一向自豪于它的"安全性"。这则创意单纯的"别针篇"，作品来自日本电扬广告，获1996年戛纳广告节平面广告全场大奖

049

广告
文案
The Power of
Words

游戏 2：单点思考法

单点思考的方法，简单、直接，它有点类似于组词，但又没有那么多条条框框。

2002 年，正值招商银行信用卡上市。我在盛世长城国际广告担任资深文案，有幸参与了该品牌上市传播计划的大型比稿，赢得并顺利完成了这次战役。这里要介绍的案例，正是让我们在众多 4A 级广告公司角逐中脱颖而出的作品。

我们将招行信用卡的传播主题设定为"拥有，才有价值"，意思是"信用卡的价值，让你提前拥有、提前享受"。在背后支持这一利益点的，就是招行独有的三大产品功能："新消费主张：先消费后还款""一卡双币、国际通用""免担保人、免保证金"。这三个功能既是信用卡胜于传统借记卡的优点，也是招行信用卡开国内之先河所推出的极富吸引力的卖点。我们的广告任务，就是清清楚楚、明明白白地告诉消费者这三个点。

经过一番提炼和简化，我们将卖点总结为三个字"新、双、免"。广告创意，决定围绕这三个字，采用"同类排比"来突出它们：要找出尽可能多的含有"新、双、免"特征的事物，或者包含这三个字的词语。比如"新"——"新宠物"——"SONY AIBO 电子狗"。最后一层的视觉元素，要尽量选择富有时代气息的新事物，以体现信用卡消费的特征。

至此，"单点思考法"开始！你需要拿这三个字组词，越多越好，然后再从中挑选符合广告标准的元素。下面的这些例子，是我的学生在课堂上创作的部分答案。你也不妨来试着发想一下，看看你的极限是几个？

案例 CASE

招商银行信用卡——用"新、双、免"组词

新：

新锐、新款、新版、新媒体、新视野、新定位、新好男人、新动力、新贵、新潮、新品味、新世纪、新势力、新感觉、新概念、新天地、新人类、新生代、新气象、新大陆、新花样、新包装、新面貌、新鲜事、新书、新技术、新风尚、新方法、新颖、新人、新财经、新建窗口、新陈代谢、新年、新造型、新恋情、新加坡、新格调、新历、新酒、新石器时代、新玩意、新发明、新疆、新电影、新中国、新华字典、新娘、新郎、新婚、新欢、新约、新纪元、新设计、新视线、新芽、新奇、新干线、新周刊、新发现、新照、新闻、新专辑、新白娘子传奇、新上海滩、新成员、新会员、新制度、新报导、新上市、新品、新兴、新经济、新浪漫主义、新宠、新流行、新视角、新焦点、新路子、新裤子、新奥运、新北京。

双：

双响炮、双胞胎、双休日、双丰收、双保险、双气囊、双眼皮、双核、双语、双通道、双频、双打、双喜、双赢、双薪、双拼、双飞、双料冠军、双轮、双学位、双向选择、双连环、双排扣、双簧管、双人床、双人房、双面胶、双子塔、双倍、双节棍、双程票、双生儿、双色球、双皮奶、双黄莲、双门冰箱、双重国籍、天下无双、双杠、双下巴、双食记、双层铺、双行道、双卡双待、双层巴士、双子座、双鱼座、双关语、双年展、双引号、双倍、双唇、双刃剑、双翅、双音节、双人双座、出双入对、双性、双管齐下、双重性格、双城记、夺命双煞、一箭双雕、双雄、

051

广告文案
The Power of Words

李小双、李大双、李双双、夫妻双双把家还。

免：

免烫、免洗、免煮、免提、免税、免票、免疫、免单、免谈、免试、免考、免检、免息、免租、免费、免修、免邮费、免安装、免注册、免签证、免进、免死金牌、免激活、免役、免罚、免免月租、免冠照、免官、免职、免除、免陪、免进、免检、免送。

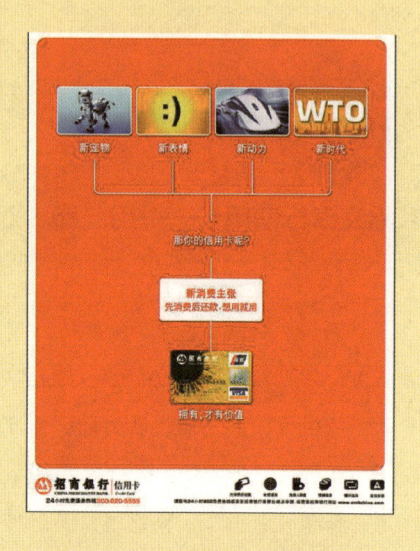

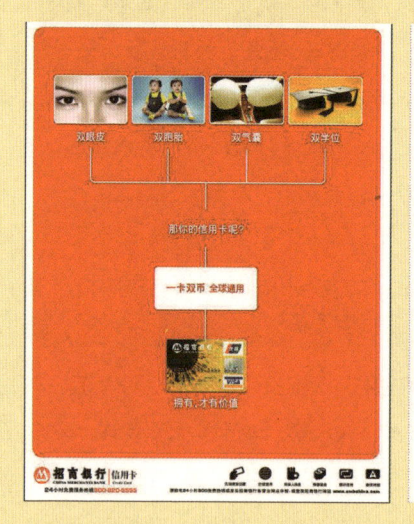

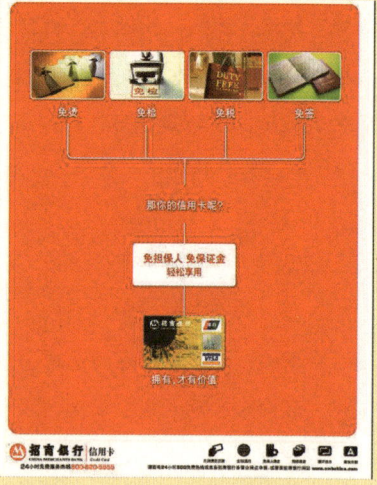

3张最终的出街广告，选用最直观的视觉元素告知消费者：你的理财观念应该随时代而改变。作品来自盛世长城国际广告，2003年

游戏 3：意象拓展法

意象拓展法，往往用于发想更为抽象的内容，它并不是一种具象的词语。而是一种感觉上的联系。从一定的角度上看，它的思维方式，有点类似于"思维导图"游戏，不过限制条件略为严格。

拿我们曾经服务的品牌——"高兴就好"果味汽水为例，当时它要为所推出的三种新口味（香橙、柠檬、青苹果）做推广，在需要测试的广告诉求中，有一个方向是强调"色彩"。但是，"色彩"作为广告卖点来说早已屡见不鲜，车、油漆、服装、化妆品等，早已"贩卖"过许多次。

同样的信息，该用怎样的载体诠释，才能不落俗套，足以吸引我们的目标群体——青少年消费者？我们开始考虑，每个人听到"色彩"的第一反应是什么？ 创意小组的成员们，开始将能想到的所有跟"色彩"有关的意象，先写在纸上；然后大家汇总起来，再逐一挑选。

这里的意象选词，并不一定要包含"五光十色""花团锦簇"之类的形容。但需要你一看到它，就能直接与"色彩"产生对应。比如"火炬"对"红色"、"海水"对"蓝色"，以大多数人公认的，而非个人的特殊经验为标准。

在刚开始发想时，脑子里跳出来的肯定都是些常规物品，比如"彩虹""蜡笔""色卡"等。如果你在这里停住，那么出来的创意表现就会很普通，跟别人重复的概率非常高。所以，创意人需要有耐心，超越这一阶段，继续下去，越到后来，想得越深，就能渐渐超脱"人云亦云"的境界，显现出你的思维个性。

广告
文案
The Power of
Words

案例 CASE

高兴就好汽水——关于"色彩"的第一反应

第一组：

染发、万花筒、四季、调色粉饼、眼影、指甲油、彩色铅笔、调色板、霓虹灯、游泳衣、pizza（比萨饼）、化学试剂、M&M巧克力、变色龙、红绿灯。

第二组：

不同国家的国旗、人种（肤色）、礼花、碎花、冰激凌、时装、扣子、迷彩服、台球、油漆、跳棋、彩虹、CorelDraw（设计软件）、热气球、三棱镜、头盔、胶卷。

第三组：

色盲小本、圣诞树、文身、色标卡、标色条、脸谱、面具、condom（安全套）、线轴、希腊门窗、教堂的彩色玻璃、七彩花草、太阳眼镜、彩色窗帘、印象派、热带鱼。

第四组：

cocktail（鸡尾酒）、靶子、镖盘、乐高积木、Swatch手表、Mac苹果电脑、iPod多媒体播放器、Epson（爱普生打印机）、魔方、卡通片、雨花石、宝石、橡皮泥、多米诺、七彩棒、雨伞、电视屏彩条。

游戏 4：头脑风暴

"头脑风暴"（Brain-storming）又叫"脑震荡"，这个词现在已经很流行了。它作为一种集体思考法，旨在短时间内激发团队中所蕴藏的大量想法。它的参与形式，通常由几个人一起，就某个问题展开讨论，各人提出自己的解决方案，越多越好，比如"如何让品牌形象更年轻""什么是中国式的爱""省油能带来哪些好处"等。参与人员中，需要包括一名主持人，负责引导和评估；一名记录员，专门记录所有人的想法，以便会后回顾。

"头脑风暴"有一个重要原则：在讨论中应该保留不同意见，不能批评组员的任何想法，因为这会打消所有人的积极性，从而影响现场的思路活跃度。

这种方式，有利于初期的热身效果，可借助团队力量来厘清一些基本问题，同时将大部分常规思路呈现出来，节省创意人员的时间。不过，它也有不足之处，比如重量不重质，想法基本上都是在会议时间里想出来的，随意性较强。有时，如果有"权威人物""高层领导"在场，还会在一定程度上抑制会议的气氛，让不少年轻成员觉得自己人微言轻，不敢或不屑发言。等"风暴"结束后，还需要资深的项目统筹人员来收拾残局，做出最终决定。

对此，也有人提出过不同的观点：创意的过程，很多时候就像一种"孤独的守望"，大多数的创意人，需要独自沉浸在产品的信息中深思熟虑，才能收获惊喜。

广告
文案
The Power of
Words

迷宫的出口：评判创意的标准

我们费尽心机去解析创意，并想从中摸索到若干技巧，好让今后的工作变得轻松，但事实却是，发想创意，从来就没什么捷径。同一个创作命题，普通人可能只想到五六个方向就已心满意足；而职业创意人，起码要想出五六十个，还不确定是否就能交差。这就是业余与专业的区别，也是大多数的网络征集、公众创意大赛往往流于平庸的原因所在。对于创意的成果，只有更高的专业标准与投入度，才能换来让人满意的答案。

何谓好？何谓有效？广告公司与企业永远在争论不休。不过，单就创意水准的高低而言，美国哈佛大学的理查德博士，倒是给了我们一个很好的启示。他花了几十年的时间研究创意，提出了"迷宫理论"，并在多家全球知名广告公司中得到了印证。以下，就是他的发现：

简单来说，创意人员在接到brief（工作简报）之后，他就要负责在一定的时间里，产出创意。而这段寻求创意的过程，是非常孤独的，充满了迷失感，就像沉浸在"迷宫"之中。

从他开始发想创意的那一刻起，他就进入了迷宫。比较特别的是，这个"创意的迷宫"只有一个入口，却有五个出口：

一般的（ho-hum）

有趣的（interesting）

好的（good）

杰出的（great）

惊世之作（spectacular）

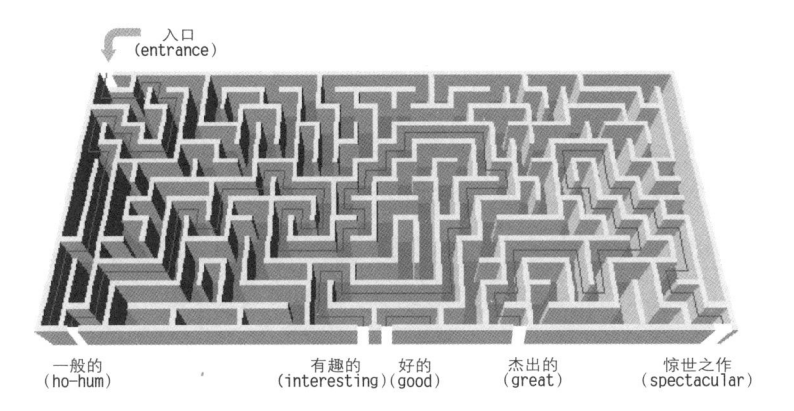

入口
(entrance)

一般的
(ho-hum)　　有趣的　好的　　杰出的　　惊世之作
　　　　　　(interesting)(good)　(great)　(spectacular)

　　第一号出口（ho-hum）最容易被人发现，它是"平凡和无聊"的代名词，很多创意人一看到这个出口就大摇大摆地出去了，结果就做出了大家通常看到的90%的广告。

　　如果你不甘平凡，那么你就要从第一个出口退回来，暂时收起你的想法，在迷宫中再多迷失一阵子，多花点时间，再去发想一批idea，这个时候，很可能第二号出口（interesting）就出现了。

　　但这也只是"有趣"而已，你可能还不满足，你觉得还能用剩下的时间做更好，你又退回来继续摸索，试着从不同的角度去表达前面的诉求。突然，你看到了另一个出口，而这个出口很可能就是第三号出口（good），或是第四号出口（great）。

　　只有极少的作品，可以从第五号出口（spectacular）出来，成为"非同凡响的惊世之作"。而这类作品，大大地突破广告创意的陈规，

057

广告
文案
The Power of
Words

有着天才般的想象力!

　　走进和走出迷宫的过程，充满了挑战和未知的可能性。大多数的生意和客户，都在第一号出口向你招手；如果你想成为一个优秀的创意人，就应该抵挡住一号出口的诱惑，对自己提出更高的标准，找到三号、四号甚至五号出口。

　　那么，如何确认这个创意是五号出口的创意呢？理查德博士提供了三个标准：第一，它必须是属于品牌的（branded）；第二，它必须是单纯的（simple）；第三，它必须是很意外、很惊奇，但又是很贴切的（surprising-appropriateness）。通常，只要做到这三点，即便不是从五号出口出来的创意，也已经是来自四号出口的创意了。

头脑风暴：

　　1. 请列举 5 个例子，证明创意就是"旧元素，新组合"。

　　2. 如何理解广告文案与广告创意之间的关系？

　　3. 本章中提到了"招商银行信用卡"的案例，请继续用"新、双、免"组词（不能与书中例子重复），试试极限是多少？

第三章

言外之意
看图说话的视觉体系

整个作品就是一幅图

字体：让阅读成为悦读

版式：建立视觉流通的秩序

图像：何尝不是一门语言

文与图的化学反应

文稿管理：职业文案的基本动作

整个作品就是一幅图

平面广告不发声，对于我们的眼睛来说，它就是一幅图像。所以，平面广告的创作，也就是制造出一幅有利于传递信息的图像。

这幅"图像"的构成，不光包括"图片、色彩、影调、人物、产品"，还包括了"文案、版式、商标"等。毫不夸张地说，连广告中的每一个标点，都会影响你所表达的意思。

从表面上看，不同的元素，传递着不同的信息；但当它们被组合起来，构成了整个版面，就形成了一个"局"。对读者来说，它就可能是一种特定的、由品牌传递出来的感觉、氛围或气场。这个"感觉"看起来要舒服，读者才会花更多时间深入阅读。所以，从一开始，你就要把取悦读者的眼睛视为己任。

第三章 言外之意——看图说话的视觉体系

4张不同的地产广告，呈现出迥然各异的4种感觉

061

广告
文案

The Power of Words

一个好文案,也必须是一个准美术指导

除了一手好文笔,你最好在排版设计和摄影方面,也有着自己的独门心得。对作品的综合审美能力,将会帮助你掌控整个广告的最终表现。

你时常需要预想一下,你所写出来的这些文字,将如何出现在广告中?还能更醒目吗?还能更酷吗?它们跟图像元素的比例如何?会不会太多?会不会太少?

考虑这些问题,并不是美术指导的专利。相反,它更加体现文案撰稿人的资深程度及作为广告主创人员所应承担的责任。千万不要像传统观念中的文案撰稿人那样,以为只要写完一堆文字,就万事大吉了。

新浪网形象广告"磁铁篇":当"文字"变成画面的道具,原本平淡的创意,顿时鲜活起来。作品来自奥美广告,2000年

运动品牌NIKE平面创意:将"翔"字偏旁进行夸张化设计,强调刘翔三度飞上世界田径之巅,不愧其名!
作品来自W+K广告,2008年

第三章 言外之意——看图说话的视觉体系

在文案的教材里，讲一堆怎么做画面的道理，会不会有点跑题？但实践却告诉我们，要想从文案菜鸟成长为创意总监，视觉部分的把控能力绝对不可或缺。奥美广告的创始人大卫·奥格威的"平面广告执行技巧"，以超越文案的理念高度，曾经影响了几代广告人；如今，本书将结合新时代的文案职业需求，为你从字体、版式、图像三个部分，再次对平面广告的执行技巧做一次全新剖析。

文字部分：字体、字形、字号、字符、数字、字母、色彩、段落的划分，将凸显文字本身之外的意义。

版式部分：密与疏、大与小，不同的比例和结构，将引导读者的阅读视线。

图片部分：写实、虚构、摄影、手绘、未来感、历史感，将传达产品想要传达的不同格调。

案例 CASE

"I love New York"系列设计

纽约的城市口号，它的设计特点是中间的单词"love"被置换成一颗红心，而"New York"（纽约）被缩写成"NY"，由此构成一个简单好记的图形。这是史上被仿效得最多的文字创意之一。例如索爱（Sony Ericsson）手机的新版广告主题，"索爱"的logo被用来替代成一颗"爱心"。杰出的想法就是这样，即使它年代久远，但当你将其重新组合，依然会焕发出新的生命力。

063

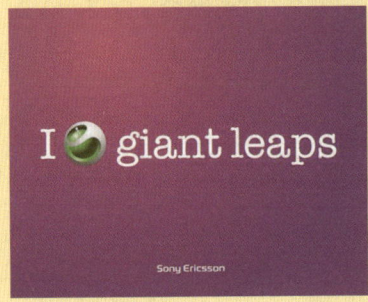

广告
文案
The Power of
Words

纽约城市广告以及借用此广告创意的广告图片

064

字体：让阅读成为悦读

字体，本来就是一种图形

字体，是计算机显示文本时所使用的字符样式。在印刷业的数字革命之前，它是铅字厂为了排版而铸造的、尺寸各异的铅字。

它完全可以被看作是一种应用于所有的文字、字母、数字、符号的图形设计。世界上，有上千种字体正在被使用，从 Helvetica 字体、Hobo 字体、Baskerville 字体到 Blippo 字体，每一种字体，都显示了风格、历史、文化等诸多因素对文字设计产生的深远影响。

字体的分类，有着多重标准

字体通常有不同的大小之分，如 10 磅、9 磅、8 磅、7 磅；或者以语言划分，如中文字体、英文字体、汉语拼音字体；或者以文字结构形式划分，如细体、粗体、黑体、宋体、Arial、Times New Roman。

从设计的角度看，根据其形态特征和设计表现手法，字体大致可以分为 4 类：

1. 书法体，字形特点活泼自由、显示风格个性，如汉字的字体有篆书、隶书、草书、楷书、行书等。它的识别性较差，因此较少被用于标准字体，常用于人名或非常简短的商品名称。

2. 装饰体，对各种字体进行装饰设计、变化加工，达到引人注目、富于感染力的艺术效果，应用范围较为广泛。

广告
文案

The Power of
Words

3. 等线体，字形的特点几乎都是由相等的线条构成。

4. 光学体，由摄影特技和印刷技术原理构成。

字体的目的，使信息易于被阅读

文案，就是传递信息。除非是纯粹装饰性文字，在大多数的广告作品里，文案就是要让人看得清清楚楚，充分表达你的想法才好，而不是用一些花哨的形式来掩盖。

资深的文案撰稿人，通常深谙这一点，他们非常注重以下两种阶段的文案形式：

1. 在广告作品中的文案呈现方式。

2. 在电脑文件中的呈现方式，也就是未经美术设计，单独提给你的上司或者客户的文案（这点常被很多人忽视）。

案例 CASE

好的文案，有图像感，有声音，有味道

"默沙东·保列治专治前列腺疾病"，此处是借用象声词强化主题诉求。作品来自麦肯光明广告，1997 年

第三章 言外之意——看图说话的视觉体系

字体的选择,与产品个性、广告目的有关

黑体壮实醒目,较适合广告标题、男性产品文案、重大新闻标题等。

宋体简洁大方、容易识别,较适合广告或内文、书刊内文等。

楷体细腻优雅,较适合女性产品文案,生活类题材的文字。

每一种字形、字体都有着自己的个性,而使用它的文本也会被赋予这种个性。这种个性,表现在广告作品里,就要跟不同广告的目的以及品牌个性等内容挂起钩来。比如用在越野车广告以及香水广告的字体,通常就应显示不同的调性。就像语言有书面语和俚语(土话)之分,字体也应该传递出自己不同的情绪。

"电音中国"音乐派对的海报字体,暗示着抽象、极简的现场音乐风格:有力的拳印、指纹与布鞋元素,凸显来自南北两地的DJ(唱片播放者)将同台竞艺。

作品来自电音中国,2008年

067

广告
文案

The Power of
Words

新浪网户外广告"寻人启事篇"：我们特别设计了一种"污垢体"（crud），看起来就像是历经风霜而旧迹斑斑的打字机字体，显示街头招贴的真实感。作品来自奥美广告，2000年

模仿新闻报纸常用的特粗黑体。图片来自《南京壹周》

简洁、现代、略作变形的宋体。作品来自盛世长城国际广告

068

第三章 言外之意——看图说话的视觉体系

广告应用了古意典雅的楷体。此广告来自成都阿佩克思广告公司

广告应用了仿佛从杂志上撕扯、拼贴而成的打印体。广告来自奥美广告公司

降低阅读率的罪魁祸首

戏剧性应该体现在内容，而不是字体上。

大卫·奥格威

误区一：奇形怪状的字体

眼睛是一种遵循习惯的器官，任何违反阅读习惯的文字选择，都会受到相应的惩罚。

最简单易读的字体是人们最为熟悉的字体，比如宋体、黑体等。有些刚入行的美术指导喜欢将文字当作设计中的一些元素，文案被弄得没法看。我的个人经验是：在印刷广告中，除非有特殊需要，不应用舒体、篆体。

**广告
文案**
The Power of
Words

误区二：反白字/斜排字

没有任何的书籍、报纸、商业报告或者私人信件、杂志会以反白字为主。然而却有一些艺术指导经常在广告当中使用反白字。除非大家商量好了一起用反白字，那么也许可以很快改变习惯。

特别是在报纸上，反白字印刷效果很差。还有一点要注意，在报纸上，直接印在图片上的文字效果也会很差。

误区三：超小字体，或者超大字体

一般情况下，一张平面广告中，字体由大到小的顺序，应该是：

标题 ▶ 副标题 ▶ 正文 ▶ 随文

按照它们的重要性，而逐级递减；如果次序改变，就会影响读者的阅读与判断。除非你特别不想让别人看清楚你的文字（比如，有一种情况是"广告主保留随时变更产品设计的权利，恕不另行通知）, 不然你就应该把字体控制在肉眼很容易就看得清楚的范围之内。

就下面这个页面而言——

这是 17 磅的字，太大了有骗稿费之嫌。

这是 12 磅的字，看着挺舒服，但是对这本书来说还是太大。

这是 9 磅的字，大小正好。

这是 7.5 磅的字，太小了，可能会影响阅读。

> **TIPS!**
>
> **究竟什么样的字体大小，才是合适的？**
>
> 不应该只从字号去判断，也不应该只看显示器上显示的，应该看它们在实际作品中占的比例。审核一张平面广告或者一张设计作品，有一个比较好的办法是，按照它的真实尺寸打印出来，拿在手上看，或者直接贴在出版物版面上看，更为直观。

版式：建立视觉流通的秩序

当你欣赏音乐的时候，你注意的是整体的感觉，而不会去分析每一个音符；当你读一段广告内文的时候，你也不会去细细揣摩每一个文字或标点。

但是，如果你是一位广告创作者，情况就不同了。尤其是美术设计师，就需要在实际排版工作中，去关注字体大小、字距、字体宽度、行距、段落间距等。这些细节，会影响广告风格和整体版式的好坏。就像莫扎特的古典乐与 Gun & Roses（枪炮与玫瑰乐队）的重金属摇滚，同样的音符，因为不同的组合而产生出截然不同的结果。

同理，作为文案创作者，除了懂得之前所讲的字体知识，又岂能忽视版式编排的重要性？你需要平衡文案与图片之间的关系，把握广告的信息重点并强调它。

一个好的编排设计，必须要能够反映出你的策略、品牌个性，而且能够便于视觉流通。这就意味着要遵循自然的阅读顺序。一定要注意，绝不能有任何地方使读者感到困惑，一旦让读者感觉毫无头绪，他们就会很快地跳过你的广告。

广告排版的基本原则

对成熟企业品牌来说，通常都有一套既定的企业视觉识别系统，严格地规定着广告的标准版式，这时你的设计排版，必须"照章办事"。不过，有时也会碰上一些对版式不做限制、相对灵活的广告创作任务，你应该根据具体的情况，凭直觉和经验来决定版面的编排，而不必拘泥于条条框框。总的来说，以下6条基本原则，还是值得遵守的：

1. 看起来简单、易于阅读，没有一些阻碍阅读的因素。
2. 图文遵循自然的阅读顺序。
3. 谨慎选择标题字体，不宜过分夸张。
4. 内文看起来清楚易读，并且使人想看下去。
5. 不会把文字放在会分散注意力的图片上头，比如背景斑驳的照片；通常用深色字体配浅色背景，或者浅色字体配深色背景。
6. 不要过多使用斜体、反白或其他特殊效果，不要卖弄设计技巧。

图片与标题的关系

将标题放在图片下面

不可否认，画面总是比文字更吸引人。当读者看一则平面广告的时候，他们的视线将首先停留在图片上，其次才是标题和正文。因此，大量的广告按照"大图—标题—正文"的先后顺序排版，这也符合人们从上到下的阅读习惯。研究发现，标题位于插图下方的广告，比起标题位于插图上方的广告要平均多出 10% 的读者。

大众汽车的广告，从 20 世纪至今，始终延续着一致的广告版式。这三则是北京奥运期间发布的"新甲壳虫"广告，它们看上去高明、简洁、大方而富有人性。作品来自精信广告公司

广告文案
The Power of Words

将标题放在图片上面

如果你觉得标题比图片更有吸引力，那么它应当成为整幅广告中最重要的因素，要让读者一眼就看到它。这时，就不宜使用太大的图片来干扰标题，而应该使你的图片放在标题以下，起附属作用。

安泰人寿广告

将标题放在图片中间或左右

很多广告并不会将图文割裂开来，而是采用合二为一的编排方式。把主标题放在画面内，而副标题和内文位于画面的下方，这种形式让文字与画面靠得更近，从而产生互动。

惠普广告，采用一张整图做背景，所有文字都置于画面之上。这种反白字的排版方法，只适用于单一的深色背景。此作品来自于盛世长城国际广告公司

内文的编排形式

通常可以将其归纳为 4 种形式：左右齐头、左齐头、右齐头、居中。具体采用哪一种，应该具体情况、具体对待，不宜生搬硬套或一味跟风。

左右齐头

就是普通 Word 文件里体现的形式，自动转行，比较常见。适合对段落没有特殊要求的文字，比如本书的内容就属于这种排版形式。

左齐头

类似于诗歌或歌词的编排形式，具有形式上的错落感，念起来也比较有节奏，易被理解。它适合有诗意、感性的文案，但不适用于所有的文字。不少刚入行的文案，常用这种短句方式，来掩盖他们语言连贯能力的不足；还有大量的时尚杂志，也喜欢将文字排成这样，但是用多了，就造成了视觉疲劳，有一种空洞、装腔作势的感觉。

右齐头

根据画面的特殊版式而采用。通常会造成左边参差不齐的感觉，不便于阅读。

居中

代表宣言或者一种情绪。

075

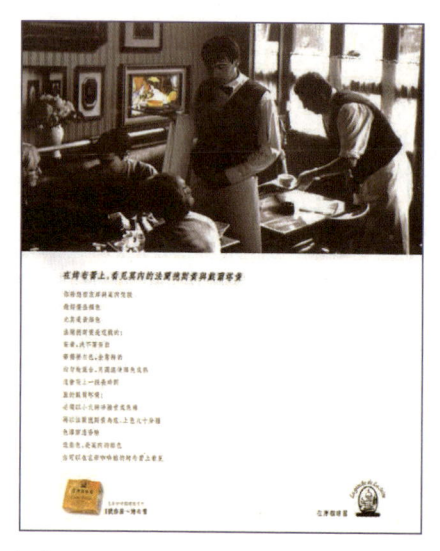

广告文案
The Power of Words

左岸咖啡馆广告，此作品来自台北奥美广告

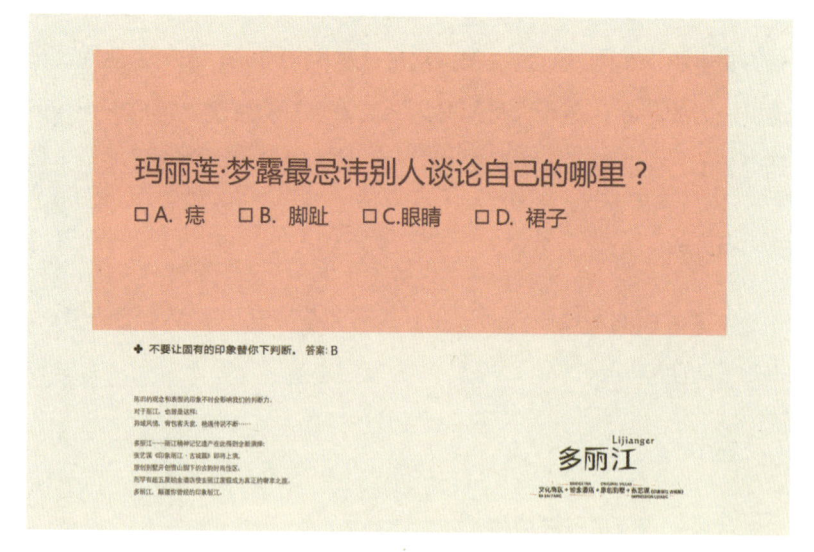

多丽江地产广告的内文，采用了左齐头的形式

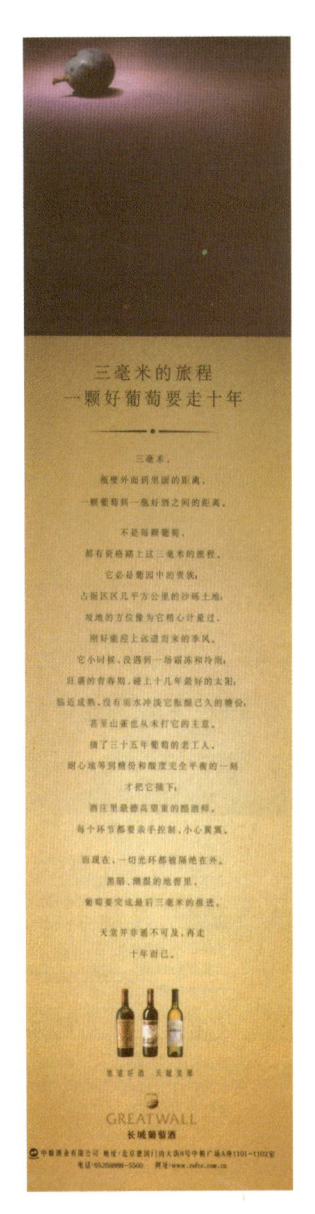

从报刊中学习编排小技巧

报纸杂志的排版，是传统的新闻报道和现代的市场营销的混合物。它们的信息量异常丰富，却还在想尽一切办法吸引读者。广告的排版，不妨看看它们的成功经验：

• 每则新闻都要有标题。

• 信息越重要，字体就越大。越是版面下方的标题，字体越小。

• 标题和正文开头之间，不要放任何的插图。

• 每行文字不宜过长，适当的分栏横排总是比直排容易阅读。

• 应该运用各种排版技巧，保持正文的可读性。

• 尽量将复杂的材料，分解成简单明了的小区块。

• 将不重要却又不得不提的信息，

"三毫米的旅程，一颗好葡萄要走十年"——长城干红葡萄酒的精彩文案作品。此作品来自奥美广告从正文中抽离出来，用背景解释或备注表示。

• 版面上所有图片的大小与形状最好不要一样

• 每一张插图或者照片下面，都要有说明。因为看图片说明的人，比读正文的人多四倍。

• 如果图片说明占据了几排位置，那么最后一排的文字长度最好过半。

图像：何尝不是一门语言

我们生活在一个读图时代，电影、视频、网络、照片、动漫的轮番攻击，让我们已经习惯于用图像的方式接收资讯。大多数时候，消费者宁愿看广告中的图片，而不愿意花时间去读里面的文案。有些信息也更适合用视觉来传递。经典的"3B"原则告诉我们，一张带有"3B"元素（beauty，美女；baby，婴儿；beast，动物）的图片，可以轻松地捕获读者的视线。

一个优秀的文案，也必然是一个善于视觉化思考的创作者。图片跟文字一样，都是他的传播利器。你不仅需要发想画面，还要与你的美术搭档一起，对用作广告素材的图片进行分析、遴选、甄别。这块工作所需要的，与美术设计相比，是相对独立的一种能力：美术设计需要的是平面或空间设计方面的专业技术，而图像的发想和选择，则是对个人想象力方面的要求，它更侧重于观念、主张、品位、审美，以及对人性的洞察力。这是广告创作过程的重要环节。

图片的自我省视原则（根据奥美"平面广告执行技巧"改编）

图片是否够大？ 大而醒目的图片，比起一堆零星散布的小图片，能吸引更多的读者。

图片是否足够引人入胜？ 让你的图片带有"故事性"，读者一瞥到这种图片时便会想"这是怎么回事"，然后他就会继续读下去。

可否让图片具有新闻性？ 传递出类似新闻照片的真实感，才能减少读者对商业摆拍的那种抵触情绪。

是否具有出人意料的视觉效果？ 不要放一些司空见惯的东西，就像陈词滥调一样，而应该考虑让那些图片变得与众不同：奇怪的角度、从未见过的组合、特殊的比例等，都可以引人注目。

照片还是插画？ 你投注在图片上的心力至少应该与你投注在标题上的一样。很多广告采用插画风格，一来节省图片成本，二来插画可以表现更加夸张、想象空间更大的内容。

是否可以不用图片？ 纯文字广告的表现一样抢眼。凭借文字本身的特性，结合新颖的编排风格，文案几乎可以起到插图的作用。

是否可以更有力地示范产品的利益点？ 采用并排的"视觉化对比"显示出"before & after"（使用前及使用后），或者是"有产品和没产品"的区别。

可否让产品成为图片的主角？ 品牌产品永远是广告的核心所在，客户比广告人更乐于看到这一点。不过，仅仅把产品放上去是非常无趣的，前提需要有好的创意和好的产品摄影。

可否在广告中采用名人？ 当名人与某个产品或服务有某种联系时，就会产生很大的吸引力以及可信度。

广告
文案
The Power of
Words

健力士黑啤广告，采用对比式手法，突出男人气概。作品来自新加坡奥美广告

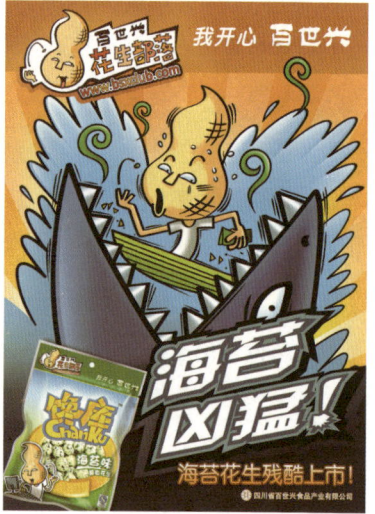

"花生部落"的海报，夸张、扭曲的插画风格，非常具有冲击力。作品来自阿佩克思广告

"搜图法"——想不出，就给我搜

如何找到符合广告目的、又不落俗套的意象？光靠无意识的发想，显然效率太低。你需要在平时就做好积累，让自己的大脑里充满各种

图像，才不用临时抱佛脚。让我们了解一下几种专业广告人的常用"搜图法"吧：

上专业图片网。国际性的有Getty Image、Cobis、Photosearch等图片代理公司，本土的有全景图片等。只需输入一个关键词，就会跳出成百上千张与之相关的图片，充分激发你的想象力。它们可用来制作提案作品，一旦方案确定，你还可以购买不同精度大小的图片，用于制作完稿。

上搜索引擎。在谷歌、百度或任何一个搜索引擎里输入你想要的关键词，看看有什么可以用的图片。当然，林子大了，什么鸟都有，如果像素太低，或者有技术缺陷的图片一律排除。

查阅广告作品。查阅广告公司常备的光盘图库（通常是一本图片目录加几十张光盘），阅读国外、港台地区的视觉类杂志，浏览国际级广告作品年鉴，也是个积累视觉意象的途径。

TIPS!

常用图片网站：

www.gettyimages.cn

www.cobis.com

www.quanjing.com

www.fotosearch.cn

www.google.com

www.baidu.com

广告
文案
The Power of
Words

文与图的化学反应

文案和图像的各自特性

图像是视觉的感知，文字是概念的载体。

文字是理性的、逻辑的、诉诸人认知的，但容易枯燥、乏味，容易使诉求对象失去兴趣。

图像是感性的、跳跃的、模糊的、非逻辑的，但容易失去中心、丧失主题，需要文字来进行描述、界定和提示。

从符号学的角度看

文字与图像都是传播信息的符号系统，它们在大多数广告中属于互补关系。

在平面广告中，文案和图像都是构成最终广告表现的不可缺少的元素。

在电视广告中，文案是作为视觉、形象和图像传播的前提和基础。

标题与图像的搭配关系

关系一：只有图像，没有文字

戛纳金奖广告——奔驰"刹车痕"

第三章 言外之意——看图说话的视觉体系

做创意，有时很像制作灯谜。谜面是"刹车痕"，谜底是"奔驰车的魅力"，而中间的逻辑就是"人人侧目于它的外观，竞相刹车"。它发挥了读者的能动性，在破谜的同时，对品牌留下了深刻印象。

关系二：只有文字，没有图像

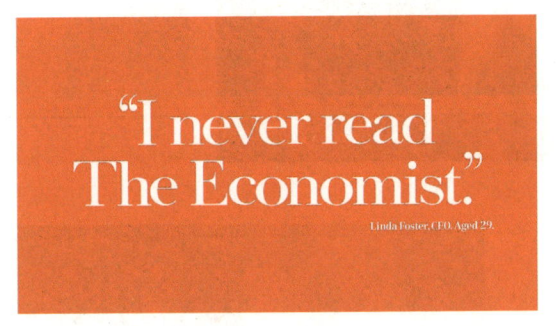

"我从来不读《经济学人》。——管理培训生，42岁"。
《经济学人》杂志广告，作品来自奥美广告

全球知名杂志《经济学人》的广告，基本都采用红底白字、理性而睿智的纯文案稿，与它的读者沟通。这则广告借一位42岁超龄培训生之口，反证"不读《经济学人》，永无出头之日"。

关系三：光靠图像会含义不明，需要文字对图像做出必要界定

"城市是个迷宫，我只在晚上出没。"　　　　　　　　　　"再晚也寻得到天堂。"

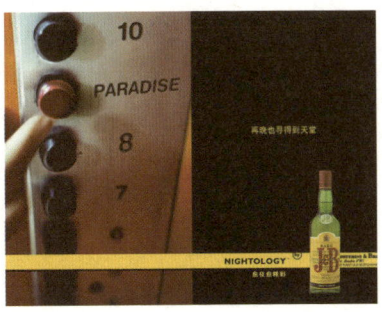

083

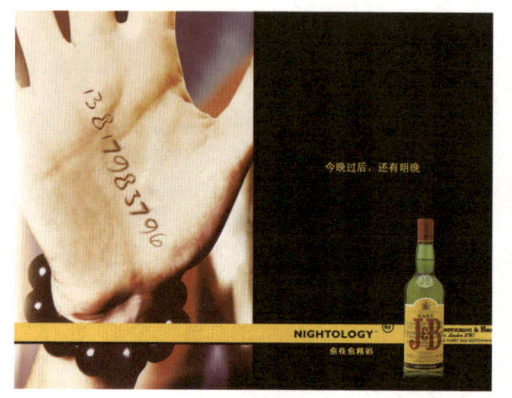

广告文案
The Power of Words

"今晚过后，还有明晚。"

"别人结束了，我们才开。"

"魅力因夜色加倍"。

　　以上是J&B 珍宝威士忌 "有标题Vs.无标题"系列广告。这是一个主打年轻人市场的英国威士忌品牌，刚进入中国时，广告中采用原来的国际版画面，并没有文案，内容显得比较含蓄、晦涩。我特别为它们策划了文字标题，同时为品牌理念"NIGHTOLOGY"翻译了广告口号："愈夜愈精彩"，让本土消费者对它形成更鲜明的认知。

第三章 言外之意——看图说话的视觉体系

> **TIPS!** 有趣的视觉需要乏味的标题。有趣的标题需要乏味的视觉。
> 　　　　　　　　　　　　　　　　　　——鲍勃·吉尔

就拿我曾经创作的两条户外广告为例。Polo1.6 的"疾速效应",玩了一个视错觉,似乎是车子的动力把广告牌上的布都给掀起来了,画面已经够火爆,所以文案只需点明"全新Polo1.6,全速上市"即可。另一张"新浪上海站"的广告,当时发布在上海延安西路高架上,目的是想用上海方言来引起受众的注意。高架上车来车往,人们能有耐心读完这句标题已属难得,所以画面只用了一个已有的"新浪仔散步"形象点到即止,如果非要在画面里加上什么"上海"元素,只怕文字与标题就会打起架来。

Polo1.6 上市户外广告,曾获中国广告节银奖。作品来自盛世长城国际广告公司

新浪上海站推广广告标题意思为"不要在外面瞎逛了,回家上网去!"作品来自奥美广告

085

文稿管理：职业文案的基本动作

你的文案，在被置入到广告版面之前，以文档、文件的形式存在。一名职业广告人，对这些文档应有一套自我管理的规范。以下是三条基本准则：

干净、专业的内容排版

这里说的排版，并不是指已完成的广告作品版式，而是你刚刚写完、存于电脑中的 Word 文档。

有些时候，客户会要求在审阅整体的设计稿之前，先看一下文案——尤其是在一些样本、画册类的工作中。你需要在美术排版前，先将文案稿单独发给客户。这种情况下，文案作品在 Word 文件中的版式，会直接影响客户对稿子的判断。

通常，文档文件的版式如下：

1. 公司、项目的基本信息（一般在页面最上方），建议套用公司规定形式的页眉、页脚、页码。

2. 项目名字（类似文件命名，让人以最快速度了解这个文档的内容）。

3. 文稿的版本号（在项目尚未关闭之前，请保留每一个版本的文稿，你永远不知道什么时候还会用到它）。

4. 文稿正文，一般遵循"标题用黑体、正文用宋体"的规则。

第三章 言外之意——看图说话的视觉体系

案例 CASE

Saatchi & Saatchi（萨奇兄弟）的文案稿纸格式

SAATCHI & SAATCHI

4/F, 900 HUAI HAI ZHONG ROAD, SHANGHAI,CHINA 200020 TEL: +8621 5466 9898 FAX: +8621 5465 3808

COPY

CLIENT	PROJECT
Hankook	轿车子午线轮胎ECT
JOB NO	DATE TYTED
Hank0025	09/06/2003
EDITION	MEDIA / SIZE
01	Radio : 30/15 SECONDS

韩泰轮胎广播广告摩擦篇 30"

背景音效

"吱 —"
"叽 —"
"哧 —"
"呜 —"

（前10几秒，一直是汽车轮胎与地面摩擦的各种声音——加速、减速、刹车，转弯）

背景音效：音乐起，节奏舒缓、温暖

男：无论你面对什么样的路，
韩泰轿车子午线轮胎，始终经久耐磨，稳健行驶……

背景音效：音乐停

男：韩泰轮胎
男：在乎一路的考验

087

简明、扼要的文件命名

当客户收到一份文案作品，第一眼看到的是文件名，而不是文件中"实质的文案内容"。因此，一个文案撰稿人的专业程度，从文件名上就已经显露无遗。

在文件刚存档时，就要编写一个恰当、易分辨的文件名，而不是随意敲出一个名字，诸如001、AAA之类。在发送邮件时，同样要编写一个清晰明了的邮件主题，以便于客户阅读。绝不允许发送无主题或随意敲击主题的电子邮件。

一个好的文件名，应该是让任何人在尚未打开文件时，就能最快地了解文件里的内容。因此，一个完整的文件名，应该包括四部分内容：

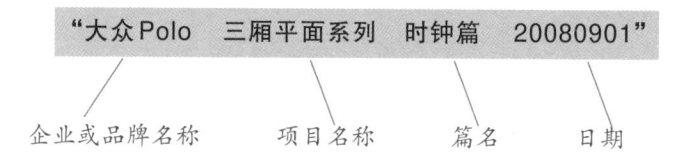

> "大众Polo　　三厢平面系列　　时钟篇　　20080901"
>
> 企业或品牌名称　　项目名称　　篇名　　日期

最后的"日期"一项，比较重要。一篇广告文案从初稿到定稿，通常会经历：从文案撰稿人到创意总监，再到客服部门，再到客户，经过不同人的审阅、几经修改后方可定稿。在这个过程中，会有多个版本产生。文案作者是最清楚其中演变过程的人，理应保留中间的每一个版本，以便随时查阅。

"日期"一般精确到"年、月、日"，也可简化为"月、日"。如果是同一天里的两次修改，一般还会在"日期"后加上不同的版本号，比如20080901-1, 20080901-2，或者用A、B、C来标注。必要的时候，还会标明"客户版"，以便在修改完自己的版本后，与客户的版本相比较来进行审核。

条理分明的文件夹

在我的电脑里，有一个专门的"工作"文件夹，有时会按年份来设置分类。

里面按照不同的客户品牌，设置不同的子文件夹。

再按照不同的项目名称，设置第三级文件夹。

最后就是各个具体的文件，或者再按照更细化的类别设置第四级文件夹。

以此类推。

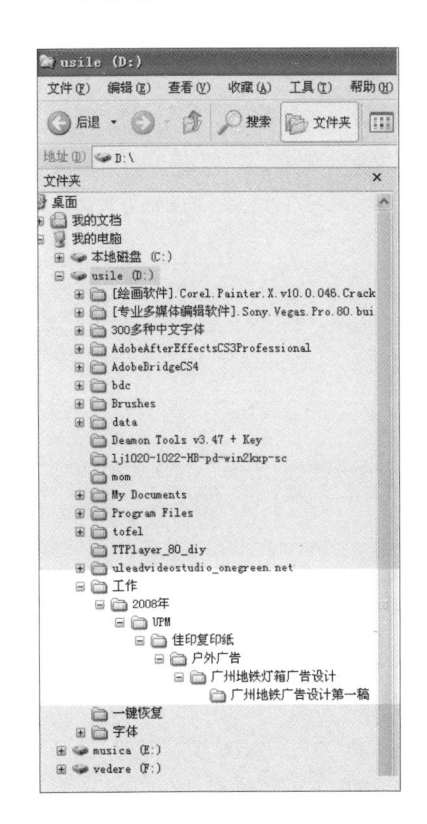

例：工作—2008年—UPM—佳印复印纸—户外广告—广州地铁灯箱广告设计—广州地铁广告设计第一稿

别小看了这些基本动作！

事先做好清晰的文档管理工作，就能帮你快速找到你想要的文件，提高工作效率。我之所以不厌其烦地介绍这些内容，实在是觉得这点非常重要。只有熟练了这些基本动作，并持之以恒，养成良好习惯，再加上创意、文字的内功修炼，才能尽快地从一个菜鸟进化为像模像样的"职业广告文案人"。

> **实战演练：**
>
> 　　1.如何理解文案与图像之间的关系？如果只用文字或图像，广告还能准确地传递信息吗？请找出实际例子佐证你的观点。
>
> 　　2.字体与字形，是如何赋予文本以个性，传达不同情绪的？请举例说明。
>
> 　　3.在一则广告中，如何判断字号的大小合适与否？

第四章

开门见山
怎样写广告标题

由阅读心理学谈起

AIDMA：揭开文案结构之谜

成败在此一"句"

思考标题的 10 条路径

陈词滥调，一律下岗

平面标题的禁区

由阅读心理学谈起

挑战一：资讯爆炸
需要坦然承认的是，人们每一天都要面对成千上万条信息的轰炸。他们处于匆忙之中，疲于谋生，对广告的需求，被排在末尾。他们很少用心去看一则广告。你的广告，要想在铺天盖地的资讯中，杀出一条血路，抓住读者的眼睛，相当之难。

挑战二：诱惑太多
跟读你的文案相比，人们更愿意去阅读一条无关痛痒的八卦消息，或者一篇扣人心弦的侦探小说。你只有想尽办法去取悦读者。很多成功的广告作品，借助一种强烈的故事性和趣味性，才能让读者暂时放弃其他的念头，专注于你提供的信息。

挑战三：时间有限、耐心有限
一则广告的篇幅或者时间总是有限。据某数据统计显示，一则印刷广告的平均寿命大约只有三秒。对于一个文案人来说，最重要的使命，就是用最少的文字传达最多的信息。在消费者的耐心消失之前，一下子说到他们心里去，引起他们共鸣，而不是洋洋洒洒、任意发挥。

所以，综合上面三点，作为一个商业文案作者，你不仅要学会修辞学，更要掌握心理学。你需要设身处地想象读者在接触、阅读广告时候的状态，有针对性地运用写作技巧来与他沟通：首先设定一个合理的结构来陈述你的信息，然后用简洁精练的文字来介绍产品，再用富有煽动性的语言来鼓励读者展开购买行动！奉送大家"九字真经"：看得见、看得懂、看得完。它言简意赅地概括了好广告的标准，而实际做到这三点并不容易。在接下来的内容中，我们将逐一解读这"九字真经"背后的秘密所在。

AIDMA：揭开文案结构之谜

一篇完整的平面广告文案，有着特定的结构。

结构中的元素通常包括：主标题、副标题、正文、随文、广告口号，有时还包括插图说明等。

这些不同组成元素，担负着各自不同的任务：

- 主标题要吸引读者去关注整个广告。
- 副标题要承接主标题，同时还要吸引读者去读正文的第一句话。
- 正文的第一句要吸引人去读第二句。
- 随后的每一句都要确保读者读到内文的最后一个字才告停止。
- 广告口号为读者带来品牌的信心，加强记忆。
- 随文则提供给读者必要的商品信息。

上述的结构，将引导读者产生一个完整的心理转变过程，达成沟

广告文案
The Power of Words

通及传播的目标。它被心理学家分为5个步骤，就是著名的AIDMA模式：attention（注意）—interest（趣味）—desire（欲望）—memory（记忆）—action（购买行动），它为我们理解文案的结构，提供了强有力的理论依据。

结构要素	功能与效果	代码
标题	引起注意	A
副标题	保持兴趣	I
正文	挑动欲望	D
广告语	加强记忆	M
随文	促使行动	A

案例 CASE

杂志广告摩托罗拉T191

标题　副标题　广告口号

随文　正文

作品来自奥美广告，2001年

并不是所有的广告，都需要全部的文案元素

我们学习这一文案结构，并不意味着，一定要在实际执行过程中"依样画葫芦"，而是为了掌握一种有效、便捷的思维路径，从而可以写出易读、易消化的文字来。

由于媒介的特性或者实际原因，有些广告作品中并不一定需要包含以上所有的文案元素。例如户外看板和海报，就会省略正文、随文等元素。

此外，在为客户制作广告提案稿时，往往只要"画面+标题"即可。广告公司往往会准备几幅"粗稿"（相对完稿而言），让客户看不同的标题和插图组合的效果，在内文的位置上用"假字"替代。等到客户认可了某一款创意后，文案人员再配上正文、副标题、图片说明等文字。

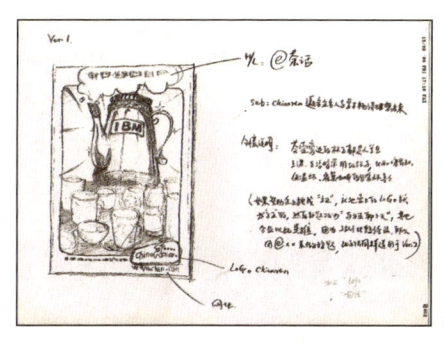

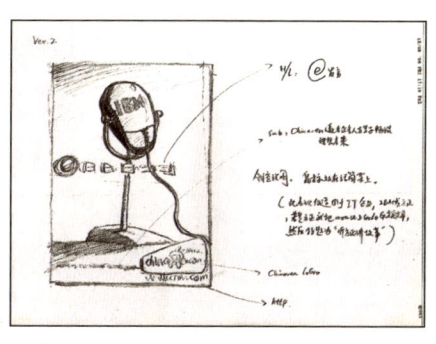

广告手绘稿，通过传真向客户提案。画面主要内容涉及：标题与创意说明

广告文案
The Power of Words

成败在此一"句"

> 在大多数广告中,无论插图多么精彩,标题都是最为重要的。大多数读者在读过标题后,便会因对其感兴趣或不感兴趣来决定是否继续读下去。
>
> 约翰·卡普莱斯

> 阅读标题的人数一般是阅读正文人数的 5 倍。也就是说,如果标题无法起作用,那么你就浪费了 90% 的广告费。
>
> 大卫·奥格威

标题决定成败,它是一则广告中最重要的文字,根据实际需要分为主标题和副标题。通常情况下,读者决定看不看广告,就在于他们接触主标题的那一瞬间。一个出色的标题,至少应该包括下列 4 个属性中的一项:具有戏剧冲突、引人入胜、有趣、有信息量。

标题的功能

- 引起注意,煽动欲望,主副标题相互配合,将受众引入广告正文。
- 传达重点,言简意赅,让读者确定这条广告信息是否与他有关。
- 定义画面,视觉元素有时难免含糊不明,让标题锁定信息指向。

关于主标题

• 在平面广告中，主标题采用的字号一般是整个广告中最大的。

• 主标题的作用，大多数是引起注意，诱使读者进一步深入阅读，并不提及产品。

• 主标题可以虚一点，副标题可以实一点。主标题抛一个"东西"出来，副标题把它接住。

• 如果主标题能把问题讲清楚，直接传达了销售主张，那么就不用副标题。

• 言之有物的长标题，比空洞无力的短标题更有吸引力。

关于副标题

• 副标题的字号通常小于主标题，而大于正文。

• 副标题所包含的信息，往往无须太多花哨的创意，而是实实在在的利益点。

• 对于一批被主标题吸引过来的读者，副标题承担着销售和产品识别的重任，让读者决定是否继续看下去。

• 如果正文篇幅过长，副标题还可以写成若干条，类似于段落标题，将正文打散，使广告更易于阅读。

广告
文案
The Power of Words

案例 CASE

UPM印刷用纸广告——主标题与副标题的配合（作者2007年作品）

主标题：冲击力，无法轻视。

副标题：UPM雅光铜版纸，完美表现，震撼视觉。

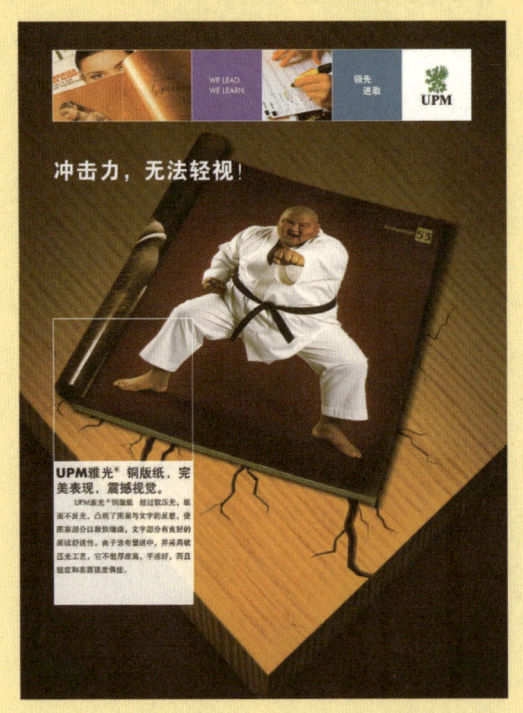

作者2007年作品，致力共通广告公司

思考标题的 10 条路径

标题——是否承诺了一项利益点

消费者会因为"利益点"买你的产品,也会因为利益点阅读你的广告。

- 轻轻一按,满屋洁净(吸尘器)
- 安心驱蚊,安睡整晚(雷达电热蚊香液)
- 我们的目标是没有蛀牙(高露洁牙膏)
- 非油炸,更健康(五谷道场)
- 不伤衣,不伤手(立白洗衣粉)
- 喝了娃哈哈,吃饭就是香(娃哈哈)
- 一毛不拔(牙刷)
- 我相信雅芳,让我的肌肤不会跟着岁月往下掉!(雅芳)
- 6 分钟,让地板焕然一新(地板蜡)
- 怕上火,喝王老吉(王老吉)
- 学琴的孩子不会变坏(山叶钢琴)

立白洗衣液广告　　　雷达蚊香广告

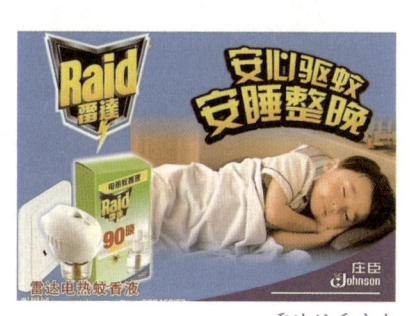

广告文案
The Power of Words

- 天天响,天天想(摩托罗拉新年送礼广告)
- 有"锂"讲得清(手机电池广告)
- 您身边的银行,可信赖的银行(中国工商银行)

标题——是否包含了具有新闻价值的消息

具有新闻价值的消息,是指如新产品、旧产品的改良、使用旧产品的新方法等。消费者总是喜欢"新"的事物。新闻式标题,常用以下的词语:令人惊奇的、现在、终于、最新消息、再也不、首度、首次、领先、创新等。

- 终于,多功能车开始用安全诠释豪华(途朗轿车)
- 一个时代的诞生,是因为聚焦了太多期待的目光(Polo 上市)
- 同步视听,开启娱乐厨房(西门子 E 视听多媒体冰箱)
- 在倍速经济时代,封闭的技术比封闭的思想还危险(英特尔)
- 苹果 Air 创、新、薄(苹果电脑)

西门子冰箱广告　　　　作者 2003 年作品,盛世长城国际广告公司

- 汽车发明者,再次发明汽车(全新奔驰S系发布)
- 给美国人抹眼泪已经50年了(餐巾纸)
- 海尔冰箱,凭什么全球排名第二?答案:很新鲜。(海尔冰箱)
- 只有好消息比我们早到(UPS速递公司,北京申奥广告)
- 可能是世界上最好的啤酒(嘉士伯)

上海大众广告

标题——是否谈到价格或者数字

如果你宣传的产品价位,真的有价格优势,而零售商的价格又能统一,那么何不一开始就告诉消费者呢?这会给人一种可信的感觉。

- 不是天王天后,也可大摆架子——宜家唱片架,最低75元起。(宜家)
- 5天时间,赚足3 800元!(理财产品)
- 70年以来,美国家庭一直使用我们的银餐具(银器公司)
- 节省50%的投资,实现99.999%的高可用性(美国电力转换集团)
- 25元走遍中国(寻呼台漫游服务)
- 快看,他就是第90 000个M-Zone人!(中国移动)
- 强效12小时,固齿不止12小时——李施德林漱口水

广告文案
The Power of Words

（李施德林）

• 27层净化（乐百氏纯净水）

• 南孚电池，聚能环锁住更多电量，1节更比6节强，电量可达普通KK电池6.6倍（南孚电池）

• 中国人离信息高速公路还有多远？向北1 500米（瀛海威网络科教馆）

• 香飘飘奶茶，一年卖出七亿多杯，杯子连起来可绕地球三圈。（香飘飘奶茶）

作品来自广州金长城广告公司，1999年

标题——是否提到产品所能解决的问题

例如，消费者买冰箱是为了随时喝到冰啤酒，看电视是为了打发无聊的夜晚，把解决的问题明白地写出来。

• 我们不生产水，我们只是大自然的搬运工。（农夫山泉）

• 轻新爽洁，不紧绷（碧柔洗面奶）

• 有奥妙，油渍死定了！（奥妙洗衣粉）

第四章 开门见山——怎样写广告标题

- 给电脑一颗奔腾的心（英特尔）
- 有多少人能够专注于真正重要的事情上。（韩国 ING 人寿）
- 短信息聊天，动口不动手。（Nokia）
- 超值短信，多少条都吃得消。（M-Zone 动感地带）
- 家够大，来多少朋友都行。（新浪个人家园）
- 富含天然活性雅漾活泉水，专为敏感肌肤问题研发。（雅漾）

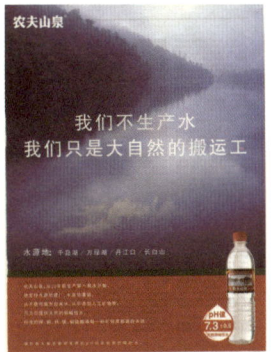

新浪广告图片　作品来自奥美广告，2001 年

标题——是否提出与读者或产品相关的惊人事实

如果你提供的事实，能让别人意识到他从前的认识是错误的，或者产生一种危机感，那就已经成功一半了。

- 一生有 1/3 的时间，是在床上度过的，为什么不选个好床垫呢？（床垫）
- 请不要与从本院出来的女士调情，她可能是你的外祖母。（美容院）

- 你不会有第二次机会给别人留下第一印象。（海飞丝洗发水）

- 不用杀毒软件，分分钟都有风险。（杀毒软件）

- 舒肤佳香皂，有效去除99%"变异细菌"。（舒肤佳）

- 专属牧场，3.3克优质乳蛋白——不是所有牛奶都叫特仑苏。（特仑苏）

- 毛孔收细了，肌肤就像剥壳鸡蛋般细致光滑。（玉兰油活肤精华霜）

- 为什么6—16岁的孩子，需要海王牛初乳？（海王牛初乳）

- 10年里发生了什么？（长城干红葡萄酒）

- 看表层，还看不透劳力士陶质外圈的美。（劳力士）

劳力士品牌广告

标题——是否与你的目标对象打招呼

引人注意最直接的方法，就是大喊他的名字！在标题中，还可以用他的方言，或者提到他所处的环境等。因为人们最关心的事情，莫过于跟自己有关的事情。

- "新浪上海站"机场到达厅挂旗广告：

"喜欢上海，非得坐飞机过来？"

"在电脑前，你永远是机长。"

"早点回家吧，电子邮件飞得比你还快！"

"身体飞累了，让眼睛来旅行吧。"

作品来自奥美广告公司，2002年。

- 广州正在吃它！（金福米）
- 想知道你有多抢手？加入前程无忧club（俱乐部）。（前程无忧）
- 姐妹们，说出你对长度的要求。（卫生巾）
- 董事会里的小家伙（ThinkPad笔记本电脑）
- 亲，你还在犹豫什么，赶紧下手吧！（网上商城）
- 为妈妈的爱喝彩（强生）
- 男人，专心做大事。（清扬洗发水）

标题——是否包含品牌名？

标题包含品牌名的广告，比起那些没有品牌的较易被人们记住。

105

广告文案
The Power of Words

- 联想，成就科技奥运梦想。（联想）
- 飘柔，就是这么自信。（飘柔）
- 百事，新一代的选择。（百事可乐）
- 一辈子，求的就是平安。（平安保险）
- 安全的道理，是通用的。（通用汽车）
- 我，和我的Bravia。（SONY液晶电视）
- 有困难，找"大众"（上海大众出租汽车）
- 太棒了，有了飞利浦"显亮"技术，我的影像今非昔比。（飞利浦）
- 利用康柏RA4100SANF5后，他成了财务总监跟前的红人。（电子商务解决方案）
- 看你脸色，不如看我的MOTO变色。（摩托罗拉）
- 想在老板眼皮底下放鞭炮，我的MOTO纵容了我。（摩托罗拉）
- 为了让我的MOTO尖叫一声，我动用了20只蟑螂。（摩托罗拉）

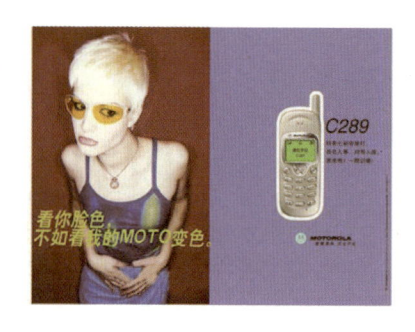

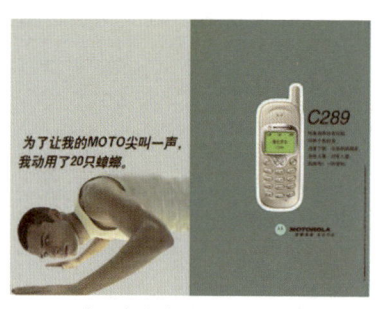

作品来自奥美广告公司，2002年

标题——是否包含证言

此类标题的创作，不仅要基于广告主角人物的身份，如果还能考虑到他相关的专业技能，就能获得较高的可信度。

- 欧米茄，詹姆士·邦德的选择。（欧米茄）
- 你值得拥有。（欧莱雅，巩俐）
- 省优，部优，葛优？（双汇火腿肠，葛优）
- 去屑拍档，就信清扬（清扬洗发水，小S）
- 终于有一款产品，能帮我对抗8个部位的老化问题。（欧莱雅，巩俐）
- 对待打印质量，我绝不心太软。（爱普生，任贤齐）
- 我现在Case（项目）满档，全靠HP打响知名度。（惠普激光打印机，郝嘉隆）
- 我们能证明，你看起来更年轻。（玉兰油护肤霜）
- 用脉脉，打通职场人脉。（脉脉App，王小川）

脉脉App广告

广告文案
The Power of Words

- 天津城市别墅"冯小刚"系列：

为了合适的光线，我可以等上一整天。

不花心思的作品，不值得珍藏。

我最满意的作品，是我的生活。

- 优派液晶电视"色彩专家"系列：

摄影师：捕捉色彩，凭我的相机；还原色彩，看我的优派。

画家：拥有了鲜活的色彩，才能成为我眼中的杰作。

名模：绽放傲人的光彩，到哪里都是自己的舞台。

清扬洗发水广告

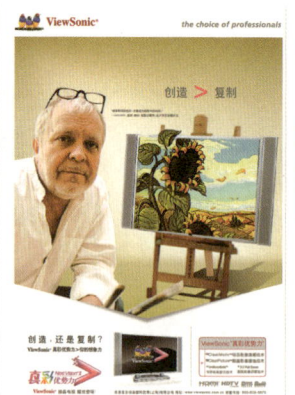

优派液晶电视"色彩专家"系列。作者2005年作品，致力共通广告公司

标题——是否引用了时新的流行词汇

只要你关心时事和新闻,信手拈来,就能引起大量关注,甚至引发媒体报道。如今这个方法,在社交传播中已经成为常用手法。比如 2015 年,范冰冰与李晨公布恋情时的自拍照,仅用了两个字的标题——"我们",却引发了大量品牌的跟风创作,甚为热闹。

- 房价不会跳水,只是在做俯卧撑!(房地产)
- 彻底粉碎"疯狂的石头"(肾结石医疗广告)
- 无"囧"不童年(KFC儿童节活动)
- 按捺不住,就快滚。(微软鼠标)
- 正宗好凉茶,正宗好声音。(加多宝)

加多宝凉茶广告

标题——是否加入了一点点动人的情感因素

• 滴滴专车广告：

如果每天总拼命，至少车上静一静。全力以赴的你，今天坐好一点。

如果人生如战场，至少车上躺一躺。全力以赴的你，今天坐好一点。

如果人生是场戏，至少车上演自己。全力以赴的你，今天坐好一点。

• 服装是一种高明的政治，政治是一种高明的服装。（中兴百货）

中兴百货广告图片

- 踩惯了红地毯，会梦见石板路。（万科兰乔圣菲别墅）
- 一生领导潮流，难得随波逐流。（万科兰乔圣菲别墅）
- 人缘比我好，个子比我小。（T189小狗篇，拟人式标题）
- 拥有专享的苍穹，何需眷恋不完整的天空。（萨博93敞篷车）
- 每个父亲都记得孩子的生日，又有多少个孩子记得父亲的生日？（养生堂龟鳖丸）
- 我不认识你，但我谢谢你！（义务献血）
- 男人就要对自己狠一点！（七匹狼男装）
- 比女人更了解女人（雅芳）
- 幸福不是从不感冒，而是感冒时，总有你递上一杯温暖。（999感冒灵）
- 让无力者有力，让悲观者前行（南方周末）

小结：

　　以上这十大思考路径，是根据我多年实战积累及日常搜集而得，均选自媒体上的真实广告案例。从中不难发现，尽管广告创意千变万化，但是标题的形式，整体上还是遵循着一些基本规律——有些标题甚至还会融合上述多种特质。这里，我并不是要求你在每一次的创作中，非要遵循这些条条框框，而是想表明：即使是同一个创意概念，你都可以尝试多种角度的标题；有时，如果你实在想不出，回头看看这十条路径，或许能带来些许启发。当然，我更加期待，在你把这些基本招数娴熟于胸之后，能够超越它们，发现更多、更新的规律。

广告
文案
The Power of Words

陈词滥调，一律下岗

对于一个广告人，应当明白一个基本事实：消费者的眼光永远是喜新厌旧的。有经验的文案人员，往往敢于用新词，善于用新词，有时更不妨自创句式，构成独具一格的文风。这种独特的文字或视觉，在广告中呈现出来的新鲜感，被称为"震惊值"（shock wave）；震惊值越高，广告内容所产生的冲击力就越大，你的信息就能快速地传输到读者脑海中，并形成强烈印象。

新鲜、生猛的字眼，就像调皮的捣蛋鬼，能够一下子就吸引人们的注意力。同样的内容表达，用了震惊值高的文字，就能事半功倍。有一句标题叫作"不要脸的时代过去了——某某营养面霜"，如果将其改成"不注重容貌的时代过去了"，效果肯定大打折扣。

唐朝诗人贾岛曾经为"僧敲月下门"还是"僧推月下门"冥思苦想，害得他误闯官道，不料却得到大作家韩愈的赏识与点拨，最终选定"鸟宿池边树，僧敲月下门"。这一典故，成就了"推敲"一词。同样，在广告写作中，尤其是标题中的字词，每一个都值得我们花时间反复推敲，直到找到最佳选择。资深的文案人员应当刻意去避免采用司空见惯的陈词滥调，诸如：时尚、完美、优雅、精彩、非常、惊喜一夏等。

如今，在网络广告、社交媒体的传播中，为了追求点击率和阅读量，很多文案成了"标题党"，表现出"语不惊人死不休"的状态。这里所追求的文案"震惊值"，需要因受众而异，如果运用巧妙，的确能让读者为你的构思而啧啧称奇；如果使用不当，便会适得其反。

第四章 开门见山——怎样写广告标题

案例 CASE

例1 东方庭院别墅——"竹""石""桥"

"东方庭院的石头,高明之处在于,不仅勾勒水乡别墅的型格,还要充分考虑偶尔想要休息一下的屁股"。

本来念上去很顺畅的标题,到了最后一个词,突然有了些不一样的感觉。"屁股"出现在别墅广告里,会不会让你的心里打一下"咯噔"?对了,要的就是这种真实。

东方庭院位于上海市郊、独具江南风情的朱家角。这是我为其创作的系列广告"竹""石""桥"中的一段。当时,我们考虑了很久,最后还是坚持用了"屁股",而不用"臀部"。为了预防客户的顾虑,其实我们还准备了几个备用方案,比如"脚板""脚丫子"。看上去美观了,效果也就平了。

作品来自致力共通广告公司,2006年

广告文案
The Power of Words

例2 麦肯广告公司的招聘系列——"妖魔鬼怪"

作品来自麦肯光明广告公司，2000年

  一句石破天惊的口号"麦肯不要人"，抓住了广告行业新鲜、刺激，富有挑战性的特点。忍不住读下去才发现，原来他们要的是"不同凡响的特殊人物"。居然是"人妖"——对应的是高级主管和总经理秘书，希望他们"男女通吃，且不为阴柔所迷，不为阳刚所惑"；"丑八怪"——对应的是媒介督导和媒介购买，希望他们"视野宽广、耳听八方，比别人通透，就是丑小鸭也能变白天鹅"；另外两个就更好理解了，"色鬼"——希望设计人员对颜色具有出神入化的解读，"吝啬鬼"——指的是精于算计的财务人员。从不可思议到恍然大悟，古灵精怪的文字起到了关键的推动作用。

平面标题的禁区

禁区 1

• 不要把标题写得太短，以免不能完整地表达观点，让人读后一头雾水。

• 不要写"死标题"：辞藻华丽，犹如广告口号般工整，却言之无物。

• 不要为了宣扬机智，而放弃清晰的信息点。

• 不要只罗列事实，毫无魅力可言。

• 不要尝试没有标题的广告。

禁区 2

我国《广告法》及其他法规，对广告标题的创作有着相应的规范：

• 不得使用国家级最高、最佳的用语。

• 广告不得贬低其他生产经营者的商品或服务。

• 药品、医疗器械广告不得有：含有不科学的表示功效的断言或者保证、说明治愈率或者有效率的语言。

• 食品、酒类、化妆品广告不得使用医疗用语或者易与药品混淆的用语。

广告文案
The Power of Words

案例 CASE

对仗式标题典范——劳力士手表

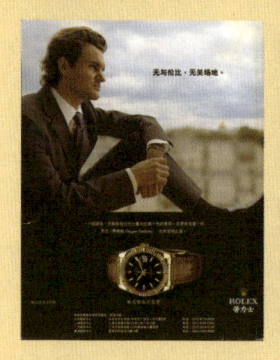

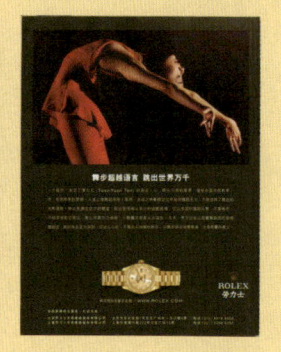

"无与伦比，无关场地"　　"成绩服众，风范动人"　　"舞步超越语言，跳出世界万千"

　　劳力士手表文案，堪称对仗式标题的典范。从标题到内文，它的行文风格优美、明快，将3个主人公（世界第一网球选手罗杰·费德勒、舞蹈明星谭元元、高尔夫明星查尔斯·豪威尔三世）的事迹，与顶级品牌紧紧地契合在一起。

头脑风暴：

1. 什么是"AIDMA"模式？这5个字母，分别代表哪些内容？
2. 平面广告的文案结构，通常包括哪几个部分？
3. 请收集10条广告标题，其中5条是你认为成功的，5条是不成功的，并说明理由。

第五章

引人入胜
怎样写广告正文

用标题叫卖，用正文说服

正文撰写 5 部曲

随文的几大要素

善用边角料：利益点描述练习

文案修订与"刷牙测试法"

用标题叫卖，用正文说服

正文是一则广告文案的主要讯息，又叫"bodycopy"。广告的销售任务，主要靠它来完成。

标题，将读者引入了某种"情境"，说明了发生的"冲突"；正文，就是针对这一冲突提出"解决方案"，使最初由标题和插图传达的概念得以延续。它的目的，就是为了要解决读者头脑的一个问题，或者回答一个疑问，从而说服读者。

正文的表现形式

大体可分为：事实型、论述型、情感型。可以客观直陈事实，介绍产品特点；也可以通过代言人的口吻来介绍。介绍方式分为独白式、对白式、故事式。

案例 CASE

独白式正文——中国移动通信"回收模拟频率"（作者 2000 年作品）

标题：我绝不会扔掉我的大哥大。——广州 刘宇

正文：说什么我也不扔！当年陪着我跌打滚爬，跟着我尝尽甜酸苦辣的"大哥大"，我怎能就因为买了一台数字手机就弃之不理？

我同意，通信频率是国家的。国家收回那些旧的、模拟的频率，也是为了合理调配资源，让更多的人用上数字技术。所以，我响应国家号召，主动不用模拟手机，让新的数字手机来接班，而且还能享受中国移动通信的免费入网待遇。

可这"大哥大"的功劳咱也不能忘记啊，我得让它在家里好好地"养老"，过过清闲的日子。就算为国家出点力，也给自己留点回忆。

标题：再不换个数字的手机，女儿都该跟我急了。——北京 王华

正文：按理说，我也不算是那种老顽固，不至于对新的东西怕得要命。朋友几个都劝我，别老用那又笨又重的机型了，试试轻巧好用的数字手机吧，旧的不去，新的不来，还能享受中国移动的免费入网。

但一下子要把手里的这"大哥大"换成那些圆头圆脑的数字机，怎么说总是有点伤感情啊。都跟了我那么多年了，风里来雨里去，不容易。

广告
文案
The Power of Words

　　上周在广州出差，女儿打电话要我改改她的小作文，就五六十个字，居然说了一个多小时还没说清楚。最后女儿都快急哭了："爸，你要再不把你那块'大砖头'换成那种能发短信息的手机，我就不理你了！"

　　连女儿都来催我了，看来真得好好考虑一下"大哥大"的退休事宜了。

正文撰写 5 部曲

思考 ➤ 草稿 ➤ 开篇 ➤ 铺陈 ➤ 收尾

思考：动笔前应该做初步考虑

- 把握整体的概念
- 产品卖点有哪些，确定必须说的诉求重点，把它们列出来。
- 确定正文的类型、风格、文体、诉求方式。
- 使用什么样的诉求主体。
- 使用什么样的人称。
- 跟你的搭档讨论：画面想好了么？版面有多大？字数多少合适？

草稿：试着列出一个提纲

如果你不知道从哪里开始，到哪里结束，就不可能把事情说清楚。先在脑海中形成一个大致的结构，然后写出一个提纲来，试着将正文切成三段：开头——承接标题，保持兴趣；主体——展开诉求；结尾——行动号召。

你也可以信手涂鸦，在白纸上写下任何需要在这则广告中传达的信息点，或者任何你想到的字句。等到这些短语足够多的时候，就差不多可以进入下一阶段了。

不想逻辑混乱，就要学会梳理信息

设计是一种高明的整理，广告文案也是如此。这些组织在一起的信息，绝不是随意地堆放在一起，而是因为内在的某种逻辑联系才组织在一起。思想的组织，基本上只有以下这四种可能的逻辑顺序。你可以利用这些顺序的概念，来检视你的信息分组是否存在着逻辑错误：

- 演绎顺序（大前提、小前提、结论）
- 时间顺序（如第一、第二、第三；解决问题的三个步骤）
- 结构顺序（通常并列，如广州、北京、上海）
- 重要性顺序（最重要、次重要、次要等）

开篇：想想标题说了些什么，接上去

万事开头难。要寻找一句开宗明义的话，是十分困难的。人的大脑,就像一部机器,温度最高时工作效率最高,而当你开始坐下来写作时,你的大脑是冷的。

如果写不出来,就想办法说出来。想象你是跟一个朋友介绍某个产品,它是什么,它有哪些好处,你为什么需要买它……不用担心太过口语化,要先把事情给说出来,再去组织语句。

把最重要、最有说服力的事实放在最前头

参照金字塔写作原理,文案信息的重要性,应当逐级递减。你应该从第一句开始就抓住读者——见血封喉。试想一下,有个地产广告的开头是这么写的:"每个人都居住在拥挤的都市丛林里",对于这样的大白话,后面又都是冗长、平淡的文字,估计没有读者会有耐心看下去。

切记在标题中说了某种"承诺",但是在正文中却只字不提。如果你的正文分为几段,那么一定要在第一段里,回应标题中所讲到的某种优点或承诺。

如果标题够好,就不必分两次起首

整个广告作品是浑然一体的,有时,你可以考虑直接把标题看成整篇文案的起首。当内文的第一句,紧随着标题来陈述,可以让读者毫不费力地被吸引到内文中,使整篇文案的语感显得非常顺畅。

第五章 引人入胜——怎样写广告正文

案例 CASE

例1 大众汽车2003上海国际车展广告

大众汽车广告图片，作品来自精信广告，2003年

标题：美女与野兽

内文：这确实是个巧合。对于性格丰富的大众汽车来说，不同个性擦出这样的火花并不稀奇。在关注大多数人的同时，大众汽车也迎合你越发凸显的个性化需求，拥有卓越越野表现的豪华多功能运动车（SUV）途锐就格外特立独行……

123

广告
文案

The Power of
Words

例2 **BenQ明基电脑促销广告**

标题：这"桌"的单，BenQ来买！

内文：谁跟你开玩笑？想拥有宜家风情，也可以分文不花！国庆期间，凡购买BenQ JoyHub600 江南系列、慕尼黑系列，就送你宜家百变时尚桌……

作品来自致力共通广告公司，2006年

铺陈：展开你的内容，写完所有该说的

在这一环节，你要做的就是展开你的论述，将刚才还没说清楚的，全部告诉给你的读者。在初稿的时候，可以先撒开了写，力求一气呵成。如果要100字，你就先写上个300字，然后再去不断地修整、精简。

多用短句。因为，长句增加阅读的困难性，而且出现病句的概率也高。

在正文的撰写中，你要考虑为不同的产品，调整你的语言风格；还要找到与读者阅读习惯相吻合的语调。比如，你要做针对十几岁青少年的广告，那么在撰写之前，你最好将你能找得到的青少年杂志全部读一遍，这样才能找到他们喜欢的语气。我在为一家日式潮流面包店写广告文案时，曾经把某个书报亭里所有的日、韩青少年杂志都买回了家。

第五章　引人入胜——怎样写广告正文

正文风格之一：口语化，追求真实感

想象一下，你正在与朋友面对面的交谈。这时，你需要的是平实、简洁、轻松的语调，而不是装腔作势的夸张。你的广告文案，同样需要被赋予这种亲切感，专业却不失平和，娓娓道来，字里行间透露出你的真诚。它基于文案撰稿人对产品、对企业、对生活的一种透彻理解，将品牌的事实悉数说出。

当然，如果是促销或针对年轻人的广告文案，也可以写得鲜活、生动或煽情。当消费者被某一种语言气质打动，很可能就会因为这一点而去购买产品。

案例 CASE

例1　**京华茶叶报纸广告**

作品来自奥美广告公司，2000 年

125

广告文案
The Power of Words

标题：北方的味，熟悉的香

正文：我们的好多主顾，因为常喝京华，逐渐成了对茶如数家珍的行家。所以京华茉莉花茶的茶师，50年来，从采摘、炒制、烘焙、送入茶包，到现在采用新包装，都小心翼翼，如履薄冰，生怕茶香有丝毫流失。因为专喝京华的行家们对它的"三香"毫不含糊——开袋扑鼻、沏茶四溢、入口留齿，鼻、口、心三种享受少了谁也不成。不但如此，京华茶师还把茶细分为十个等级，阳春白雪、市坊庶民各取所香，随处而香。在我们心里，甚至把风也当成自己的顾主，因为它和着茉莉花的香气，在北方的土地上，一飘，就是50年。

例2 新浪聊天室推广"拼图篇"

标题：没有"聊友速配"，怎能"成双成对"？

副标题：新浪聊天室"聊友速配"功能，让你们轻轻松松取得联系。

正文：新浪聊天室大力提倡"聊友速配"，亮出独门秘技"主题聊天"。全心全意，专为寻找你们的共同话题！请在聊天首页写上你的至爱话题，一分钟内，众多志趣相投者立刻暴露无遗！更可大胆公布你的兴趣，等待各位同党自动上门。把所有顾虑都扔进回收站吧，在新浪，不怕没话说！

作品来自奥美广告公司，2000年

标题：天天聊天得手机，赢取钻石级的情人节！

正文：别再犹豫啦，上新浪有奖聊天，连情人节都跟着沾光！现在去新浪聊天，除了能赢得时尚诱人的钻石、MP3（音乐播放器）、手机、DVD（数字通用光盘）等多款劲奖，更有机会在 2 月 14 日，参加新浪在北京、上海、广州、成都、沈阳、西安六大城市，为众多爱聊的网络情侣精心打造的浪漫 Party（派对）。好运说来就来，就看"今夜你会不会来"！（详情请见：http://chat.sina.com.cn）

正文风格之二：书面语，构筑形式美

这里指的是运用纯正的汉字书面语，来撰写广告文案。或严谨缜密，或优美浪漫，或另类硬朗。当书面风格的文字被植入广告作品的版式中，往往会体现出口语文字所不具有的工整感，容易排出漂亮的版式。

撰写这类文案，需要有品牌知识的积淀、对各种生活方式的研究，更重要的是，你需要培养一种语感。我经常采用的方法就是：在动笔之前，翻阅时尚杂志或者潮流网站，先让脑海中充满具有质感的文字，以及一些新颖的句式。参考资料以港台版为佳，因为这些媒体无论是文章还是广告，比较注重语言及用词的考究程度，它所体现的品味与汉语魅力，往往比内地杂志要优秀很多。如果有条件的话，可注意收集一些介绍奢侈品牌为主的高端杂志，体验精英类的生活与消费方式。

广告文案
The Power of Words

案例
CASE

TOSHIBA东芝电视杂志广告文案两则

标题：逃避现实，不如逃避到TOSHIBA电视里去

正文：沉默，你只需要沉默，甚至不必大哭一场、瑜伽静坐，或是向朋友倾诉。房间里就你和TOSHIBA电视，世界便会开始不同。

打开它，不管屋外的世界多么混乱、沮丧、无聊、孤独与哀伤。"得救了"，你的大脑悄悄对你说。TOSHIBA正以高科技解放生理与心理，它左右你的视觉神经，让你的身体舒缓放松，瘫坐在柔软的沙发上；接着你的耳膜会陷溺于超感觉音场的欣快中；当它与电脑网络连线成为多媒体时，你的五官神经更会高度亢奋，内分泌开始活化，再度增强你面对现实的勇气。这个世界如果少了像TOSHIBA电视这样的免费家庭心理医生，人们对残酷现实的免疫系统功能确实会大打折扣。

标题：戒掉爱情比戒掉TOSHIBA电视容易

正文：恋爱中的人可以一日不见情人，却不可一日不看TOSHIBA电视，因为他们沦陷在比爱情更不可自拔的感观漩涡中！

初识恋人平均一天花20小时56分零8秒在对方身上，随着恋情降温，每天接触2小时已达极限，而世上也几乎没有永志不渝的爱情。TOSHIBA电视不一样，它以高科技引

作品来自意识形态广告公司，1999年

128

发生物感官反应,平均每日沉迷时间5小时以上,是个一旦接触就难舍难分的伴侣。

它操控你的视觉神经,导致四肢无法离席上厕所;并制造超感觉音场,让耳膜陷溺于快感的波动;当它与电脑网络连线成为多媒体时,更加速细胞的脉冲传递,使五感高度亢奋。感谢老天让你遇见忠诚百分百的TOSHIBA电视,即便你极度依赖黏人也不会与你分离。

以上两则出自台北意识形态广告的文案作品,将"都会拜物教"的敏感气质、对高科技的迷恋,表现得一览无遗,也让产品具有一种独特的时尚感。让我们来深挖一下它采用了什么技巧:

多用酷词、生词,表达形式夸张

"欣快"取代了"欢快、快乐";用"活化",而不用"复活、恢复"。

对"时间"故作精确的描写,"20小时56分零8秒""沉迷时间5小时以上"。

新词汇的创造

从"感官"到"感观":"感官"是名词,而"感+观"则变成了动词,有双重含义,既是视觉,又是感觉,含义大为丰富。再看第二段中"使五感高度亢奋",将"感官"转变为"五感",换了种说法。这类新词刻意夹杂在广告文案中,造成一种阅读的停滞感,引起更多的关注,是一种常用技巧。

广告文案
The Power of Words

旧词的新组合

"忠诚百分百"="忠诚"+"百分百"。按照常理，可以写成"忠诚无比""十分忠诚""极度忠诚"，甚至是"百分百忠诚"，但作者在这里将"百分百"后置，就造成了一种新鲜的"流行感"，符合目标人群的语言风格。

案例 CASE

例1 奔驰越野车杂志广告文案两则

标题：动容，动魄

正文：梅赛德斯－奔驰全新改款ML级与全新GL级尊贵型豪华越野车，望而动容，御而动魄。于尊崇格调中，凝聚万钧之力。于行云流水间，挥洒磅礴之势。绝尘中，天地尽征服。

标题：光华之中，意想之外

正文：梅赛德斯－奔驰GLK豪华中型SUV，标新立异。

陈规尽破，一往无前。全新梅赛德斯－奔驰GLK豪华中型SUV，横空出世。独有钻石切割前脸，颠覆既往；刚毅车身棱角，锋芒乍现；更有7速自动变速箱，配以领先科技全时四驱（4MATIC），游刃都市之巅，俯览万众瞩目。

例2 BMW宝马3系广告文案

标题：100公里/小时 8.4秒 快感已被重新定义

第五章 引人入胜——怎样写广告正文

正文：驾驶BMW325i，的确是一种感官上的享受。是什么让它如此难以抗拒？是高精度的灵活性？是踩动油门时一触即发的反应？抑或是顺畅平稳的动力系统？一辆独特的运动型轿车，融合跑车的优点，更遗传了BMW所独有的特质。无与伦比的传动系统配以直列6缸引擎，开创了全新的速度艺术。优质的Montana真皮和桃木内饰营造出高雅豪华的气氛。精密的悬挂系统令车与路面完美贴合。环境工程学的合理运用，使人车合一的舒适境界成为现实。感受无与伦比的试驾体验，请即致电联络。

例3 **万科兰乔圣菲 别墅平面广告**

作品来自精信广告，2004年

标题：踩惯了红地毯，会梦见石板路

正文：还没进门，就是石板路，黄昏时刻，落日的余晖在林荫路上泛

广告
文案
The Power of Words

着金黄的光，再狂野的心也会随之安静下来。车子走在上面会有沙沙的声响，提醒你到家了。后庭的南面以手工打磨过的花岗石、板岩等天然石材拼就，供你闲暇之余赤脚与之厮磨。屋檐下搁着石臼与粗瓷坛，仿佛在静静等待着雨水滴落，追忆似水的年华。

作品来自精信广告公司，2004 年

标题：一生领导潮流，难得随波逐流

正文：风云间隙，何妨放下一切，让思想尽情随波逐流。这里珍藏着两条原生河道，它们经历着这块土地百年的风雨和阳光，沉淀着醇厚的人文意蕴，就连上方缥缈的空气都充满时间的味道。经过系统整治的河道，生态恢复良好，绝非人工的景观河可以相提并论。草坡堤岸自然延伸入水，有摇动的水草、浮游的小生物，大大小小的卵石，更不缺少流淌荡漾的情趣。

第五章 引人入胜——怎样写广告正文

> **TIPS!**
>
> **用文字蒙太奇拼贴快感！**
>
> "最差劲的写作就是文笔流畅。"
>
> "你这么讲，有97%的作家都会对号入座。"
>
> "文字应该被创造出很陌生的效果。"
>
> "不懂，为什么要很陌生，让人痛苦记忆吗？"
>
> "文字的序列不只是为了意义的目的，视觉可以有纯粹剪接的快感，为什么文字不能有剪接的实验。"
>
> "你蒙太奇给我看看！"
>
> ——许舜英与石孟慈的对话，来自《大量流出》

收尾

就像小说、戏剧和影视等作品形式，结尾部分往往会设定一个高潮。一则好的广告文案，同样应当在它的结尾处鼓动人心。还记得你在一开始写的那些没用上的标题吗？可能正好有一条在这里派上用场。

主动、有力，向人们提出行动的号召

- 好运说来就来，就看"今夜你会不会来"！
- 现在就试试，这款最方便的热水淋浴器！
- 为什么还要犹豫？现在就可以拨打我们的热线12345678！
- 快跟你的太太商量一下吧！
- 门票有限，先到先得！
- 今天就来，探索一个激动人心的南半球。

广告
文案
The Power of
Words

提出事实结束文案

- 制造一辆Polo，是理性的；购买一辆Polo，同样如此。
- HP Pavilion tx2000，让炫酷在指尖流动，玩转精彩一触即发！
- 与其说这是一款为阁下而造的豪华车，不如说是一件因您而生的艺术品。

用一句机智、辛辣的语调，强化品牌性格

- 人生只有一次，在玛莎拉蒂中度过。
- 我们不制造妥协，我们制造SAAB。
- 若想了解更多有关S50扬声器的技术内幕，建议你拿出一把剪刀。剪刀虽然样子古怪，剪下附单却游刃有余。
- 当它们保护你的家人时，看起来，我们才没什么东西挡住自己的道了。
- 下一次您在高速公路上行驶边想问题边挖鼻孔，您会发现自己对自己说——难道一个KFAC（洛杉矶古典音乐电台）的收听者会这样做？
- 假如你还需要知道它的价格，翻过这一页吧，年轻人。

随文的几大要素

随文又叫附文、尾文。指的是正文之后向广告受众传达企业名称、地址、联络信息，品牌标记、名称，或者接受服务的方法的附加性

第五章 引人入胜——怎样写广告正文

文字。它的基本功能是：补充正文遗漏，直接促使行动，方便消费者购买。

随文的内容通常包括

- 购买商品、获得服务的方法：机构名称、地址、电话、联系人
- 权威机构证明标志、文字
- 热线电话、网址
- 反馈表格
- 特别说明

万科地产广告

为了防止法律纠纷而做的预防性说明："广告主保留对产品外观及设计改进和改变的权利，而不需事先通知。"（多见于科技产品类广告。）

补充性说明："产品以实物为准。所示图片为广告示意图，请以实际画面为准。"（如方便面广告上的排骨。）

135

抽奖促销活动说明："礼品有限，先到先得，广告主保留本活动的解释权""详情请咨询 10086 及当地营业厅，或登录 www 网址"。

撰写随文要注意的

基本信息（如：电话地址）要直白、平实，说清楚即可，文风不宜花哨。

促使消费者产生行动的信息（如反馈表格），可适当润色，尽量与正文风格、调性保持统一。

数字类信息一定要再三核查，确认无误。

> **TIPS! 关于插图说明：**
>
> 它是和插图、奖品以及特别优惠券连在一起使用的小块文字单元。
>
> 千万别小看这些文字，调查表明，图片下方的文字阅读率是普通文字的 5 倍。

善用边角料：利益点描述练习

这又是一项容易被忽视的基本功。很多时候，如果某项产品的卖点较多，而内文篇幅有限，你就需要在随文的位置上进行罗列。一般的句式为：产品功能点 + 产品利益点。有时，你需要在一些普通的物品名称前加上形容词，让它给人一种耳目一新的感觉，增加它对消费者的吸引力，更进一步彰显品牌性格。

案例 CASE

例1 上海大众"GOL"运动版轿车广告——为技术亮点润色

- 独一无二两门设计,超长驾驶空间,运动无拘束
- 185 宽胎配以 14 寸铝合金轮毂,如虎添翼
- 彩色扰流板降低风阻系数,风随你动
- 可折叠式后排座椅,轻松释放 1 015 升动感空间
- 门内把手/手制动杆揿钮/排挡杆饰圈全镀铬,锋芒尽显
- 双腔前照灯/暗色尾灯/一体全彩色保险杠,动得有型
- 运动型排气管/车身侧面标牌,豪气顿生
- 侧面可开启后窗/车顶天线,以动为本人性设计

例2 "斯米诺伏特加联手007"促销海报——为活动奖品命名

- 工具箱——全能特工之宝
- 票夹——007 私人专用票夹
- 袖钉——王牌间谍袖钉
- 手电筒——史上极强光电筒
- 007 版瓶装——倾城之酿限量版瓶装

可口可乐瓶盖的促销文字创意:简洁明了的词组,传递出抽奖活动的参与方式以及利益点;更体现出韵律感,传递着运动精神的节奏

广告
文案
The Power of
Words

文案修订与"刷牙测试法"

好的文章总是需要反复修订的,《文体诸要素》(*The Elements of Style*)的作者之一威廉·斯特伦克(William Strunk)写道:"有活力的文字是简明的,句中没有不必要的词,段落没有不必要的句子,同样,一幅素描不应有不必要的线条,一部机器不应有不必要的零件。"文本没有被反复修订是不可能达到如此精炼的。

另一位支持修订文章的人是欧内斯特·海明威(Ernest Hemingway),他曾告诉采访者,他重写了《永别,兵器》(*A Farewell to Arms*)的结局部分达39次之多。采访者问他为什么,他回答道:"为了选择恰当的词句。"

修订意味着"再看一遍"

修订从审视文案的内容开始,到文案的结构,再到文案与媒介特性的配合与否,甚至细化到文案的写作风格、写作技巧等。(详见后表)

同时,你还需要逐一检查每个词,是否经过仔细选择,是否有错别字?每个标点符号是不是用对?从严格要求来讲,还应检查标点符号是全角还是半角状态?(中文匹配全角状态的标点,字间距较大,句号为空心圆;英文应匹配半角状态的标点,字间距较小,句号为实心圆点。)

这最后一道程序至关重要,哪怕一个别字都会让读者对你的印象大打折扣。

修订意味着"再读一遍"

读者们是在脑子里,用无声的语言在读你的文案。一旦他读得不顺畅，就无法继续，你的文案也就失去了效用。因此，你自己最好先多读几次。这有助于检查文字的韵律和文章的流畅程度，比如一句话是不是太长，或者充斥着专业词汇让人无法消化。

默读或大声朗读都可以，当然，最好是念出声音来。如果是电视广告、广播广告的文案，需要你一边想象着实际的画面或配乐，一边朗读里面的文字内容。要让你的声音有"表情"，就像你在讲电话的时候微笑的话，对方可以从听筒里感受到你的喜悦。

文案审核表

内容	是否准确地传达了广告创意？ 内容的逻辑关系是否清楚？ 内容的主次顺序是否与广告策略的规定相吻合？
结构	标题是否与正文贯通？ 正文的结构是否合理？ 广告语写进文案了吗？
文案与媒介特性的配合方面	是否考虑到了在什么样的媒介上传播？ 如果是印刷媒介，与媒介计划中的广告篇幅相比，是否太长或太短？ 如果是广播广告文案，与媒介计划中的广告时间相比，是否适当？ 是否考虑到了文案与音乐、音响的配合？语言是不是适合广播？ 如果是电视广告文案，是否考虑到了文案与画面、音乐、音响的配合？语言是不是符合观众的收视习惯？
文案的风格方面	风格是不是适合广告的创意核心和执行点子？ 风格是否符合观众的阅听习惯？ 风格是否适合广告发布地区的文化背景、风俗习惯？
写作技巧方面	是否缺乏写作技巧？ 是否过多地使用了写作技巧？ 是否使用了受众难以接受的技巧？ 是否因为使用技巧掩盖了文案需要传达的广告信息？

广告
文案
The Power of Words

TIPS! 文案测试小秘技——隔夜测试

每当完成了一篇广告文案，明智的做法是把它搁置一段时间，至少一个晚上。如果次日早晨重读还是觉得不错的话，才算基本过关。

这样做的道理是，当你隔了一个晚上，从热火朝天的创作状态中抽离出来，对昨晚的文字做冷静、客观的审视时，你很可能就会发现，昨天的那句有趣的标题，今天似乎不那么有趣了；而语病、错别字、偏颇的说法，统统浮出水面。这时，你只能继续调整或者干脆重写。

这招又叫"刷牙测试法"，同样适用于想创意或者画面的设计人员。就是说，当你在第二天早上刷牙时，回想起昨天想的idea，如果还觉得满心喜欢，就说明它至少过了你这关！

实战演练：

1. 请收集三则你所喜欢的文案作品，并分析其内容的构成与信息的组织方法。
2. 请用口语化的风格，为你所在的城市，写一篇旅游宣传文案。
3. 请用书面化的风格，为你正在使用的手机，写一篇杂志广告文案。

第六章

说长道短
怎样写长文案、短文案

要多长，有多短

高关心度与低关心度

结构：长文案的秘密武器

让文案更好读的 8 个办法

积累常识，而不是形容词

短文案的爆发力

要多长，有多短

顾名思义，长文案字多，短文案字少。长的可达成百上千字，极尽渲染之能事；短的则短至十余字，甚至标题正文合而为一、寥寥数字已涵盖多重意义。

到底长文案好还是短的好？长的到底要多长，短的究竟有多短？一切，都得从广告目的说起，它取决于不同的企业、商品或者服务，取决于所传递信息量的多寡。

长或短，只是沟通方式的变化，并不意味着文案水准的高或低。

短文案，简单、直接、好消化。如果卖的是饮料、糖果、时装等产品，用上短促有力的标题，富有节奏感的内文、醒目的标志，就足以夺人眼球。

长文案，详尽、缜密、有说服力。如果广告卖的是"大件儿"，如房产、轿车、奢侈品等，这些产品有着复杂的新技术、陌生的专有名词以及需要深度解析的卖点，就需要一篇长文案才能担当重任。

只有包含了事实的信息才会有冲击力。不要担心文案太长，

第六章　说长道短——怎样写长文案、短文案

只要你的文案有意思，人们自然会迫不及待地阅读你给他们的整个文案；如果广告本身很乏味，那么文案再短也无济于事。

——约翰·凯博斯，1978年《华尔街日报》

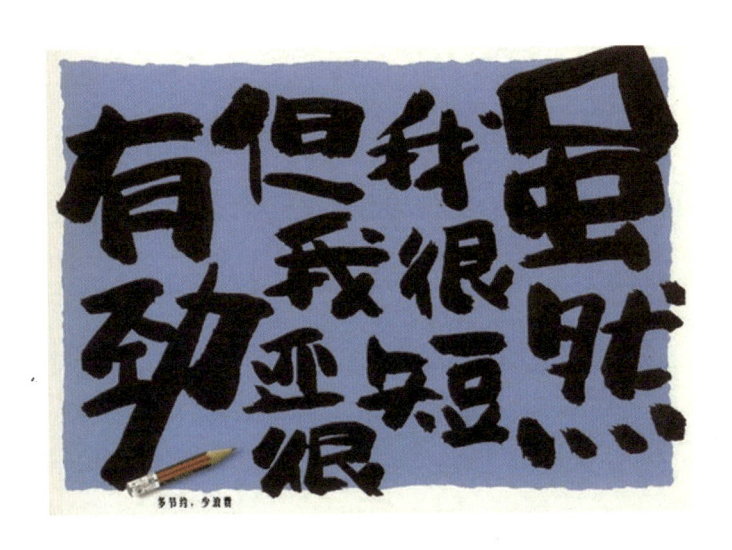

公益广告，提醒人们珍视铅笔的剩余价值。短小精悍的文案"双关语"，不仅吸引眼球，更以全新的角度传播节约美德。作品来自麦肯光明广告公司，1997年

高关心度与低关心度

文案的写作手法，与这两种商品属性密切相关

高关心度商品：一般指汽车、房子等昂贵的产品，或电脑、家电、照相器材等高科技产品，它们与消费者的切身利益密切相

关，购买决策周期较长。比如，据统计，个人购车的决策过程大概为半年。

低关心度产品：包括洗衣粉、洗发水、零食之类的快消品，它们价值不高、产品差异性不大、购买周期短。因此，顾客选购的随机性就很大，购买时如果碰到哪个商家促销幅度大一点、包装新奇一点，可能就会影响购买决策。

关心度不同，创作方法与媒体投放手段不同

高关心度商品，追求品牌的形象，注重说服的深度

受众对这类产品的购买决策往往比较慎重，从信息搜集到消化需要很长时间；受众的文化程度与收入水平也相对较高。

因此，应当利用平面媒体易保存、可反复阅读的特性，运用长文案、软文、杂志专题，或图文并茂的网络论坛推广等形式，将新产品的特点、性能逐一地介绍给消费者；而电视、广播等媒体，则主要用于传播品牌形象。

低关心度商品，追求本身的个性，注重传播的广度

这类产品的价格普遍不高，购买的门槛也就相对降低了。例如近年来开遍大江南北的"两元店"，就是这类商品的典型。店内的所有货物都仅售两元，消费者的投入风险极低——大不了损失两元钱，因此不需花太长时间"教育"，就看谁吆喝得响了。

需要注意的是，这一品类同质化也很严重。因此，在广告文案创作上，就需要考虑尽量突出品牌本身的个性，用感性因素打动消费者，让他们产生深刻记忆。短文案就是一个能够快速塑造个性的方法。在媒体投放上，可以借助渗透度较高的电波媒体或者网络、社交媒体等，来增加传播的广度。

反其道而行之，或有奇效

上面的两种判断原则，也不能一概而论。只要你敢于突破，长短的形式并不是一成不变的。比如一瓶纯净水，用对待高关心度产品的长文案形式，故意来夸大描写它的价值，也许会收到意想不到的反响；又比如，有些高关心度商品，如果用标语式的短文案来配合精美的画面，也不失格调。

结构：长文案的秘密武器

文案的写作手法，与这两种商品属性密切相关

尽管我们已经进入读图时代，但是，长文案照样有它存在的必要性，因为它可以：

- 传达更多的、更有说服力的广告信息。
- 为受众提供一个完整的思维过程。
- 更有利于将受众引向广告所要营造的氛围。
- 表示广告将要传达重要的信息，更能吸引注意力。

广告
文案
The Power of Words

你写得越多,卖掉产品的机会也越大。长文案本身就是一种图像,它会传达这样的信息:关于这产品真有不少话可说。所以,即使消费者没有读完也会留下一个印象。

除了之前提到的高关心度产品外,对于市面上极为鲜见的商品模式及通过简单描述难以传达其价值的产品,都可以采用长文案。

合理的阅读结构,让长文案更容易被消化

长文案,绝不意味着你可以用更长的篇幅,去写本来用几句话就可以说清楚的事(即使两个字的文案,如果是不对的两个字就是冗长)。

文案的篇幅越长,内含的信息越多。你好不容易把它写完之后,更重要的,当然就是让更多人愿意去花时间把它读完。因此,合理的阅读结构显得尤为重要。从心理学层面看,向读者传递简单易读、条理清晰的信息,比让他们在混乱的句子中摸索,更容易接受你全篇的思想。

案例
CASE

世好啤酒广告"传奇世好"

2002年,世好啤酒计划通过一系列的传播战役,改变其"餐饮用酒"的固有形象,突出它的时尚感与品质感,核心诉求为"高贵"。最初,客

户只是希望我为其撰写 3 篇软文，发布于免费的媒体版面。经过考虑，我建议客户采用长文案形式，来强化品牌的传奇感及个性化，作品发布后，市场反应相当积极，最后客户决定增加预算投放硬性广告。以下是"传奇世好"文案。

标题：高贵的结局，是不是注定高不可攀？

不得不承认，高贵，总是一个离常人太远的词汇。

跟它联系在一起的，永远是那些与生俱来、奢华极致的世家子弟，洛可可时代的法国，阔边礼帽下晚装摇曳的优雅女子，当然，也可能是完美夺世的劳力士、经典永恒的 Chanel（香奈儿），抑或被誉为"生命之水"的苏格兰极品威士忌，经历千亿万年晶化，平均每 250 吨矿块才诞生一克拉的稀世珍钻，还有……

太多的不现实，让高贵，在许多人眼里，根本是一个无法企及的海市蜃楼。

> 描述高贵的定义，先把"高贵"拉到一个高度，让人产生距离感。

更没人肯相信，有一种啤酒，能让他的心灵，如此轻易地接近这般经典感受。

> 为下文引出产品主角，埋下伏笔

正是"世好"。

> 点明品牌

"上帝的国土"新西兰，让"世好"啤酒一出生，就与平庸之辈划清了界线。
独一无二的气候环境、
纯净自然的优质水源、

广告文案
The Power of Words

举世罕有的"绿色子弹"啤酒花，最先进的德国酿造设
备，造就了"世好"纯正稀罕的贵族气质。
如果看到下面这些真实的荣誉，
你会觉得以上的形容词，实在谦虚。
华盛顿国际酒业"Les Amis Du Vin"颁发的"世界上最
好啤酒"称号，
国际酿酒协会的"淡啤酒类国际金奖"，
连续四届的国际博览会金奖，
全球五十多个国家的狂热推崇，
无一不让"世好"平添卓然出众的傲人资本。

　　　　　　　　　　　　　　　　　　诠释品牌，解释卖点

而此刻，你享受这种高贵，
却只要全世界最微薄的努力——
啪！世好一开，一种至上境界扑面而来。
在这里，
无须道貌岸然、正襟危坐，
无关宗教信仰、民族血统，
对有些人而言，穷尽一生也无法意会的尊贵气息，
弹指一挥间，
已让你唇齿留香。

　　　　　　　　　　　　　　　　　　点明品牌与消费者的关系

标题：在欣赏一瓶好酒前，先懂得欣赏它的身世
你当然希望，
它的身上流淌着神秘的美感。
但，在你还没搞清它的来历，

148

还不知道它出自何方名门世家,来自哪一朝代的大麦、哪片
疆域的水源之前;
还没人向你拍胸脯,保证那些浅黄色的液体中,
没有发酵后残留的细菌阴魂不散之前,先把它大口咽下肚里,
对你的品味,算不算一种侵犯? 提出问题,制造悬念

好酒如人。
出身无法保证一切,但至少是个前提。
世好啤酒,天生高贵稀有,
堪为新西兰最大的骄傲。
为了酿造出真正清新舒爽的口感,
我们收集新西兰春天最丰沛的雨水,
收割秋天最健康的谷麦,
更近乎苛刻地选用只生长在Motueka幽静山谷的"绿色子弹
花",
来制造被称为啤酒灵魂的酒花,
因为我们深信,唯有如此举世罕见、远离尘嚣的超级酒花,
如此超乎平常的至高标准,
才能为"世好"提供独特的香气,维持细腻而持久的泡沫,
让口味纯正的淡啤,
与欣赏世好的优秀之士相得益彰。 好酒如人,将产品内
涵逐一展现

同样一瓶酒,
有人沉醉美味,有人享受欢愉,
有人借故摆脱俗世,有人因此遭遇灵感。 横向比较

广告
文案
The Power of
Words

而世好，则让你透过品牌，看清好酒背后的真实来历。

它不能减少你对啤酒肚的担忧，

不能成为你宿醉不归的借口。

强调品牌对于实力的
自信，同时突出个性

标题：才喝一口，整个夜晚的空气已经醉了一半

关键在于，

你用什么样的酒，来滋润这个夜晚。

然后才是，

你长得怎么样。

以心理战，赢取目标
对象认同

"世好！"

你不动声色地将酒单原封不动地退给服务生，

用寻常的速度喊出这个名字。

光是语气，

已经让整个屋子的空气，变得不寻常。

交待环境，渲染气氛

光线再暗，都瞒不了旁人。

你端详酒瓶的认真样子，握瓶的熟稔手势，

早已流露你对经验的迷恋。

依然是，墨绿色的酒瓶，

折射出这一夜最高贵的表情；

依然是，优雅迷人的外形，勾勒出写意非凡的流线。

无声仿有声，

更像你的性格写真。

继续渲染气氛，美化
瓶型特征

开瓶，这件很私人的事情，

第六章 说长道短——怎样写长文案、短文案

有了"世好",岂能再度借助旁人之手,让乐趣白白流失?

啪,就这样,

轻轻一拉"世好"为你设计的奇妙拉盖,

这个城市最美好的泡沫,

就会冰凉地,自私地,迅速地,逃出来。

> 强调产品特点,营造消费体验

有性格的人,举目皆是。

但有性格的酒,委实稀有。

喝,你醉;

不喝,别人醉。

和世好过一夜,

想用酒忘记世界的你,却被更多的眼神发现。

> 收尾,再次渲染产品并恭维读者

作品来自盛世长城国际广告公司,2002 年

广告
文案
The Power of Words

让文案更好读的 8 个办法

先分段。通常，一篇长文案中会谈到多个方面的信息，这时，我们应该有条理地将长文案分割成若干个相对独立的信息板块或段落。

聪明地运用小标题。在板块（段落）之间，运用不同的小标题进行串联，能够显著地提高阅读率。一系列精心写就、安排巧妙的小标题，可以让那些懒得阅读全文的人以最快的速度通览信息。如果采用疑问式的小标题，可以激起读者对下文的好奇心。

多用短词、短句、短段落。长句增加阅读的困难性，而且出现病句的概率也高。对于文案的初学者而言，不妨尝试"一句一句分行"的形式，是个减少语病、降低阅读难度的好办法。

多用过渡性词组。学会掌握过渡性词语，起到承上启下的桥梁作用，让全文的语气显得更为老练和成熟。如"当然，在某方面""更重要的是""比如""也""更何况""值得一提的是""令人惊讶的是""试想一下"。

将次要信息的地位削弱。将一些非重点文字放在备注、随文或者图片说明里，有时还可以用"( )"来起到画外音的作用。这样既不会影响阅读时的语气与顺畅感，又能让你的文案显得考虑周全。

少用形容词，多用动词、名词。靠形容词过日子，只会是个错误。广告的读者，最需要的是资讯，你要提供给他们最到位的信息，而无须过多的辞藻装饰。

对于真实的语言，不要过度修饰。原始资料，远比精心雕琢的意见可信。人是非常会装模作样的动物,总是想把问题回答得非常完美,但是,一旦经过修饰,文字也就失去了活力。对于文案创作来讲,需要的就是"活生生的""不加修饰"的句子。

请你的美术搭档一起出主意。是时候请出你的搭档了。他们会运用美术手段,让整篇文案看起来更为赏心悦目、简洁大方,比如扩大行距、慷慨地运用空白、增加趣味插图等。一个优秀的文案,还需要掌握基本的版式美学与设计常识。

积累常识,而不是形容词

> 你一定要知道自己在讲什么。为了具备资讯性——还不要提说服性——你必须知道汽车如何装配,鸡肉如何切斩,界面活性剂如何作用,人在外国会碰到什么状况,炼油厂究竟怎么炼油等。欠缺这种知识,你就注定会越来越靠形容词过日子——只会是错误。
>
> 鲍勃·兰维森
> 恒美广告全球创意总监,被誉为"文案中的文案"

广告,并不是什么高深的学问。它的写作,除了必备的营销知识、不同客户的行业研究,剩下的就是普通却必不可少的——常识。你的常识积累越丰富,就越能激发思考的活力。新生流行事物、社会新闻、公众语录、网络平台……只要你留心观察,总能找到切入点,通过行销手法,将其转化成有利品牌竞争的动能。

广告
文案
The Power of Words

　　事实最有力量。生活中大量有趣的事情和经验，都可以成为你的写作题材；而关注人性和真实的情感，更将让你发现一个取之不尽的宝藏。我们可以分析消费者的行为，推理背后隐藏的动机，结合一点行为科学或消费心理学，找到打动他的地方。

　　真正好的文案，都不是你自己写出来的，它早就存在，只是要等你去找到它。所以，要做个有心人，在日常阅读、收听资讯时，要有意识地搜寻、记录它们，让它们成为你的固定知识资产，长此以往将获益良多。

案例 CASE

例1　壳牌石油形象广告

背景：

　　2004年，国内润滑油品牌崛起，国产润滑油的品质、技术等条件均可与进口品牌媲美，这不仅带给国外润滑油巨头竞争压力，国产品牌更在垄断中低端市场的同时，逐步进入高端润滑油市场。壳牌，自然也迎来国内润滑油品牌的围攻，市场份额持续下滑，且时有负面新闻报道缠身，因此为扭转企业品牌形象，加强品牌建设势在必行。

推广策略：

　　在宣传主题上，壳牌一改以往对旗下产品喜力润滑油的产品宣传口径，而转向对企业"可持续发展"推广行动的延续宣传与支持，着重展现出"壳牌·赋能予人"的发展理念，进而形成独特的系列广告策略。这里选摘的"太阳篇"，是壳牌在中国西部推广"中国光明工程"活动的真

第六章 说长道短——怎样写长文案、短文案

作品来自奥美广告公司，2004 年

实写照，它结束了新疆广袤的牧场上 25 万户游牧家庭无电的生活；"绿色篇"打出洁净能源的概念，倡导重新发现煤炭资源的价值，减少它对环境的负面作用。

作品一

标题：如果骏马追不上太阳，我们就把太阳放在马背上。

正文：山高水长，戈壁茫茫的新疆，夜幕之下不再只有星光点点——游牧人家的毡房里，有了明亮的太阳。马背上的生活不再是苍凉的寂寞，因为太阳的能量也能在夜晚感受；毡房里的歌声不再只有哈萨克一

155

广告文案
The Power of Words

种旋律，收音机的电波送来世界艺术的风情。

通过政府的"光明工程"，壳牌把太阳能产品和技术带给新疆边远牧区的千家万户，把移动的电力带给草原。生活在马背上的哈萨克游牧民族，漫漫转场路已与以往有别——不但毡房里装上了电灯，而且走到哪里，就能亮到哪里！壳牌独立太阳能系统，正适合马背上的生活：轻巧坚固，不怕马背上的颠簸；可以直接用电，也可以把电能储进电池备用；安装也只需5分钟，简单得如同骑马备鞍。

"刚听说那会儿，我就想，要赶快装一个！这下可好了！"提起他新装上的太阳能板，牧民哈帕斯就掩不住满面的兴奋之情。

夸父的远古梦想化作了小小的太阳能收集板。人类走过了漫长的自然崇拜，才发现与其夸父追日，不如借日酬勤。让太阳的能量变成可持续的能源，伴我们生生不息，直到永远。

口号：壳牌，赋能于人

作品二

标题：煤，源于绿色，也应归于绿色，溶进洁净的天空。

正文：这块煤，集亿万年草木之精华，其中该蕴涵多少时空的故事！人类对煤的认识还很粗浅，但已经有了革命性的进步：煤其实也可以是一种绿色能源，不对环境造成污染。

中国石化巴陵分公司经理朱泽华博士介绍说，壳牌的煤气化技术将为公司的氮肥生产带来新的生机：昂贵的石油，使公司的化肥生产负担甚重；今后，以煤为原料，化肥生产不但能扭亏为盈，而且不会给洞庭湖畔的蓝天"抹黑"。

数百年来，煤的简单化利用导致了人们对煤的诸多成见。洁净的用煤技术，让人们重新认识了煤炭资源的价值：发电、生产化肥、合成汽油和柴油、制氢以供燃料电池、利用煤渣烧制建筑材料。

"朱叔叔，煤是怎样变回绿色的？"透过阳光，小博满怀惊奇地找寻着煤回归森林的曲径。

口号：壳牌，赋能于人

作品来自奥美广告公司，2004年

例2 印度手工珠宝 1931

作品一

寒冷的冬天，凌晨三点钟。她轻轻地叫醒你，拍拍自己的肚子。"我看是时候了。"她说。你尽量掩饰自己的紧张，伸手去拿车钥匙，把车门打开，一直快到不能再快，在夜色中一路疾驶。

广告
文案

The Power of
Words

印度手工珠宝广告

医院里灰暗的接待室丝毫不能缓解紧张的情绪。

甚至连根烟都找不到，见鬼。

紧张在加剧。没人看的旧杂志。天色渐明，这时，一个穿白大褂的护士轻手轻脚地向你走来。"是个女孩。"她说。

对今后的日子你还没有做好准备。她说的第一个字，长出的第一颗牙，无休止地换尿布。后来她开始上学了。用冰激凌行贿。刚学的数学把你都弄糊涂了。再后来她开始长粉刺，开始参加派对。晚上你一直等她安全回家。

因为她走进了你的生活，你感激不尽。你送她钻石，珍贵如她的眼泪，送她黄金，灿烂似她的笑容。

现在，你的宝贝就要出嫁了，去照亮另外一个人的生活。唢呐响起来了，还有笑声、欢闹、色彩明快的沙丽、朱砂痣、彩绘文身、金盏花。

而你仿佛又回到那个灰暗的医院接待室。头顶上的风扇转个不停。你还能听到越来越近的脚步声。还有那句温柔的耳语："是个女孩。"而你幸

第六章 说长道短——怎样写长文案、短文案

福地笑了。

　　Mehrae-Di-Hatti，手工珠宝和回忆，来自 1931。

印度手工珠宝广告

作品二

　　故事发生在 1969 年的德里市。你画眼影，戴 gharara（勒克瑙市传统服饰），还未进门已芳香四溢。

　　你年轻，无忧无虑，做事从不考虑后果。岁月都站在你这边。他走进来了。"买一些珍贵的东西"，太多丝绸之类的服饰几近令你窒息，这时他会告诉你，"它们会永远令你快乐。"

　　所以他用红宝石，跟你嘴唇一样红的红宝石宠你；用叮当响的玻璃手镯来消除你的不满；还用镶有珠宝的腰带拴住你。慢慢地，德里长大了。不知不觉就有了很多立交桥。就像快餐店、五星级宾馆、录像厅、超市，还有 Marutis。而你，也日渐成熟。某日，你顽皮如昔地问："告诉我，你所买的稀有珍贵的东西是什么？就是那些令你终生快乐的东西？"

　　他让你闭上眼睛，牵着你的手走了几步。

159

广告
文案
The Power of Words

而你睁开眼睛，在镜子中看到的是自己的笑脸。

Mehrae-Di-Hatti，手工珠宝和回忆，来自 1931。

印度手工珠宝广告

作品三

这天早晨，你第一次离家。箱子已经收拾妥当，寄宿学校好像就不在远处。

鸡蛋在嘶嘶作响，咖啡在扑扑沸腾，吐司也变成诱人的棕色。

但在全家人坐下来吃早餐的时候，却没有了往日的热闹。没有一个人出声。最后，道别的时候还是到来了。

"房子就是用来放物品的地方，"父亲一边擦干你的泪水，一边轻轻地说，"使房子与众不同的只是回忆。"

所以你把箱子塞满了笑声，还有回忆……妈妈是怎样在晚上给你擦发油的。还有第二天阳台上把头发吹干的那阵清风。

每次回家，父亲的礼物都会带给你惊喜。精致的鼻环、夺目的单粒小宝石、一走动就会发出声音的 payal。

第六章 说长道短——怎样写长文案、短文案

> 当你最后一次离家的时候，到处都是摄像机、闪光灯、喧闹声、诵经声，到处都是头巾。
>
> 但是，这次就是父亲在哭。当你拥抱他时你恨不得永远不放手。
>
> "谢谢你，爸爸。"你轻声地说，轻得连自己都差点听不到。然后你带着回忆离开了。
>
> Mehrae-Di-Hatti，手工珠宝和回忆，来自1931。

短文案的爆发力

> 好险！——保险公司
>
> "大不了"退款——丰胸广告
>
> 拒绝"杨白劳"，反对"齐白食"——"反盗版"公益广告

如果能用10个字讲清楚一个事情，为什么要花几百个字呢？

文字越少，理解起来就越容易，因此信息被记住的概率就越大。

事实上，并不是所有的商品，都需要你写长文案去贩卖；也不是所有的平面广告，都需要"标题+内文+随文"的完整结构。原因在于：（1）产品的关心度低，同质化太高；（2）广告版面有限，说得越少越省钱；（3）时间有限，人们通常没空阅读长文案。一个印刷广告的平均寿命只有3秒，在读者翻页或走开之前，你的标题，要不就干净利落，一针见血？要不就索性云里雾里，让读者产生一种疑惑——"岂有此理，竟有此事？"然后就把他的视线给停留住。

广告文案
The Power of Words

很多时候，我们可以把"短文案"看成是一种文案主导的视觉创意。当广告中的文字标题或者口号被放大到一个超常规的尺寸后，它的本身就构成了一幅图像：有趣、醒目、识别度高。

案例 CASE

例1 "高兴就好"汽水新品上市海报创意

标题：变心

正文："高兴就好"果味汽水全新上市喽！香橙、柠檬、青苹果，三种变了"心"的新口味，伴你尽情感受冰爽新世界！

口号：想喝你就说嘛

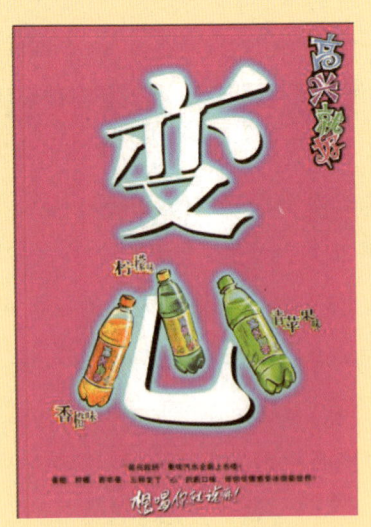

作品来自奥美广告公司，2001年

第六章 说长道短——怎样写长文案、短文案

作品来自奥美广告，2001年

标题：翻脸

正文："高兴就好"果味汽水全新上市喽！香橙、柠檬、青苹果，三种变了"心"的新口味，伴你尽情感受冰爽新世界！

口号：想喝你就说嘛

例2 新加坡教会广告"上帝系列"

背景：

新加坡150间教会联合推出的广告"上帝系列"，引起了很大回响。新加坡政府一向对宗教性广告有很严格的限制，很多时候都会不准许出街，但这套广告成功地在报刊、地铁灯箱、直邮，以及电视上播出了。虽然因为其他宗教人士不满而要停止，但已属一个难得的"创举"。

在这套水准超凡的广告中，神不只是那个高高在上的神，乃是那位愿

163

广告
文案
The Power of
Words

意和大家一起分享喜与悲的神。连广告大师尼尔·弗兰奇也认为这"可能是他看到过的最佳作品"。广告由新加坡奥美广告公司创作,平面广告共有 24 个不同版本,全部都是黑底白字的纯文案稿:

新加坡教会广告之"尼采已死篇",作品来自奥美广告公司

1. 上街记得带着雨伞,今天我也许要灌溉树木。

——上帝

2. 假如你错过了今天我为你准备的日出,不要紧,明天我再为你准备。

——上帝

3. 你怎会是自我创造的人呢?我记得特别清楚是怎样创造你的呀!

——上帝

4. 我当然有幽默感,我不是为你们创造了鸭嘴兽吗?

——上帝

5. 世界末日还没到,除非是我亲口说的才算。

——上帝

第六章 说长道短——怎样写长文案、短文案

6. 我讨厌戒条，所以我只定了十条而已。

——上帝

7. 如果你认为"蒙娜丽莎的微笑"美丽绝伦，那么你真该看看我的大作——在你的镜子里！

——上帝

8. 要是你所求的我全数给你，你哪有那么多地方摆放？

——上帝

9. 怎样才能让你注意到我？？？？抽掉所有报纸的广告吗？

——上帝

10. 我当然知道做人难，别忘了你是我做的。

——上帝

11. 酒后别开车，我知道你还不想见到我。

——上帝

12. 尼采已死

——上帝

（创作人运用了报纸媒体，将当天的所有广告"抽掉"，让"上帝"跟大家沟通。）

头脑风暴：

1. 什么是高关心度与低关心度商品？

2. 请列举出几个使长文案更容易阅读的写作技巧。

3. 想象一下你就是"上帝"，为"新加坡教会系列广告"续写文案，要求三则以上。

第七章

举一反三
怎样创作系列广告？

不是一家人，不进一家门
系列广告的形式解码
系列感，从标题开始
一句话，写出 core idea
从作品中归纳"核心概念"

不是一家人，不进一家门

什么是系列广告

系列广告，就是在同一媒体或不同媒体上轮番传播的一组（两篇以上）广告的统称。

准确来讲，它指的是在同一次广告运动中，基于同一创意概念创作的，集中刊播于同一媒体的一组广告。它们在风格上保持统一，图像上大体一致、内容上相互联系。

为什么非要做系列

广告的信息表达，讲究"单一性"原则，每则广告所表达的信息点最好只有一个。将不同的信息点，分散到不同的广告作品中传播，是为明智之举。

与单条广告的重复播出不同，系列广告，既能延续创意的主题，又能够呈现出不同的张力。其中的每一条广告作品都以其独特的个性，来唤起受众注意，让他们不觉得单调与厌烦。

同一系列中的不同作品，相互之间形成一股合力。说的内容更多，角度更丰富，多次曝光机会，形成强烈的关联性，使受众产生一致的印象与记忆。它的传播效果，远比单条广告更持久、更有效。

系列广告的媒体形式

不管是印刷类、电波类，还是网络类，系列广告的不同作品，往往在短时间内同时、相继、轮流刊播于同一个媒体，或同类媒体。每一则广告的表现形式很相似，而诉求的主题不同。

印刷类系列广告，一般在同一份杂志或报纸内，分几期刊完；或在同一期分几页连续刊登。现在流行一种3联页广告，即系列中每则广告的尺寸，只缩小到杂志页面的1/3尺寸，这样原来整页广告的发布费，就可以让你的广告在同一本杂志里出现3次，强化了产品形象，又能减少媒体发布成本。

电波类系列广告，包括电视、广播广告，一般在同一个频道连续播放。由于电视媒体的发布成本较高，因此系列电视广告，往往做成15秒或者更短的版本。比如我曾经创作"新浪广东站"系列电视广告，在广州地区播放的时候，采取每周播放一条的方法，每条15秒。

案例 CASE

绝对伏特加

史上最成功的系列广告，莫过于闻名世界的"绝对伏特加"平面作品。该系列从20世纪开始创作，作品的数量至今已逾数百张。其中每一张广

169

广告文案
The Power of Words

告，均是从同一个创意原点出发：以伏特加"瓶形"为设计元素展开，努力将其定格在全世界各国各民族悠久、优秀、为人熟知的文化象征上。这个营销策略被运用于不同国家的市场营销，既凸显了各地的特色，又使绝对伏特加的瓶形与其巧妙融合，经过多年积累，造就了独一无二、经久不衰的品牌形象。

作品来自美国TBWA广告公司

系列广告的形式解码

统一式。用多样化的形式，传达相同主题的信息。通常画面变化，而文案内容不变。

第七章 举一反三——怎样创作系列广告？

案例 CASE

摩托罗拉 ROKR Z6——统一式

蓝牙技术让年轻人挣脱了耳机线的束缚，纵情享受音乐。三则作品的标题均为"音乐无羁限"，整体文案高度统一。不同的是，画面中的三位主角及其不同姿态的动作演绎。

作品来自奥美广告公司，2008 年

并列式。 从不同的角度去阐述产品或服务的利益点，但是画面元素及构图保持基本一致。

171

广告文案
The Power of Words

案例 CASE

蒙牛牛奶促销广告——并列式

购买不同数量的蒙牛牛奶,即可得到不同的礼品。三则广告表现了不同的主诉求,分别是:"算营养,算品质,算实惠";而画面中的数学公式里,也相应地更换了各色礼品:"燕麦片、餐具、家庭奶杯"。

作品来自阿佩克思广告公司

连续式。就像讲解一个悬疑故事,将广告信息层层推进,不断延续。在电视广告形式中,摩托罗拉心语手机、百事可乐、雪碧、益达口香糖等产品都曾采用广告连续剧的形式,广受关注。

案例 CASE

壳牌形象广告——连续式

壳牌的系列广告，每次包括一个主题，从"产煤技术、西部开发、清洁能源"，一直讲到"F1神话、城市规划"等，塑造了亲善的、独具人文关怀的企业形象。

标题：是什么把煤和丰收连在一起？

正文：答案就在湖北双环科技股份有限公司的厂区里。在这里，世界上第一套用于生产合成氨的壳牌煤气化装置，源源不断地将黑黝黝的煤块转化成洁净的气体，再制成化肥，送往农田，创造农业的丰收。"用了壳牌煤气化技术，原料就能由昂贵的重油改为国产煤，每年降低生产成本近2亿元！"双环的老总吴党生兴奋地说。

振奋人心之处还不止于此，壳牌煤气化技术可以广泛应用于发电、制氢、生产甲醇、燃气等领域。在中国这样的产煤大国，意义尤为深远：使用丰富的国内煤资源替代进口油品，不仅显著降低成本，同时更大幅度减少氮氧化物和二氧化硫的排放，避免酸雨和大气污染。"这可是一举多得的好事！"吴党生说。

壳牌煤气化技术于2001年引入中国，已授权15家中国企业使用，为

作品来自奥美广告公司

173

广告
文案
The Power of
Words

中国和客户创造能源保障，实现环境保护和经济利益的"大丰收"。

壳牌，分享领先能源科技，帮助应对能源挑战。

标题：是谁创造的神话？虔诚的能工巧匠和壳牌科学家。

正文：人类的想象从来没有边界，人类的信念也总能把想象呈现为神话般的现实。

飞天的千古神话和法拉利的现代传奇都是人类信念的杰作。虽一古一今，一幻一实，但信念使二者具有了本质的相亲。

法拉利车队的车坛神话是现代科学的创造，其创造者是一群默默无闻、日复一日工作在F1赛道和实验室里的科学家。其中的壳牌科学家紧随法拉利转战全球，现场分析，改进油品，以超凡品质的燃油和润滑油支持赛车突破性能极限，把风驰电掣的想象呈现为陆地飞翔的现实。

这个现实正由越来越多的壳牌用户分享。经过F1洗礼的壳牌油品科技正不断用于开发民用汽车油品。

作品来自奥美广告公司

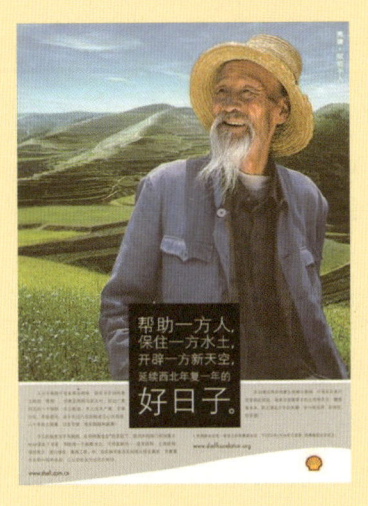

第七章 举一反三——怎样创作系列广告？

"帮助一方人，保住一方水土，开辟一方新天空，延续西北年复一年的好日子。"作品来自奥美广告公司

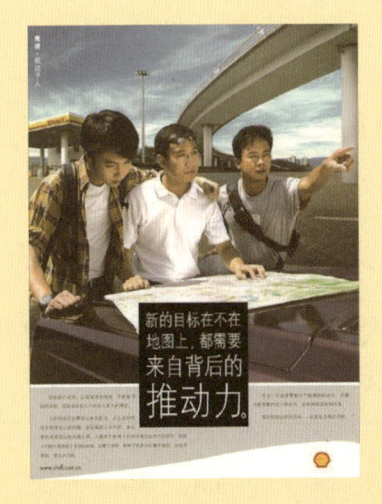

"新的目标在不在地图上，都需要来自背后的推动力。"作品来自奥美广告公司

"静夜思：都市川流不息的车河，何时变清？"作品来自奥美广告公司

175

广告
文案
The Power of Words

系列感，从标题开始

如何识别系列广告？

版式一致。画面与文案的大小比例、标题及正文的位置、企业标志及口号的位置等——这些是系列广告形式的基本前提，也是同一企业或品牌广告所应遵守的视觉设计规范。

相似的创意逻辑。遵循同一核心概念，表达方式或者创意技巧比较接近——创作系列广告的难点往往在此。

相似的视觉风格。让广告中的图像面积相等，视觉风格一致，比如是手绘插画还是纪实式摄影；文案字体一致，比如主标题的字体字号必须相同，文案所占的篇幅大小相同，而且通常应该采取相同的排列布局等。

相似的文字风格。包括文案的语气、句式、结构、语言风格等。如果按严苛的创作标准来看，就连标题的字数，或句子长度都要尽量接近。

什么是系列广告文案

顾名思义，这是用于系列广告中的文案。它的本质是，在同一创意概念下，不同执行点子的具体文案表现。系列广告文案，在标题、正文、附文、句式、语调、节奏、篇幅等方面具有相对的一致性，同时，在统一中又存在变化的多样性，如标题内容的变化、正文关键词句的变化、阐释角度的变化等。

系列文案的写作步骤

1. 研究广告目的，根据策略与创意的实际需要，来决定是否要做成系列广告的形式。

2. 如果确定要做系列，就从整体入手、提纲挈领，确定在整个系列要传达的总的信息、总体表现风格、文案的语言特征及画面元素。

3. 确定各个单篇广告文案中的分类信息，是要传达同一个信息，还是并列式信息？如果是并列式信息，要确定是几个，具体内容是什么，彼此的关联度如何？它们是横向拓展、纵向深入，还是纵横配合？

4. 进入每个单篇文案的具体构思与写作，根据前面所规定的广告传播任务、风格、特征等各方面进行细致的表现。

5. 完成不同的单篇文案之后，要将它们放在一起，检查整体风格的关联性，保证信息含量的均衡与完整。

系列广告的标题

写一条标题并不难，只要花足时间，总能够写出四平八稳、称职的标题。但只有技巧精练、笔力纯熟的高手，才能够想出有延展性的系列广告，并为之配上有系列感的文案。

- **国窖——中国白酒极致艺术**

1. 是上苍用风火谱写的天籁，亦是酿酒师以水土相和的绝响。
2. 是自然用岁月开凿的天工，亦是品评师用舌尖雕刻的浑然。
3. 是造物在窖池中挥洒的神韵，亦是技艺渊源中喷薄的瑰丽。

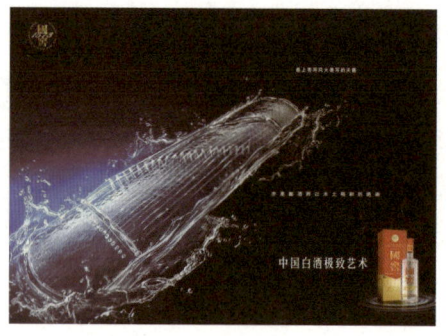

广告文案
The Power of Words

作品来自阿佩克思广告公司

- **斯米诺伏特加——世界洋酒销量之冠**

1. 还在仰望吗?我们也欢迎同行。

2. 下一步要超越的,就是自己了。

3. 我愿用我的背影,为对手指明方向。

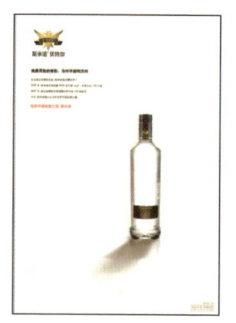

作品来自SHINE广告公司,2007年

- **竹叶青——非常茶,平常心**

1. 进,退,皆海阔天空。

2. 胜,败,乃兵家常事。

3. 聚,散,尽随缘。

4. 得,失,不患。

第七章 举一反三——怎样创作系列广告？

案例 CASE

系列广告的正文

Polo两厢车广告"字母"系列（作者2003年作品）

　　背景：久负盛名的Polo汽车，在2002年登陆中国大获成功之后，我们为其策划第二阶段"理性诉求"的传播战役。为了强调它在同级别车型中的性价比，广告中突出它的科技与经典魅力。品牌名称中的两个"O"被替换成各种元素，用来比喻它的不同特点；此外，我在文案的撰写中模仿了20世纪经典大众汽车广告的语调，将Polo众多亮点逐一解读。

作品来自盛世长城国际广告公司，2003年

179

广告
文案
The Power of
Words

标题：天下无双

正文：并不是每一辆车，都配得上这样的赞美。

令人放心的大众品牌，固然证明了Polo的血统，但真正的骄傲之处，还在于它领先时代的科技。

留意一下车顶：一条细致的激光焊接线，将车身精密地结为一体。这项豪华车才有的技术，同12年防蚀穿保证一样，令同类只能望其项背。

在车内，全球最先进的CAN-BUS（数据总线）技术，实现了数据共享，也造就了一流的电子防盗系统，让Polo被称为"最难偷走的国产车"。

而你，只要凭它的中央集控锁，便能控制所有门窗——无论身处车厢内外。请放心，一旦关闭受阻，聪明的防轧感应，会让车窗马上回缩。

同样的赞誉，也适用于它的液压离合器和助力转向系统。前者融合了多项新技术，俨然已是现代离合器的首席代表。而后者，以独立的电子传感器，革命性地超越了传统的皮带驱动，还更省油。加上欧洲2号排放标准，"环保车"的美誉，实在名副其实。

因为出众的科技，你会理解，何以诞生28年、历经4代演变的Polo，仍是全球700万车主的至爱。

随文：上海上汽大众汽车销售有限公司

销售咨询热线：8008201111

广告语：r u polo？是你吗？

标题：从不偏心

正文：谁能保证，对每一个所爱的人，都能公平一致？

Polo的安全系统，可以给你肯定的答案。

这不止因为它的双安全气囊，对驾驶者和前排乘客一视同仁，更由于它在细节上的预想，总比别人多一些：一旦气囊爆破，电子感应系统将立

第七章 举一反三——怎样创作系列广告？

作品来自盛世长城国际广告公司，2003年

即关闭发动机，打开照明灯与门锁；为了避免外力冲击你的脚部，刹车踏板自动脱落；而这时，你和你的同伴，已被瞬时收紧的燃爆式安全带，牢牢地固定于原位。

当然，我们更希望你永远都用不上这些。毕竟，我们的前后盘式刹车，以及附带MSR功能的ABS装置[①]，足以满足大多数的制动需要，即使是在散布着碎冰片的雨雪路面。

如果说通过欧洲NCAP四星碰撞标准，意味着周到的防护，那么，Polo的全金属承载式车身和激光焊接技术，则保证了整车的稳定性。哪怕处于剧烈的震动中，都不会有一处缝隙超过3毫米，而一般车的标准是4毫米。

作为一款全球闻名的轿车，其实，我们对你的安全问题，已经考虑了28年。

随文：上海上汽大众汽车销售有限公司

销售咨询热线：8008201111

---

① MSR功能指发动机阻力短控制系统；ABS装置指防抱死制动系统。

广告
文案

The Power of Words

作品来自盛世长城广告，2003 年

广告语：r u polo？ 是你吗？

标题：前呼后应

正文：只有豪华房车才配得上的前后盘刹车装备，现在，你可以在 Polo 里看到。也正因此，它的制动安全性和稳定性，确保你有更多信心享受极速，而无须担心停不下来。

为了捕捉你的一举一动，并将它们传达得忠实无误，我们在 Polo 的控制系统上操尽了心思。比如，我们特意选用了铝合金材料，将变速器外壳变得轻巧；添加三锥面同步器，让手动换挡清晰可辨；而自动挡的模糊控制，为的是满足各人的驾驶习惯。即使是液压离合器，也在保证一流的电控性能之外，添置了入位弹簧，令你的换挡过程迅速、流畅。

我们甚至用电位计，来测量你踩踏板的角度，以便反应得更加精确。同时，Polo 的电子液压助力系统，专为方向盘而准备。有了它，方向盘就不会因为车速增加而变得难以操控；而一旦减速，又能马上变得轻巧灵活。

第七章 举一反三——怎样创作系列广告？

驾驶一辆Polo，是理智的；购买一辆Polo，同样如此。

随文：上海上汽大众汽车销售有限公司

销售咨询热线：8008201111

广告语：r u polo？ 是你吗？

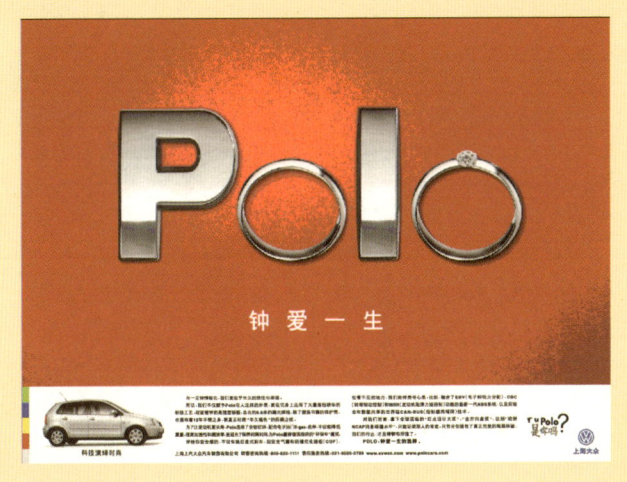

作品来自盛世长城国际广告公司，2003年

标题：钟爱一生

正文：一见钟情之后，我们在乎的是长久的信任与承诺。

所以，我们不仅赋予Polo引人注目的外表，更在它身上应用了大量高档轿车的制造工艺。

双面镀锌的强钢板，总长6.6米的激光焊线，除了塑造可靠的保护壳，也意味着12年的不锈之身，将真正杜绝"年久褪色"的后顾之忧。

为了让发动机更长命，我们选用了液压滚珠驱动气门和电子油门。此举不仅让Polo的保养间隔时间长达15 000公里，更赢得了德国政府的"低油耗"嘉奖。

如果你只将它的安全感，归结于前后盘式刹车、双气囊和燃爆式安全

183

带,那恰恰是因为我们把更多的心思,花在你看不见的地方。比如四门内置的防撞板,优化的独立前悬,以及为了避免弹伤前排儿童,而配备的副气囊锁闭功能。

对我们而言,拿下全球顶级的"红点设计大奖""公共交通产品大奖"、"金方向盘奖""小型车碰撞试验安全冠军",只能证明别人的肯定。我们也不想,你购买Polo仅仅是因为它被冠以"中国2003年度车型"的称号。

只有当你真正地拥有完美的驾乘体验时,看起来,我们的付出,才显得物有所值了。

随文:上海上汽大众汽车销售有限公司

销售咨询热线:8008201111

广告语:r u polo? 是你吗?

"GOL运动版"平面广告(作者2003年作品)

说明:GOL轿车强调的品牌理念是"永不停止的运动精神",所以这套系列广告的策划,我从一个简洁有力的概念——"动"开始延展,分别结合GOL的"动力、操控、安全"等卖点,用激情、有速度感的文字风格来表现。

动力篇

标题:3、2、1……GOL!

副标题:全新GOL运动版,强悍动力,时刻待命

正文:每一颗渴望运动的心,都为它的诞生而欢腾!GOL运动版,以十足的运动气质,令你血脉中的激情因子完全迸发。它特备1.6升多点

第七章 举一反三——怎样创作系列广告？

作品来自盛世长城国际广告公司，2003年

燃油电控喷射发动机，只待你一念触动，即刻狂奔如潮；运动型手动五挡变速箱，匹配185宽胎及14寸铝合金轮毂，听任你纵情凌驾；新配彩色扰流板，追风体验所向披靡；门内把手、手制动杆揿钮及排挡杆饰圈全镀铬，光芒辉映你的锋芒；粗犷的排气声浪，加上霸气十足的车身标牌，更令豪气顿生。想动，敢动，面对它，谁还能抑制冲动？

广告语：GOL 动起来

操控篇

标题：急停、变向、突破……GOL！

副标题：全新GOL运动版，操控灵动，行随心动

正文：每一颗渴望运动的心，都为它的诞生而欢腾！GOL运动版，十足的运动气质与你一脉相承，让你体会全然自我的操控快感。它独一无

广告
文案
The Power of Words

二的两门空间,只为你尽情驾驭而生;运动型手动五挡变速箱,丝丝入扣,听任你纵情凌驾;Bosch5.3型ABS制动系统,与1.6升多点燃油电控喷射发动机相辅相成,即便极速飞驰,亦绝无甩尾侧滑之忧;185宽胎匹配14寸铝合金轮毂,更令动感如虎添翼。想动,敢动,面对它,谁还能抑制冲动?

广告语:GOL动起来

安全篇

标题:后卫、中卫、前卫……GOL!

副标题:全新GOL运动版,全面护卫,全力出击

正文:每一颗渴望运动的心,都为它的诞生而欢腾!GOL运动版,既为动而生,更须为动负责。当你沉醉于1.6升发动机源源动力之时:经典的Bosch5.3型ABS,时刻捍卫着制动稳定性,免除你甩尾侧滑的后顾之忧;前排双安全气囊、侧面防撞杆及根据人机工程学设计的高度可调安全带,让你在驰骋之余,多一份自信与泰然;而完善的电子防盗报警系统及车内监测系统,更是不动自威。如此前中后全方位的安全护卫,令动与不动都从容。想动,敢动,面对它,谁还能抑制冲动?

广告语:GOL动起来

"浙江卫视"自白体广告(作者2014年作品)

浙江卫视以"中国蓝"为品牌理念,为华少、伊一等6位明星主持人推出系列形象广告。6段生动鲜活的"自白体"文案,道出了主持人在荧屏内外的多面性格与多彩经历。

第七章 举一反三——怎样创作系列广告？

装斯文，全靠眼镜框子；舞台上，我不当空架子；歌词串成台词，思想码成文字。华少不是工作狂，只是"认输"的反义词，看我用一抹"中国蓝"，跑出正能量的名字。来自浙江卫视形象广告

舞鞋、跑鞋、高跟鞋，我的字典里没有拖鞋；上发条奋力跑，青春就该带点野。别看伊一人来疯，彪悍人生你才懂。看我用一抹"中国蓝"，让脚印与汗水重叠。来自浙江卫视形象广告

小清新到萌大叔，长得还算可靠；打量爱情的赛道，可惜腰围大一号；男神女神你别哭，没我哪来比翼鸟？沈涛并非月老，不过丈母娘们都说好。看我用一抹"中国蓝"，让幸福跑着来报到。来自浙江卫视形象广告

187

广告文案
The Power of Words

跑得更努力，压力可以变美丽。夏天躲开冰激凌，冬天消灭卡路里。粉丝不是压力，真爱当然无敌。亚丽没想当黑马，更盼王子骑来白马。看我用一抹"中国蓝"，跑出温柔的定义。来自浙江卫视形象广告

世界多奇妙，跑了才知道，把地图都玩透，再来场脱口秀，追光打灯 READY TO SHOW（准备表演）。陈欢不是型男，只是规则打破后的涅槃。看我用一抹"中国蓝"，颠覆顽固的大脑。来自浙江卫视形象广告

发ABCD的音，念唐诗宋词的韵；跑过奥运赛道，PK（互斗）过好莱坞巨星；更多光环都是内心的修行。虽然我叫温雅，却不止温文尔雅。看我用一抹"中国蓝"，跑出国际范儿的背影。来自浙江卫视形象广告

188

第七章 举一反三——怎样创作系列广告？

一句话，写出 core idea

广告的定位策略，解决的是"说什么"；到了创意环节，就面临"怎么说"的问题，你要千方百计寻找最佳的方式，为了把信息传递给对方并说服他。

其实，这里的"怎么说"，又由两部分构成："概念"和"点子"。概念，叫"核心概念"（core idea）或"核心创意"，就是关于广告信息传达的基本想法；点子，则是在具体的作品符号或活动中运用创意概念的方法，它更多表现为执行的手段。

关于核心概念？

在奥美广告公司的观点里，"它就是一种描述，说明我们想采取什么方法，把产品对生活的利益告诉消费者。"简而言之，"它是一个创造性的阶梯，把承诺和行动连接起来"，它通常在出创意之前就该确定，这样不论内部讨论还是和客户开会，都能有一个讨论的基础。

它是对事物关系的一种描述，而且应该非常独特和新颖，让人们能用一种全新的，有启发性的视角来观察事物，从而获得更好的感觉，并产生强烈的行动欲望。一旦你确认了核心概念，就等于为创意发想打下了一个烙印，让产品未来的系列广告发展有了大方向，也让大创意的产生有了可能。

189

广告
文案

The Power of
Words

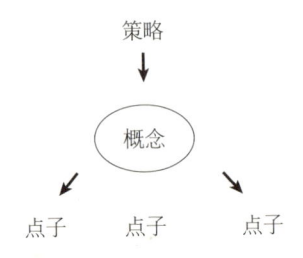

```
        策略
         ↓
        概念
       ↙  ↓  ↘
     点子  点子  点子
```

案例 CASE

"新浪网广东站"系列广告（作者 2001 年作品）

策略：让 sina（新浪）以全新形象进入广东

概念：通过"新" Vs."旧"，来突出"新"

点子：

（平面系列）

玩吊环耍酷 Vs. 巴士拉环

爆米花传情 Vs. 鲜花

倒看毕加索 Vs. 正看毕加索

精通手语 Vs. 精通日语、法语、希伯来语

（影视系列）

识趣关灯 Vs. 楼道开灯

卖艺挣钱 Vs. 刷卡

作品来自奥美广告公司，2001 年

从作品中归纳"核心概念"

能否用一句话描述你的创意

创作一套系列广告的关键,不是追求广告作品之间的"形似",而在于把思考的焦点集中到这套广告的 core idea 上。它是什么?它该怎么表达出来?

好的创意,都应该用一句话就可以概括。这句话就是 core idea。有了这句话的界定,你才可以更加准确地拓展你的创意系列,同时评判你所选择的创意元素是否切题。

核心概念应该描述得极其精准。任何花哨的文字都不需要,它就像封电报:短小精悍、明确无误。可以采用这种写法:"通过什么形式,让读者得到怎么样的认知。"

案例 CASE

看看它们的 core idea 是什么

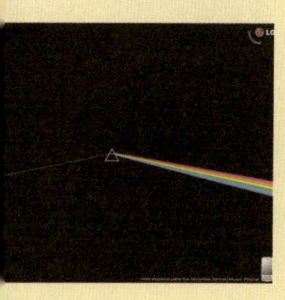

LG 音乐手机广告图片

广告
文案
The Power of
Words

系列广告：LG音乐手机

主诉求：今天，海量音乐，可以统统藏进你的手机里了。

核心概念：戏剧化地呈现，将史上最著名的唱片封面元素缩水，强调它的超大内存容量。

创意点子：运用三张最著名的摇滚音乐唱片封面做题材。

这一点也不难，在这把核心概念的大伞下，只要遵循同一个诉求，接下来，你能想到的，又何止这三张呢？

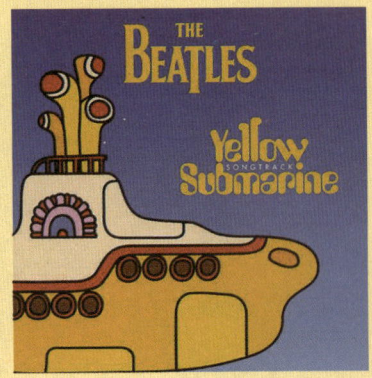

这三张稿子的灵感，分别来自三张经典唱片：平克·弗洛伊德的《月之暗面》、涅槃的《不介意》、披头士的《黄色潜水艇》

系列广告：公益广告"垃圾寻人"系列（作者2004年作品）

主诉求：爱护环境，将垃圾丢到该丢的地方。

核心概念：借用"寻物启事"，让拟人化的垃圾桶来"寻找"失物，博得关注。

第七章　举一反三——怎样创作系列广告？

　　创意点子：选用五种常见的废弃物（快餐盒、香蕉皮、烟头、冰棒、易拉罐）作为画面主角，以流浪者的口吻，逼真的街头乞讨风格，表达"让垃圾回家"的强烈诉求。

公益广告"垃圾寻人"系列

实战演练：

　　1. 请写出系列广告传递信息的方式有哪几种？

　　2. 什么是核心概念？为什么说它是创作系列广告的关键？

　　3. 请找出几则系列广告（不限媒体形式），归纳它们的核心概念，并根据这一概念，继续创作符合该系列广告主题的作品。

第八章

一语中的
怎样创作广告口号

写广告口号，比写广告难多了

广告口号的基础知识

别把口号与标题混为一谈

口号升级的三重境界

我的口号创作秘籍

写广告口号，比写广告难多了

创作广告口号，绝不只文字游戏那样简单，有时比写一则广告还难。

就拿平面广告来说，为了传达一个商品信息，可以动用十八般武艺，光文案就包括了标题、副标题、正文、随文，再加上精彩的画面、抢眼的产品、显赫的商标，实在是阵容豪华。

而广告口号呢，只有寥寥数语，却要求概括出公司的实质、产品的特性、品牌的精神；有时它还必须根据不同的广告战役需求，做出相应调整。而且，客户的个人品位对广告口号的影响非常之大，创作难度更是高出不少。

所以，一条成功广告口号的诞生，一定是建立在深谙广告目的的基础上的。几个字的背后，有着一个系统工程，它需要：策略精、目标准、洞察深、角度刁、文采绝，还要朗朗上口，具备流行力。好的创作者，之所以能够持续产出杰出的口号，必须具备丰富的专业经验，以及语言上的天赋。

经典广告语回顾：

不在乎天长地久，只在乎曾经拥有（铁达时表）

认真的女人最美丽（台新银行）

雅芳，比女人更了解女人（雅芳）

知识使你更有魅力（中国时报）

只有远传，没有距离（远传电信）

生命就该浪费在美好的事物上（曼仕德咖啡）

万事皆可达，唯有情无价（万事达卡）

钻石恒久远，一颗永留传（DTC钻石）

人头马一开，好事自然来（人头马洋酒）

四海一家的解决之道（IBM电脑）

Keep walking（永远向前）（尊尼获加）

Just do it（放胆做）（耐克）

Impossible is nothing（没有不可能）（阿迪达斯）

广告口号的基础知识

广告口号又叫广告语，英文又称为slogan、tagline等。

它是用来协助广告为某一个品牌或组织树立形象、明确定位、强调个性的标志性短语。

简明扼要的口号在广告中起到画龙点睛的作用，它被广告主长期、反复地使用，用来加强受众对于品牌或产品的印象。

广告
文案
The Power of
Words

广告口号的功能

以最少的词汇，传达尽可能多的信息：

1. 将主诉求信息和销售主张压缩成精炼、简明的宣传短句，便于复述、便于记忆，以加深目标受众的印象，充实企业形象。

2. 使企业的形象、理念，在不同传播方式中得到统一。不管传播内容、媒介发生什么更改，每一次品牌讲的主信息都是一致的，在消费者心中形成信赖感。

3. 影响消费观念、社会文化和流行风尚。一句好的广告口号可以成为社会上的文化现象，它的生命力甚至超过了产品和广告本身。比如"中国移动通信"的广告口号"我能"。

广告口号的特点

1. 易读易记，口语化。

2. 句式简短，适合反复诉求。

3. 有一定的口号性与警示性。

4. 有一定的现代感和流行性。

百事可乐广告

> **TIPS!**
>
> **一个广告创作人，应该也是敏锐的潮流观察家**
>
> 　　一个文案撰稿人，应该将关注流行文化和青少年语言，当成每天的必修课。听热播歌曲，看最新资讯，关注最火的电影，书店里的畅销书都在写什么，朋友圈又在谈论什么话题……不用刻意去搜索跟风，但是你的大脑不妨竖一根天线与它们相通，让你的灵感，更加贴近整个时代的脉搏。
>
> 　　民间的智慧是无穷的，如今的流行名词，几乎都是从网络上发源，然后才流传开来，比如Duang、囧、汗、晕、雷、狂赞、走召弓虽、暴牛、山寨。而热门电影，也总会在带来无数笑料之余，创造出一批流行语，在社会上广为流传。"IC、IP、IQ卡，统统告诉我密码！"（《天下无贼》）；"研究一下而已，可以吗，不可以吗？"（《大话西游》）；"妇愁者联盟"（《复仇者联盟》）。

别把口号与标题混为一谈

　　口号跟标题有区别吗？在我进入广告行业的第一年，就有一个资深文案问我这个问题。我已经忘了当时怎么回答的，虽然我坚持说两者是有区别的，但又说不出个所以然。最后大家一笑了之，搞不清楚，似乎也没有影响工作。

　　后来发现，有些教科书中，干脆将广告口号和广告标题混为一谈。有些广告作品中，干脆将广告口号放在了标题的位置上。不信你去看手头的报纸，很多平面广告上，就是一个大大的产品，旁边加一句广告口号，似乎也蛮像那么一回事的。

不可否认，广告口号有时的确可以当成标题来用，比如在某些户外广告（户外媒体的特点，决定了不能承载太多信息，因此很多广告甚至只用品牌名就已足够），或者一些处在要主力推广这句口号的阶段。但是从实质上来讲，两者还是存在着很大的差异。

功能不同

首先，标题应该是一则广告中最为抢眼、最为诱人的文字。它侧重于如何诱导和吸引受众阅读正文，如何把广告的最主要信息传达给受众，强调信息的冲击力。

广告口号，则是对企业个性、产品特征进行人性化的概括，侧重于如何用最精练的语言，表达物性与人性，强调信息的穿透力，即把主诉信息打入受众内心。

形式要求不同

广告口号，讲究顺口、流畅、言简意赅、易读易记，更讲究句子的锤炼、词语的推敲、音韵的和谐。它更注重对字数的吝啬和苛求，一般不会超过10个字，可谓惜墨如金。一句精妙的广告口号，寥寥数字，即可在短暂的瞬间光彩照人。

而标题，对音律的要求就不是那么高了。文案撰稿人经常犯一个毛病，喜欢把标题写得像是口号，费很大劲儿去玩对仗、音律，甚至勉强缩短字数，而忽略了最重要的信息传达。标题的字数不是最关键的，关键看你讲的是什么。

时效性不同

广告口号，使用时间长。很多企业的口号，其实代表创始人对这家企业的愿景与使命，可以延续数十年。

广告标题的时效性较短，通常只有"一次性"作用，它必须与相应的广告画面或者产品来配合。举个例子，某一套系列广告中，每张的标题都是不同的，但是每张的广告口号可以都是一样的。

口号升级的三重境界

这是思考的三个步骤，也可以看作广告口号水准的三个级别：

说得对——确定最重要的信息内容

说得好——寻找与消费者沟通的最佳方式

说得妙——怎么把璞玉雕琢得更加精美

说得对

在创作广告口号初期，客户往往无法给你太清晰的方向。所以在创作者自己的心里，一定要有个判断标准：

1. 必须符合广告策略，表达创意概念。

2. 要与广告主属性及行业特色相吻合：如果是企业口号，就要有企业、机构的气度，务虚，传播一种理念或者价值观，如"让我们做得更好"（飞利浦）；如果是产品口号，就要符合产品的感觉，务实，如表达消费者最关心的产品卖点，"岂止于大——苹果 iPhone 6"，还要

广告文案
The Power of Words

注意体现产品调性，比如食品的口号就不能像工业品一样硬邦邦，要做到让人有食欲："康师傅，就是这个味！"

3. 虽然广告口号的使用相对持久，但是有时候广告口号也可以根据市场的变化来调整。比如百事可乐随着市场地位的巩固，它的口号就从"新一代的选择"演变到"渴望无限"。

以下几个方向，可以作为广告口号的切入点：

1. 结合企业的核心理念，从它的定位、形象、个性、特征来发想。

科技以人为本（诺基亚）

由我天地宽（网通）

2. 选择品牌形象、品牌价值、品牌个性。

不走寻常路（美特斯邦威）

我就喜欢！（麦当劳）

3. 可以选择产品与企业的优势，也可以是目标消费群体最为关心的信息。

药材好，药才好。（宛西制药）

比一般干净更干净（卫新洗衣粉）

掌握核心科技（格力）

说得好

好的广告口号，不仅能用简单、明白的文字传递信息，还需要注重语气的顺畅、字形及句式的美观。为了吸引受众的关注与兴趣，我们要将复杂、少见、生疏的东西化作简明的诠释，要把常见、熟悉的东西重新用新鲜的方式表达。所以说，不仅需要深度理解产品的内涵，口号所呈现出来的语感也很重要——它涉及文案创作者的专业度及自身的文字功力。

用词精准，言简意赅——"海尔，中国造"

节奏和谐，合于音韵——"维维豆奶，欢乐开怀"

口语风格、轻松、生活化——"要想皮肤好，早晚用大宝"

说得妙

一句"够妙"的广告语，建立在数量的积累上。文案撰稿人通常需要写出很多句，用来筛选，看看有什么"可造之才"，将其进行精心雕琢，直到它的各个方面都无懈可击。

这里所说的"雕琢"，就是要对口号进行检验：在字、词、句方面，有没有使用太生僻的字词，有没有语病，有没有逻辑上的问题？语气调性与品牌属性相匹配吗？在发音方面，念起来顺不顺，有没有押韵，有没有过度押韵？如果不看文字，光听发音，是否容易理解，会不会有歧义？

到了这个环节，我们不能一味地咬文嚼字、增添华美的辞藻，反而是要洗尽铅华，磨砺字句，让它更接近自然本色。尤其要接近人们平时说话的语气，朴素、自然、不加思索。

简单好记，个性独具，有流行潜质——"地球人都知道"

情感亲和，渗透力强——"农夫山泉，有点甜"

广告
文案
The Power of
Words

　　与广告代言人的身份气质非常吻合——"神州行，我看行"（为明星葛优量身打造）

　　契合公众心态，挖掘文化内涵——"晚报，不晚报"（《北京晚报》广告语）

案例 CASE

Master Card 万事皆可达，唯有情无价

　　万事达信用卡的广告口号，英文原句为"There are some things money can't buy, for everything else there's MasterCard"。中文广告口号的翻译做到了令人叹服的"信、达、雅"：前半句巧妙地嵌入了"万事达"的品牌名；后半句为了押韵，将原句意思的前后顺序加以调换，更符合中文的阅读习惯；收尾在"情无价"上，既点明万事达信用卡的消费属性，又突显品牌理念中的人文关怀，令人过目难忘。

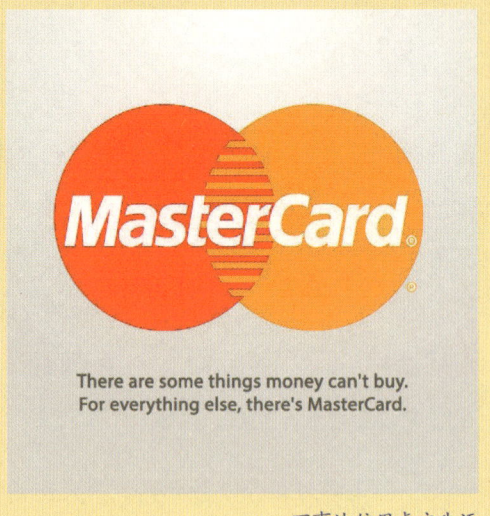

万事达信用卡广告语

> **TIPS!**
>
> **信、达、雅**
>
> 　　这是清末著名的思想家、翻译家严复提出的译文标准，它也同样适用于广告口号等文案创作。
>
> 　　信——主要是指忠实、贴切地表达原文的意思，在广告中就是忠实传达品牌理念。
>
> 　　达——主要是指语言通顺易懂，是指在"信"的基础上，进一步让译文流畅顺口，以贴近母语的自然方式表达出来。
>
> 　　雅——就是要使译文流畅、优雅、有文采。重要的是做到译文和原文的"神似"，比如原文里的俏皮表达或话外之音，在译文中最好也结合母语的特点有所体现，要让读者在阅读译文时的情绪波动和阅读原文时的感觉一致。

我的口号创作秘籍

　　直到今天，每每接到创作广告口号的 brief（工作简报），我还是会职业性地紧张起来。因为我知道，要写好这几个短短的字，实在很难。捻断胡须，憋过几个通宵，才换来几个字，最终却可以被任何一个人挑剔。

　　你可能会说，不就是几个简单的汉字，排列组合一下，有那么难吗？真有这么难，有时候不顺起来，一句口号的方案提了无数次，还是通不过，甚至会影响整个广告项目的进程。

　　好在，当了这些年文案，经历过大大小小不下百余个品牌客户，

广告文案
The Power of Words

卖掉了不少广告口号，总算积累了一点个人心法。所以，在本书中，我尝试写出一些自己的经验，供读者参考。

我的方法是：从最常规（或者说最俗套）的写法开始，将口号创作分为几个不同的阶段来演练，直到选出最好的。比如：你可以先学会写对句，再学会写长句，再试着写短句，再试着不按规律写，再试着中英混合着写等。

这样至少可以保证，在截稿期前，如果写不出100分的，起码你有一些60分、70分的可供选用。经过长时间的磨炼，你就会对各种文字的组合形式娴熟于心，再加上自身的经验与发想能力也在不断提升，就能大大缩短前几个阶段所耗费的时间。到了某个时候，你会突然发现，想一句与众不同的口号，竟然如此容易。

阶段一：先学会写"八字格"，也就是"4+4 对句"

优雅态度，真我个性（浪琴表）

一旦拥有，别无所求（雷达表）

品鉴豪华，表里如一（雷克萨斯）

矢志不渝，追求完美（雷克萨斯广告口号）

心静思远，志在千里（别克）

惠普科技，成就梦想（惠普）

康柏科技，激发灵感（康柏）

流线风尚，智慧力量（摩托罗拉388）

"品鉴豪华，表里如一"，雷克萨斯品牌广告

一卡在手，走遍神州（牡丹卡）

滴滴香浓，意犹未尽（麦氏咖啡）

鹤舞白沙，我心飞翔（白沙集团）

难言之隐，一洗了之（洁尔阴）

常用技巧1——对仗式

文字结构工整、稳定感强，犹如一副对联；字形漂亮，符合传统审美。上半句和下半句的含义，通常互为呼应。较多应用于大型企业或者富有深厚历史底蕴的品牌。

天赋灵犀，地道好酒（长城干红）

给我一天，还你千年（杭州宋城）

"环球金融，地方智慧"汇丰银行品牌广告

"绿尽其能 森领未来"，芬欧汇川集团广告

常用技巧2——藏头式

将品牌名嵌于口号内。比如第一短句的尾字，和第二短句的首字，连在一起正好是品牌名；也可以让"两句的首字"或者"两句的尾字"

207

广告文案
The Power of Words

产生关联。

> 轻松上网，易如反掌（网易）
>
> 心随我驰，鹏尊天下（斯巴鲁 驰鹏）
>
> 你不理财，财不理你（理财周刊）
>
> 因为百变，所以美丽（百丽）

常用技巧 3——呼应式

在传达品牌理念的基础上，口号中尽量用到品牌中的某一个字，或者它的同音字。能够增强口号对于企业的归属感与定制感。比如下面的"迪""用""生""多"等。

> 突破科技、启迪未来（奥迪汽车）
>
> 用心在车，关怀到人（通用汽车）
>
> 强生，因爱而生（强生）

"有健康才有将来"，安利纽崔莱品牌广告

给车多，给你更多（嘉实多机油）

你是哪一脉（脉搏网）

有汰渍，没污渍（汰渍洗衣粉）

原来生活可以更美的（利用企业名称"美的"玩双关，既突出企业特征，又表现"美好"的寓意）

阶段二：学着写"六字格"，就是"3+3对句"

精于心，简于形（飞利浦）

万家乐，乐万家（万家乐）

晶晶亮，透心凉（雪碧）

乐在此，爱在此（香港）

"锐于型·畅于心"，作者为斯米诺伏特加所创作的广告语。作品来自SHINE广告，2007年

阶段三：学着写"不对仗的对句形式"："2+4""3+4""3+5""5+5""7+7"

沟通，从心开始（中国移动）

广告文案
The Power of Words

拥有，才有价值（招商银行）

科技，以人为本（诺基亚）

健康成就未来（海王药业）

建筑无限生活（万科）

创想改变未来（奥迪）

有空间，就有可能（别克GL8商务车）

人间有冷暖，东宝最相知（东宝空调）

人头马一开，好事自然来（人头马）

头屑去无踪，秀发更出众（海飞丝）

人类失去联想，世界将会怎样（联想）

不受任何左右，忠于自己感受（路虎）

车到山前必有路，有路必有丰田车（丰田）

衣带渐宽终不悔，常忆宁红减肥茶（常忆宁）

"同一个世界同一个梦想"，2008年北京奥运会广告。

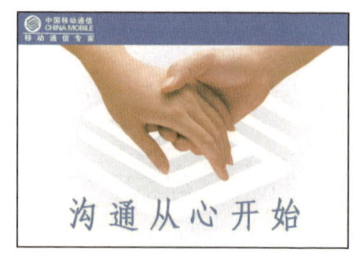

"沟通从心开始"，中国移动品牌广告。

阶段四：再学着不按字数写，模仿口语化

我能！（中国移动通信）

我的地盘，听我的（动感地带）

神州行，我看行（神州行）

我知道！我知道！（摩托罗拉C289手机）

MOTO 全心为你（摩托罗拉）

好明天啊！（西门子手机）

喝贝克，听自己的（贝克啤酒）

妈妈我要喝（娃哈哈）

喝了娃哈哈，吃饭就是香（娃哈哈）

久久鸭 啃我吧！（久久鸭）

我的眼里只有你（娃哈哈）

雀巢咖啡味道好极了（雀巢）

我就喜欢（麦当劳）

要爽由自己（可口可乐）

挡不住的感觉（可口可乐）

早餐奶，早上好（蒙牛早餐奶）

不是所有牛奶都叫特仑苏（蒙牛特仑苏）

怕上火，喝王老吉！（王老吉）

广告文案
The Power of Words

无线你的无限（英特尔迅驰技术，第一个"无线"作动词用，不可与后面对调）

四海一家的解决之道（IBM电脑）

我们一直在努力（爱多DVD）

手机、呼机、商务通，一个都不能少

全心全意小天鹅（小天鹅）

给车多，给你更多（嘉实多机油）

当代精神，当代车（通用别克轿车）

人·车·生活（东风日产）

豪气顿生（吉普）

在乎一路的考验（韩泰轮胎）

路遥知我力（潍柴动力客车发动机）

做女人挺好（三源美乳白霜）

我只用力士（力士）

舒肤佳，促进健康为全家（舒肤佳）

"百度TV：要2亿网民好看"，百度TV品牌广告

丰韵才是真的美（丰韵）

穿什么就是什么（森马服饰）

不要太潇洒（杉杉西服）

今年二十，明年十八（白丽香皂）

十个妈妈八个爱（可蒙孩儿面）

第二天舒服一点（海王金樽）

用了都说好（银黄口服液）

胃！你好吗？（斯达舒胃药）

75年·优裕·款待（香港半岛酒店）

给你一个五星级的家（广东碧桂园）

运动就在家门口（奥林匹克花园）

先天下之乐而乐（广州丽江花园）

世界之大，尽在正大（上海正大国际广场）

一个海港，只有一个海港城（香港海港城）

我的光彩，来自你的风采（沙宣洗发水）

行万里路，用壳牌（壳牌汽油）

女人，"月"当"月"快乐（护舒宝卫生巾）

不走寻常路（美特斯邦威）

孔府家酒，叫人想家（孔府酒）

广告文案
The Power of Words

阶段五：可以从外语的角度去想，或者中英文混搭

"r u polo？是你吗？"上海大众polo广告

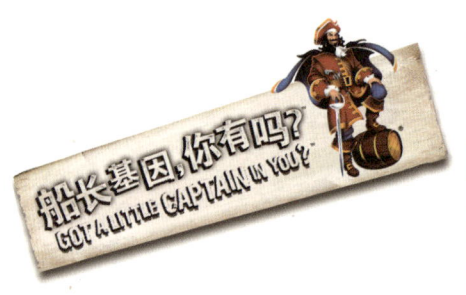

摩根船长朗姆酒广告

Are you in？（你也在吗？）喜力啤酒广告

"I Chocolate U"，LG手机广告

阶段六：可以学着从方言的角度去想

边个啱你，边个就系新浪（谁对路，谁就是新浪）

第八章 一语中的——怎样创作广告口号

伐要瞎兜八兜了，回屋里厢上网去（新浪上海站）

今朝侬白相啥？（上海拧网站）

有点野哦（生力啤酒）

要得！（要德火锅）

TIPS! 广告口号的自我检测

在广告作品中，口号通常都会摆放在品牌标志旁边。因此，你不妨将写完之后的口号，与品牌名摆在一起，看看字形配不配，听听发音顺不顺。还要考虑它们之间的逻辑关系，再来决定两者在实际广告中的位置编排。比如"处处放光彩·立邦漆"这样的先后顺序，就明显不如"立邦漆·处处放光彩"来得顺理成章。

头脑风暴：

1. 广告口号和标题的区别主要有哪些？

2. 请写出印象最深的3句广告口号，并分析它们用到本章中所说的哪些创作技巧？

3. 请选择一个品牌，分别用对仗式、藏头式、呼应式为其创作广告语。

215

第九章

名正言顺
怎样为品牌或产品起名

文案不会起名怎么行

品牌这点事儿

价值，是感觉出来的

会想，还要会卖

好名字的 5 个标准

"波啦"面包店命名提案

文案不会起名怎么行？

只要你在文案这个行当里做的年头足够久，一定会遇到"为某个产品或服务起名字"的工作。新产品、新公司、新商场、新餐厅、新网站……就连活动、仪式、展览乃至微信公众号等，都需要一个响亮的名字来定义、传播自己。在我多年文案生涯中，曾经负责过以上所有类型的命名工作，如为某款南美洲舞蹈的推广命名，为一个大型的生鲜食品类电商命名。

大多数人都会认为，一个文案撰稿人天天玩文字游戏，理应是精通命名之道的。但是，现在的广告文案教育，几乎从未提及命名的话题；国内在品牌命名领域缺乏专业规范，文案从业者们就更是苦于无从系统地学习，更多是通过"拍脑袋"创作，无法保证稳定的出品质量。于是，很多有着命名需求的企业或者机构，要么就自己解决问题，要么就病急乱投医，甚至找风水大师来完成任务。

当孩子即将出世，父母们都会想上一大堆名字，既要寄托人生愿望，又要好听好记，实在是煞费苦心。但是，品牌命名要考虑的东西，远不止凑几个字那么简单，它需要基于品牌基因、行业特性、市场环境、竞争态势、用户接受度、时代感、流行性等多个层面进行综合思考。一个好名字，能让品牌在市场中占尽先机；一个不恰当的名字，会直接阻碍品牌发展。

对于以文字塑造品牌的文案撰稿人，命名的能力，是检验其资深程度的重要指标。

名字，是品牌的第一个"广告"

起名不难，难的是起出既符合产品定位，又富有时代气息的名字。

在今天的互联网时代，广受欢迎的是生动、简洁而富有寓意的名字：韩寒开了一家餐厅叫"很高兴遇见你"；高晓松做了一档脱口秀叫"晓松奇谈"；手机品牌"小米""锤子"；App应用软件"虾米音乐""拇指阅读""嘀嘀打车""美图秀秀"……这些个性十足的品牌名，经过精心策划，让用户产生亲切的联想与归属感，使后续推广变得事半功倍。

随着市场经济的成熟，商品之间的较量，其实从其定名的那一刻就已开始。品牌名称一旦确定，通常都会使用较长时间。如果因为种种原因，需要改变产品的"曾用名"，以新名称面向市场的话，就意味着此前投入的广告费将一笔勾销，所有人都得对你重新认识一遍，代价不菲。

作为文案撰稿人，务必慎重对待"命名"这一品牌头等大事，自己也应该掌握命名技巧。对于企业主而言，建议委托专业的命名机构或人士来完成此项任务。

> 把你的好名字看作是你能拥有的最宝贵的财富——因为其价值就像一盆火。你一旦把它点燃，你就很容易保有它；但如果你

广告
文案
The Power of Words

一旦熄灭了它，你将发现很难再点燃它。

苏格拉底

古希腊哲学家

名称是把品牌吊在潜在顾客心中产品阶梯的挂钩。在定位时代中，你要做的最重要的营销决策，便是为产品起个好名字。好名字是长期成功的最好保障。

艾尔·里斯与杰克·特劳特

美国营销专家

命名这种活动往往被认为是企业家的特权。然而，与营销的大多数其他因素相比，名字显得更加持久，因为包装、价格或者广告的主题这些东西都比名字更容易改变。

大卫·艾克

《管理品牌资产》作者

品牌这点事儿

名字，是品牌系统中极其重要的环节。要想深刻理解它，还得先从"品牌"的基础知识谈起。

在美国华尔街，流传着保罗·华尔士的一句名言："没有品牌，再高档的酒，也只是一瓶变了味道的水。"

品牌一词，源于古挪威语，英文为 brand。根据《新牛津美国词典》的说法，brand 最早作动词用，意为"用火红的烙铁印上永久的标记"，用以区分不同生产者的产品（包括劳务）。

关于品牌的定义，众多广告界人士早已对此做出精辟的解释。菲利普·科特勒（Philip Kotler）在其《营销管理：分析、计划、控制》一书中将品牌定义为："一个名字、名词、符号或设计，或是上述的总和，其目的是要使自己的产品或服务有别于其他竞争者。"

大卫·奥格威认为：品牌是一种错综复杂的象征。它是品牌属性、名称、包装、价格、历史、声誉、广告方式的无形综合。广告传播是品牌建设的一项长期的投资行为。所以，品牌应该有简单清晰的核心利益诉求，并且保持持续的传播行为才能有效地占领消费者的脑海，获取消费者的青睐。

企划鼻祖史提芬·金说："产品是工厂所生产的东西，品牌是消费者要购买的东西。产品可以被竞争者模仿，品牌却是独一无二的。产品极易过时落伍，但成功的品牌却能长久不衰。"

不同品牌的象征性意义

同样是车，奔驰传达的是一种霸气，炫耀的是一种气派；宝马代言的是一种时尚、一种精致富裕的私人生活；沃尔沃传达的是安全。

沃尔沃、宝马、奔驰标志

广告
文案
The Power of Words

　　同样是牛仔服，万宝路表现的是男子汉气概、西部情怀；李维斯则表现自由、反叛、有个性。

万宝路 Vs. 李维斯标志

　　同样是化妆品，欧莱雅表示时尚、浪漫、奔放；资生堂则表示追求艺术、精致魅力和完美。

欧莱雅 Vs. 资生堂标志

　　同样是快餐，麦当劳，宣扬着年轻、张扬、个性、快乐；肯德基，则代表营养、美味、欢聚。

麦当劳 Vs. 肯德基标志

第九章 名正言顺——怎样为品牌或产品起名

价值，是感觉出来的

品牌，是企业及其所提供的商品或服务的综合标识。品牌是企业对消费者的质量承诺，传达了质量保证的信号。它既是有形的，也是无形的。我们应该将其视为一个系统来看，它由3个部分组成：

品牌理念

品牌理念，是品牌的一个重要组成部分，它是品牌文化的核心内容。但光有品牌理念也不行，它需要有下面两个部分：符合体系与感觉体系的配合。

符号体系

它指的是有形的品牌，是品牌可见的载体部分。符号体系，通常由两个部分组成：品牌名字、品牌标志。其目的是识别某个销售者的产品或服务，并使之与竞争对手的产品和服务区别开来。

品牌名字，就是我们通常讲的这个是什么牌子，叫什么。一个成功的品牌，名字就是定位，名字就是形象，名字可以说是产品的第一个"广告"。在本章中，讲述的是"品牌名字"的思考技巧。

品牌标志，也就是"logo"，就是这个牌子看上去是什么样子。从专业角度要求，logo还应延伸为一套标准的视觉体系，包括标准色、标准比例、logo图形的使用规范、应用系统等，统称为VIS（visual identity system），即企业视觉识别系统。

优异的logo，就像是一种世界语。一个不懂英语的人，可以准确

223

广告文案
The Power of Words

地辨认出"可口可乐""柯达";不会日语,不妨碍你认出"丰田""松下";就连不识字的幼儿都知道"麦当劳""肯德基",因为麦当劳金色的拱门和肯德基的桑德斯上校给他们留下深刻的印象。

图片来自 http://flickr.com/photos/stabilo-boss/

感觉体系

感觉体系指的是无形的品牌。感觉体系，超越了品牌的符号体系的形态区别，而是从个性特征和文化内涵上，去让消费者通过感知，得到对品牌的印象及体验。从这套体系中，消费者能感受到消费该品牌（产品或服务）带来的心理上的价值利益。

感觉体系是除了商标、属性、名称、包装、价格之外的部分，包括产品、服务、历史、声誉、广告、公关等多种因素，蕴涵企业及其商品或服务的品质和声誉。

品牌，是多次感觉最终的结晶物。它不仅包含较多的感性感受，更是带有较多理性评价。品牌价值，取决于消费者对它的印象及经验。通过对品牌价值、文化和个性的认同，形成了忠诚度，就成了一种无形资产。

可口可乐的老总说过，如果可口可乐公司在全世界的所有工厂，一夜之间被大火烧得精光，但只要"可口可乐"的商标还在，就可以肯定，大银行家们会争先恐后地向该公司贷款，因为"可口可乐"这块牌子进入世界任何一家公司，都会给它带来滚滚财源。

可口可乐品牌广告

广告
文案

The Power of Words

案例 CASE

星巴克——体验营销的绝佳范例

　　成立于 1971 年的美国，作为全球最大的咖啡连锁店。它推崇体验式营销，强调的是家和办公室之外的"第三空间"，在这个"第三空间"中，顾客可以体验到一致的享受、标准化的服务。在全球任何一家星巴克咖啡店，不仅可以尝到一样的味道，甚至连咖啡的香味、音乐的曲风、音量都是统一的。它把热气腾腾的咖啡，连同标准的服务模式一起卖给顾客。

　　星巴克十分挑剔地选择咖啡豆，从品种到产地到颗粒的形状等，每一个环节都有严格的标准；星巴克绝不让未经专家严格品评的咖啡豆进入市场，其咖啡品评专家每年要品评 10 万杯以上的咖啡，以杯评法挑选咖啡豆，然后决定精准的烘焙程度，令每一种咖啡的独有滋味都得以完全释放。星巴克的口号是：将每一粒咖啡的风味发挥尽致。

星巴克官网广告

第九章 名正言顺——怎样为品牌或产品起名

会想，还要会卖

关于如何起一个好名字，相信不同的创作者，有着各自的见解与独到的方法。但在基本规律上，其实，它与其他体裁的文案创作并无二致，总共需要经历以下4个步骤：收集、发散、遴选，直到成功的提案呈现。

收集信息

在这一阶段，你最好能拿到以下的资料：

1. 项目背景：企业、产品状况，比如产品优缺点，竞争对手、行业信息等。

2. 品牌的定位、产品的市场调研报告、目标消费者的心理动机、目标消费者的常用语等。

3. 同类产品已存在的相关命名。这点可以让你的命名避免重复，具有很好的参考价值。

你可以直接问客户索取资料，也可以自行收集：上网、去图书馆，找出与产品相关类别的书，购买消费者爱读的报纸杂志，翻阅词典、商标名录，甚至是电话黄页；也可以去街上随意溜达、逛商场，为你的工作寻找新的视角与启发。

发散思维

面对一大堆摆在眼前的资料，不必觉得束手无策，你最需要的是让自己放松下来，保持舒适的精神状态，尽可能地去阅读、理解它们。这时，不妨让直觉帮助你，寻找"被命名产品"与不同事物之间的联系，随意地写出一些字眼，最后都可能带来帮助。

你可以信笔涂鸦，把所有想到的，可以描述产品本质、特征或精神的所有字或者词（名词、动词、形容词），全部记下来。你可以用中文思考，更可以用英文、日文，甚至是方言来思考，不必受局限。

这个阶段的成果，是将此前收集的一大堆资料进行消化，提炼出一些备选的名字草案。

精选归类

准备好一批备选的名字方案以后，你就可以试着将这些词汇归类了。一般可以精选成四五个类别，每个类别下面都包含有若干个名字。

注意，类别之间应形成明显的差异化——让每一类能分别代表一条思维的探索路径。这几个类别，相当于在命名大目标下，为你的思维延展了若干条分支。你可以沿着这些分支与路径，对既有的词汇进行筛选、编辑；也可以继续深化发想新的分支，直至定稿。

一般来说，在判断一个品牌名字的时候，凡是正面表述的、蕴含品牌精神的，对消费者的选择更富有说服力，较容易胜出。如：可口可乐、支付宝、好记星。

品牌命名的成功卖稿法

不管你是选用Word文件、PPT还是设计图稿来提案，都要做到：提案文件的每一页纸上，只放一个名字，用来体现出该"名字"的地位与重要性。最忌讳的是：把所有的名字方案，全都密密麻麻地排布在一个页面上，完全不做分类归纳，这样不仅难以呈现你的创意亮点，更会大大降低客户对你的认可度。

你需要为每一款名字，加上"创意阐述"或"创作说明"。其实，任何一个名字的诞生，背后都需要一个缜密、严谨的思考过程，将这个思考过程（也就是起名的来由），告诉你的客户，可以让他更容易理解你的想法，提高通过率。当你无法向客户当面提案的时候，更应采用此法。

在诸多备选方案中，你可以有自己的倾向性，但在提案前不一定要告诉客户。如果你无法面对面提案，为了让对方知道你的倾向性，建议在最终纸面方案或电脑文件上，标明"主推方向""普通方向""参考方向"，或者按先后顺序来排列（一般排在前面的，是满意度最高的，以此类推）。

好名字的 5 个标准

好念

名字应该尽量简单，少用生字、冷僻字。比如娃哈哈、背背佳、乐口福、北冰洋、高露洁、和路雪、蓝天六必治等，一听就明了，一听就记住了。

品牌名的发音尤为重要。因为，听觉记忆比视觉记忆更有力、持久，这也就是为什么有人可以记下几百首歌词却很难背下一篇文章。

广告文案
The Power of Words

简洁的发音，令名字朗朗上口，易于书写阅读。从商业传播角度上讲，能为企业节省大笔支出，还能消除消费者对产品的陌生感。

类似的陌生感，常常发生在一些药品名称上。请想象这样一个场景：一个人走进一家药店，如果他问销售人员要一盒"微粉化氯雷他定片"，多半会犹豫一下，在这犹豫过程中，很可能就选择了另一个好记点的牌子。于是，精于策划的广告人，把那个只有医药专家才念得顺口的名称改为"开瑞坦"，这样就变成一个好听又好记的抗过敏药品牌了。同理，如果问你要一盒"铝碳酸镁咀嚼片"或"美扑伪麻片"，你可能不知道是什么，但如果说"达喜"或"康泰克"，你很快就能想起来前者是胃药，后者是感冒药。

当然，对于一些时髦的舶来品或者奢侈品牌，比如香水、化妆品、高级时装等，它们的命名并不一定非要朗朗上口。如伊夫·圣·罗兰（Yves Saint Laurent）、雅诗兰黛（Estēe Lauder），这类产品的外国词汇、科技词汇或其他难读的词汇会产生一种特别的语感、一种特别的气氛，能够加强受众的记忆。

雅诗兰黛品牌广告

在为外文品牌进行中文命名时，要注意：基于声音比基于含义的翻译更常用。所以，较好的做法是找一个发音最接近，而且在含义上能够产生积极联想的名字。例如：大众旗下的多功能轿车 Touran，刚进入中国市场之时，我曾为它进行重新命名。当时客户比较满意我起的一个名字叫"拓朗"——既有中文"开拓、明朗前程"之意，又与"Touran"的英语发音接近。但后来发现 Touran 在网络论坛中被更多地称作"途安"，已经深入人心，因此不得已放弃原来的方案。

好记

品牌名称应该便于记忆。如果品牌名称不好记，它就得花费更长的时间、更多的资金投入才能建立起广泛的知名度。

根据哈佛大学的心理学家乔治·米勒发现，在短期记忆中，只有 7 个信息是较容易被人记住的，如同类的 7 个品牌、7 位电话号码。因此，让你的品牌挤进前 7 名很重要。如果人们必须很费力才能想起你的产品名称，他们就会选择从脑海里自动冒出来的竞争品牌。

有个胃药叫"斯达舒"，这个名字看似平常，但是它在广告中利用谐音强化了自己的名字，起到非常好的传播效果。广告创意是这样的：妈妈犯胃病，叫儿子，"赶紧把斯达舒找来！"过了一会，孩子带了一个男人回家：" 妈，四大叔来了！"妈妈一看，哭笑不得，"咳，是胃药斯达舒，不是四—大—叔！"

看过这则有趣的广告，如果你走进一家药店要买胃药，相信你脑海里第一个跳出来的肯定是这个名字。

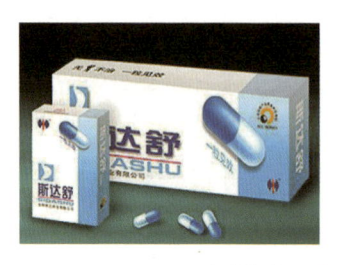

广告文案
The Power of Words

斯达舒产品图　　　七喜饮料品牌标志　　　光明乳业品牌标志

特别

名字的个性是必需的，它可以让你与竞争对手直接区别开来。你的名字，应当避免跟市场上已经站稳脚跟的品牌相似，或者可以完全站在它的对立面起一个名字，在含义上胜过它。比如别克汽车下面的一款小车"赛欧"，当年是 10 万元级别的小车，它的名字就是突出"赛过欧宝"的意思。

同时，你更应该了解你的候选名称，是否早已经被别人当作商标进行了注册。这点可以通过相应的商标服务机构或者网站来查询、确认。

案例 CASE

例1　傍大牌

松下电工 Vs. 松丁电工；大白兔 Vs. 太白兔；太阳神 Vs. 大阳神

有人喜欢故意仿照一些名牌产品，取一个跟它近似的名字。其目的是为了利用名牌的声誉，通过混淆视听来让消费者选择它的产品。这种看似聪明的行为，其实风险很大。在品牌上市的初期，你可能省下了不少广告费；但是你就得永远跟在大牌的后面，它的声誉也会对你的品牌产生影响。而且这种事情极有可能会因侵权而付出惨重的代价。

例2 傍明星

溜得滑——修正液；泄停封——腹泻药；

黑泽明——生发水；赵本衫——服装

有不少商家喜欢拿"明星的名字"给品牌起名，往往效果不俗。由于明星的公众化程度相当高，名字的语感通常又很顺畅，再加上汉字与产品本身的特点形成了一种解谜般的趣味，的确能给消费者留下记忆，从而加快传播。但是在玩这类谐音游戏之际，要提防引起侵犯名人的名誉权而造成的法律纠纷，更要提防庸俗化的倾向。

积极、正面的联想

既然是名字，总含有一定的寓意，让人产生各种联想。我们要尽量避免不良的联想，当你起完名字应该多念几遍，试试会不会产生负面的谐音。一个蹩脚的名字，会成为一个品牌的软肋或公众的笑柄，等于为自己筑起了一堵阻碍销售的墙。尤其在食品行业，假设一个食品品牌名的缩写是DDT，就会让人把它跟农药联系在一起，谁还会买它？同样，"三鹿"事件发生以后，恐怕也很少有奶粉品牌，再会去用跟"三"和"鹿"相近的汉字。

广告
文案
The Power of Words

案例 CASE

给人以正面联想的品牌名

宜家：IKEA（出自《诗经》："之子于归，宜其室家"，形容家庭和顺，夫妻和睦。）

惠普科技：HP（恩惠普及天下大众）

百威啤酒：Budweiser

可口可乐：Coca Cola

百事可乐：Pepsi Cola

雅阁轿车：Accord

海飞丝：Head & Shoulders

淘宝：Taobao

易趣：Eachnet

支付宝：PayPal 网上付款服务公司

10AM：某广告公司，每天早上 10 点开工

散利痛：止痛药

创可贴：止血胶布

喜力：Heineken

必胜客：Pizza Hut

符合产品的属性

老字号,还是过时货?新鲜,还是太过前卫?如果想打造一家具有老上海风情、怀旧气息的咖啡馆,叫"1931""雕刻时光",都会比较贴切;而"新元素""Wagas"(沃歌斯)这样的名字,更适合于风格明快、快节奏的餐饮平台。

对于一个空调企业来讲,"春兰"的确是个好名字,气质优雅。但是,春兰公司后来想开拓摩托车市场,这个名字就显得很娇气——男人是不会愿意开"春兰"牌摩托车的。后来,又把"春兰"的摩托车改名为"春兰虎""春兰豹"。"春兰"本是女性化的名字,后面与"虎""豹"联系在一起,形象就更糟糕了。

案例 CASE

成功的命名,与产品相得益彰

运动服:耐克、锐步、阿迪达斯、李宁、安踏

电池:劲量、金霸王

食品:Kitkat奇巧(巧克力威化饼干)

化妆品:碧欧泉、倩碧、欧莱雅、兰芝、香奈儿

电脑:奔腾(Pentium,英特尔第5代芯片,广告语:给电脑一颗奔腾的心)、酷睿(Core2)

甲骨文(Oracle,虽然中英文发音不同,但是甲骨文正是中国3 000年前的文化瑰宝,寓意Oracle公司用先进的手段保存、传承文化,并有启示

广告文案
The Power of Words

预见的含义）。

药品：大陆地区叫"万艾可"；香港地区的"伟哥""威而钢"也是个很好的译名。

汽车类：BenZ在大陆的译名为"奔驰"，在港台称为"宾士"或"平治"。Jaguar（美洲虎）的译名为"捷豹"，比港台译名"积架"来得生动。此外，"宝马""路虎""悍马""森林人""马自达""雪铁龙""速腾""迈腾""途锐"，都是不错的汽车品牌名。

命名的几个常见错误：

1. 避免生僻、难懂的字：常见于药品命名中，将"药方名称"直接作为药名使用（前文已述）。

2. 避免低俗、不优雅：比如儿童饮料名"爽歪歪"曾被多家媒体投诉，在家长心中造成不良影响。

3. 避免歧义：谐音或者重合字，都有可能产生歧义，要多念几遍。武汉健民咽喉片，在央视的广告中发音极似"武汉贱民"，一直被消费者所诟病。

索尼品牌名称

4. 避免文化差异：要注意地区文化的差异，导致人们对某些字的不认同，如四—死、伞—散、梨—离。因此，当一款产品要推向一个全新的地区市场，最好请教一下当地人士产品命名有无问题。日本著名企业家盛田昭夫，在讲到索尼公司命名的情形时说："我们花了好长时间决定公司的命名，每天都写了许多可能使用的名字，一有时间就进行讨论。我们所要求的新名字必须在世界各处都容易辨认，人们用任何语言都能同样拼读。我们做了几十次试验，查阅各种字典，寻找一个响亮的名字。"

> **TIPS! 商标旁边的字母，是什么意思？**
>
> R：已经注册的商标，表示已经获得专利并在有关机构注册，得到法律保护。
>
> TM：尚未注册的商标。也许申请正在等待批复。
>
> C：版权声明。这条声明包括版权所有人姓名以及第一次发布的日期。

"波啦"面包店命名提案

2008年春，一家中日合资的面包连锁店在上海创办，希望引进地道的日式咖啡馆风格。厨师是从日本东京的五星级酒店聘请，设备采用顶级的进口烘焙机，整体消费环境呈现出一种舒适、雅致、年轻的格调。客户委托我们为其设计整套VI视觉系统，并做营销策划。

广告
文案
The Power of Words

　　我们接手后的第一项工作，就是要为它起一个店名。起名字，绝不是坐在办公室瞎想就行，一开始要进行很多基础工作，比如市场调研部分，我们收集了上海几十家面包店的名称，并做出类别分析。为了找准日式的文字调性，我们还把当时所有日系流行杂志都买回来，为命名做出依据。以下是我们的命名提案的节选。

Polaris 面包连锁店命名提案

一、前言

二、竞争品牌名称调研

三、背景说明

四、命名方案（五个方向）

一、前言

　　根据目前的品牌定位及客户对店家规模、档次的级别要求，我们对上海市区的品牌面包店（含西点、蛋糕、咖啡）做了初步调研，经过实地采访及网络调查，综合所有收集到的资料，依据环境、面积、品牌知名度、人均消费等综合排序，我们将这些调研结果分类为：精品专区、中档专区、基本档专区。

二、竞争品牌名称调研

精品专区：
思莱仕 Slice　　　十二时芬 Brix12　　　保罗贝香 PAUL
焙思奇饼屋 The Pastry　　士多啤梨 Strawberry Forever
宜芝多 ichido　　山崎面包 Yamazaki　　面包新语 Bread Talk

中档专区

曼塔 MANTA / 香提 La Shantel / 玛哪胜地 MANNE et SANTE / 85度C / 巴黎贝甜 Paris Baguette / 可颂坊 Croissants de France / 意庐法式烘焙坊 ILU / 美仕唐纳滋 Mister Donut / 葡吉 PUCCI Bakery / 窝瓦 WOWA / 东哥时尚面包 / DONQ Bakery / 天使芝恋 Angellove / 马哥孛罗 Marco Polo / 元祖 Ganso / 芙瑞诗 Fresh bread&company / 宝莱纳贝可利面包 PAULANER DELI & BAKERY

基本档专区

神户工巧坊 KoBe Goncharoff / 克莉丝汀 Christine / 爱里西饼 Aili Cake / 摩提工房 mochi sweets / 芝士工厂 my cheese cake / 麦星 1874Bread&Butter / 泡芙工坊（贝尔多爸爸）/ 美丽家 Merica Bakery / 玛喀玛嗒 MataMata / 爱利丝 Alice / 乐薇 Lavie / 玛斯烘焙 MarS / 蜜色华夫 Honey's Waffle / 乐奇妈妈 RotiMom

三、背景说明

日方客户已有英文名"Polaris"，我方不建议直接采用其中文直译（北极星）作为本店的中文名，但可在命名中保留其含义。

【北极星】星座名，是北方天空的标志。古代天文学家对北极星非常尊崇，认为它固定不动，众星都绕着它转。其实，由于岁差的原因，北极星的位置也在变更。3 000年前周代以帝星为北极星，隋唐宋元明以天枢为北极星，1.2万年以后，织女星将会成为北极星。

四、命名方案

本方案共分四个创意方向。

命名方向一：按"北极星"原义来翻译

Polaris 极星面包 / Polaris 极地双子星 / Polaris 星仔 / Polaris 面包星传 / Polaris 星宿面包 / Polaris 北星面包基地 / Polaris 极星面包坊

广告文案
The Power of Words

命名方向二
按"日本原产"的含义来创意

Polaris 星の味觉 / Polaris 面包物语 / Polaris 宝来堂 / Polaris 知味堂
Polaris 面包岛 / Polaris 千寻面包

命名方向三
按"Polaris"的发音来翻译

Polaris 薄拉味思 / Polaris 宝拉莱 / Polaris 波拉瑞 / Polaris 波拉斯

命名方向四
全新建议，从根本上改良名称

建议：Polaris 名字，字母略多，单词生僻，且不容易朗读，很难被大部分国内消费者接受并记住。因此，建议缩短字母为 Pola。英文为主、中文为辅。

Pola 中文名备选

波啦 面包   贝拉 面包   波儿 面包   波乐 面包   波仔 面包
Pola 英文名尝试（以防由于名字太过简单已注册）：
Kola 扣啦   Vola 沃拉   Lola 卢拉   Bola 波拉   Zola 佐拉   Rola 罗拉

类似的案例

Motorola 摩托罗拉公司从 2002 年，大胆改名，将手机类品牌改成 MOTO，品牌好感度和知名度均大幅度上升，成为一个被年轻族群重新追捧的手机品牌。

原则：越简单的品牌名，越容易成功！

MOTO 手机 / NANO / 苹果 MP3 播放器 / POLO 汽车、服装 / TOTO 卫浴 / SONY 电器 / SASA 香港化妆品店 / MINA 东京时尚杂志

命名方向五：踩准时代节奏，创造一个流行品牌

i-XXX 是现在最火的品牌命名方式，由苹果品牌发起，比如全球最受欢迎的数码音乐播放器 i-Pod；最热门的手机 i-Phone；最受欢迎的科幻电影 i-Robot 等 i-Pola（我，Pola）/ i-Like（我喜欢）/ i-Bread（我就是面包）

作品来自致力共通广告公司，2008 年

实战演练：

1. 为一个产品命名，应遵循怎样的 4 个步骤？

2. 有人打算开一家旅游主题餐厅，定位于喜欢自助游的背包客，请为其提供命名方案。

3. 苹果旗下的笔记本电脑"Air"，请为其策划适当的中文译名，用于中国市场推广，能体现汉语魅力。

第十章

本本主义
怎样写样本、单页等线下物料

被误解的物料写作

样本分类与创作要诀

几个很严肃的技术问题

怎样写企业、品牌、产品样本

怎样写促销折页

被误解的物料写作

为品牌起个名字,给广告想个标题,写段内文,再来一句激动人心的口号,你的文案工作就到此结束了吗?其实,为了品牌整体宣传所涵盖的文案工作,远不只这些。

你的日常工作,还需要帮客户解决大量物料文字的撰写,它们包括:各种宣传册(brochure)、产品目录(catalogue)、企业刊物(magazine),也包括单张(leaflet)、折页、明信片、贺年片、邀请函、直邮推销信等(详情参阅前言一)。

这些,就是常被我们称为"线下物料"的东西!在入行之前,的确没有人告诉我,文案还要写这些玩意儿,它们在得奖高手的眼里,似乎难登大雅之堂,在各类广告获奖集中也鲜见其踪影。但事实上,它们却被企业广泛地用于商业展会、线下活动和营销实战中,它们配合主流媒体广告,立体化地展现了企业与产品形象,加深消费者对商品功能的了解,为品牌树立整体形象。

学习并熟练这些基本的撰写能力,将是一个艰难而漫长的历练过程。只有经过这个阶段,你的职业写作能力才算得上完整。之后,不

第十章　本本主义——怎样写样本、单页等线下物料

管你是在国际 4A、本土广告、设计公司当一个创意型的文案撰稿人，还是去企业市场部、媒介广告部做一个策划型的写手，都可以从容应对。当然，如果你乐意，更可以当一个自由的商业撰稿人，靠自己的笔力谋生。

囿于篇幅，本章将主要介绍最常见的样本文案写作。希望你学会了它的思考方法与写作技巧以后，将其应用到更多的工作中，进化成为名副其实的"跨界写手"。

样本分类与创作要诀

样本的定义

样本，英文为 catalogue 或者 brochure，也叫型录、画册、宣传册、彩页、目录。它是企业或团体机构将其形象、业务和产品等信息，通过图文并茂的方式，系统、生动、综合性呈现的印刷品。它加强了信息传递又便于受众保存，几乎每个企业都将样本作为企业宣传的主要物料之一。

样本的分类

根据不同目的，样本可分为以下几种类型：企业样本、品牌样本、产品样本、促销样本、年度报告等。有时也可结合这几种不同功能，合为一本。进入数码时代后，很多企业开始做起了电子样本，即将原本用于印刷的样本内容改成电子版，放在网上供客户下载。

245

广告
文案
The Power of Words

样本文案的创作特点

样本，又名画册，所以，画为主，字为辅。由于各类样本的结构与内容编排大体相同，因此，想要脱颖而出，就必须花更大的力气在主题的提炼与形式感的创新上。

形式感的创新。往往决定了读者对样本的第一印象，它们包括：开本、纸张材质、纸张克重、封面设计，当然，还有内页版式、摄影图片的品质等。如果这些没有做到位，样本充其量只是另一份干巴巴的企业内刊或者报价单而已。

主题的提炼。这是文案施展拳脚的好时机。如果文案撰稿人在前期策划中，充分发挥主动性，以创意性的"概念性主题"统领全篇，接下来的文字和美术风格，都要根据你的主题来延展。

样本的创作。关键是要为企业量身定做，找到一条理念的主线，然后让文案与美术设计师去尽情展现这一理念，就可以收到很好的效果。可以大气恢宏，可以翔实细腻，可以缤纷多彩，可以朴实无华，一切都听从这条主线的指引。

案例 CASE

"产品型录"变身"美少女日记"

当我为定位"轻熟女"的内衣"艾黛妮"进行品牌策划之时，我希望它的年度型录，不仅仅是产品罗列，更能带给女性购买者一种全新的、私密的心理体验，传递出青春年代的回忆与情绪。因此，画册的创意形式选

第十章　本本主义——怎样写样本、单页等线下物料

定为"日记本"（我们认为，女孩的日记本就像她的内衣柜，藏着真实而多彩的自己）。翻开封面，犹如开启了一个细腻而丰富的世界，六篇不同的手写体日记——"甜蜜、魔法、派对、知性、悦己、婚礼"，引出六大产品系列。在美术表现上，页面背景色根据产品系列的更迭而变，流行的插画形式与国际模特的照片虚实结合，增加了阅读趣味性。

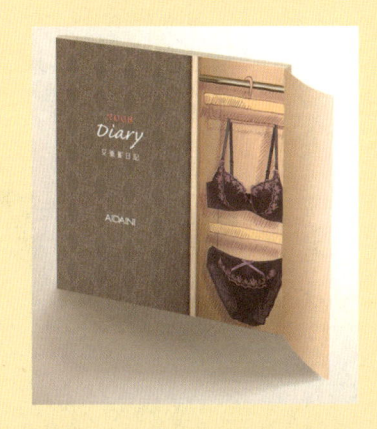

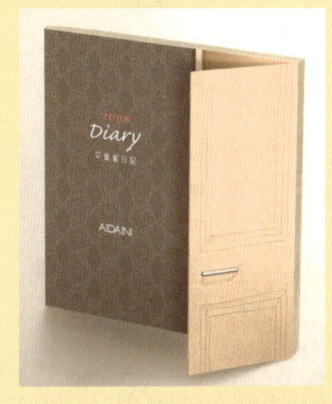

作品来自致力共通广告公司，2008 年

247

广告
文案
The Power of Words

作品来自致力共通广告公司，2008 年

几个很严肃的技术问题

完成一本样本的撰写，需要经过以下 4 个步骤：

1. 策划先行。

2. 设定目录，建立多层级的阅读结构。

3. 撰写正文，遵照一定的阅读标准。

4. 严格校对。

策划先行

你必须确定目标,再规划内容,否则,就会在整理资料时,犹如走进迷宫一样不知所措。

策划分为以下四步:

确定样本属性与目标读者。首先确定样本属于企业样本,还是产品样本,或者综合性的样本;它的目标读者分别是哪类人。

根据企业理念,提炼核心诉求。这一部分往往需要较长时间,期间需要与客户之间进行大量交流与讨论,才能保证最终成品能够真正展现企业形象。

规划出整本宣传册的主块面结构。一般分为引导页(封面、扉页、封底、形象部分、衔接环节或补充书名等)、企业形象部分(包括企业简介、形象展示、业务范畴等)、产品介绍部分(具体产品列表、展示、参数等)。这一步,可以使你头脑中的想法凝练出的内容构架清楚地呈现在纸面上,从无形到有形。

根据规划结构,收集每一部分的资料。从客户、网络或者任何能找到资料的地方,收集每一部分的原材料,包括文字与图片。从一开始就将所需要的内容分门别类地归置好,而且要确保自己随时都能找到,就能大大提高效率。

设定目录,建立多层级的阅读结构

一个友好的样本目录设计,能够吸引读者,并留住读者的视线。我们无法强制人们必须按照你的思路,从头到尾通读你的样本。人们只会选择自己所感兴趣的,或者比较关心的内容,跳着读,甚至倒着读。如果他只有几分钟时间，该如何让其了解你的产品呢？他们一般会先选择——看目录。

每一本样本的文字内容，大致可分为三个层级。根据这三个层级，可以很容易地设定出相应的目录：

层级一：标题。整本样本的章节划分，以标题为界。它可以表明一个观点，或者综述其下属的内容。有时，根据实际需要也可分为主标题和辅助标题。

层级二：引言。对标题进行简明扼要的阐述，或者为本章节的内容列一个几句话的提纲。读者基本可以通过这一层级了解本章节的大致内容。

层级三：正文。对标题的观点详细陈述。

简洁版目录：只需要各章节的标题

如果你所撰写的样本内容、形式与框架都比较明确，无须太多的解释，就可采用这类目录。比如，汽车的产品型录，不外乎外观、动力、操控、安全、内饰、经济等几大方面，只要以精练、直白的词语概括出来，让读者便于查阅相关内容即可。例如凯迪拉克的品牌样本，在传统的内容板块基础上，以精练的词语来表现豪华轿车的质感，目录分为：感触、叹赏、置身、驾驭、掌控、驱策六个部分。

豪华版目录：标题＋引言，有时还会加上精彩插图

这种目录一般适用于页数较多的样本或者画册设计，有点像时下流行的杂志目录。图文并茂的形式，可以带领读者轻松地进入阅读状态。它占得篇幅较多，信息量较大，可以让人快速地一览全貌，知道每一章节大概会提及的内容。当然，它对文字提炼的要求也比较高。本书的目录，就是采用了这种方式。

撰写正文，遵照一定的阅读标准

对于一本样本来说，图片的风格固然重要，文字的标准也不可小觑。如果文案内容前言不搭后语，文字排列毫无章法，即使画面再精彩，也谈不上合格。因为，它忘记了作为一本商业型录最根本的使命——传播信息。

这里所强调的"阅读标准"，就是指文字信息上的标准化、规范化。建立标准的重要功能，就是引导阅读，使读者轻松、便捷地了解整个样本的内容。它可以通过对以下两个部分的控制来实现。

文字设计的统一

在文字上，我们也应当建立一个统一的识别规范。就像一个VIS系统的视觉模板，将各种信息的设计排序、色彩使用等内容标准化，对各元素出现的位置、色彩、大小都有所规定。一级标题、二级标题、三级标题、正文、图注、附录、人名、职称……同一级别的文字，它的字体与字号应保持严格一致。

行文风格的统一

遣词造句的风格，取决于样本主角的属性与目标读者的喜好。另外，还要注重段落、章节的合理排布，我们要把杂乱无章的原材料梳理出条理，去芜存菁，使最后的阅读变得轻松、简单。还需要控制文字和图片的数量，比如在同一本样本里，每一章节的字数、图文比例都应该相近，所占据的篇幅也应该差不多。

统一性是独特的前提

只有具有了统一性，才能在此基础上发展独特性。通常，同一品牌下，会需要多个不同版本的产品样本，一旦你规范了阅读标准后，它们的视觉版式就都是统一的，主题与文字风格也是统一的，绝不是随心所欲的排列。这样，将为整体的品牌形象创造一种合力。

严格校对

不严谨的文字，等于不合格的产品。一本好的样本，还要经得起仔细地阅读和推敲。在细读文字的人中，往往藏着真正的消费者。也许你的文案是一流的，也许你的设计无可挑剔，但你的样本中出现了两个错别字，或者跳出了一个莫名其妙的空格，或者弄错了技术单位中的大小写……于是，这本样本就给消费者留下了这样的印象：马虎，大意，对细节的要求不严格，这样的公司管理是不是一片混乱？这样的公司能生产出好的产品吗？

细节彰显品质。尤其对地产、名车、奢侈品类的高级样本而言，一点点的瑕疵，就会使消费者对品牌的印象大打折扣。因此，具有严格的、可执行的校对标准非常重要。

除了常规的错别字、标点、语法校对以外，还要注意：

标点符号。中文标点要设置为"全角"，英文标点要设置为"半角"。

英文名词或专业术语。应当查明其标准写法，避免差错；英文单词通常第一个字母大写，随后均为小写（极少出现全部字母大写的情况）；同一单词，在同一篇文案的写法必须要统一。

工业品、汽车类、电脑类样本。特别要注意专业名词、型号、技术参数。

地产类。要特别注意数据的准确性，特别是房型图与文字描述的对应、房间面积。

服饰类样本。要注意服装尺寸、特殊称谓、不同国家的尺码换算等。

案例 CASE

"排档"还是"排挡"？

作为汽车变速部件，到底应该叫"排档"还是"排挡"？你能否第一时间就给出确定的答案？2002年，我为大众Polo轿车撰写产品样本的时候，曾就此问题与同事、客户仔细地讨论过。

常规思维都认为是前者，往电脑里输入"pai dang"，首先也是跳出"排档"两字，所以，很多人理所当然地写成"排档"。而来自大众车厂的技术手册里却写着"排挡"。为了进一步求证，我还特地去书报亭买了一堆专业汽车杂志，却发现也是"各执一词"。

最后，通过查阅《现代汉语词典》，才知道汽车部件应为后者——排挡。

排档：方言，设在路旁、广场上的售货处，如服装排档，个体排档。

排挡：汽车、拖拉机等用来改变牵引力的装置，用于改变行车速度和倒车，简称挡。

广告
文案
The Power of
Words

　　"排档",是一个来自广东的词汇。古时称"排当",被引入民间后,指的是敞开式的简易、廉价的大众就餐场所。由于经常设在街边,摆有大量桌椅,同时广东人常称摊位为"档"或"档口",也进而转变为"排档"。
　　一字之差,意义大相径庭。遗憾的是,至今我还在大量的汽车广告或者汽车样本文案中,看到层出不穷的"排档"。正确、规范地使用专业用词、国际度量单位,对合格的企业产品样本来说是一项基本要求,但这些细节常常被忽视。诸如此类的问题还有:中文每段开头应该怎样空格?英文每段应如何空格?规范的英文标题是怎样的?英文中有无书名号……作为一个职业文案,当引以为戒。

怎样写企业、品牌、产品样本

　　三种最常见的样本类别:企业样本、品牌样本、产品样本。

企业样本

企业样本,是企业的名片

　　企业样本是商业贸易活动中的重要媒介体。一本成功的样本,通常是企业文化与发展理念的高度浓缩,能让读者最快速度地了解到企业的精神、理念,企业的文化、品牌形象、产品特色等。
　　目标群体:客户、新闻媒体、政府、行业协会、公司员工等。

企业样本对于文案的要求

　　理念上,要有企业思考的战略高度,符合企业未来传播的重要任务方向；结构上，要条理分明，注意信息的主次性；文字风格上，尽量用书面语形式，避免太日常化的俚语或俏皮话。

与产品样本不同，企业样本在视觉表现上的要求比较周正，较少出现一些特别出奇的形式。整体表现上要考虑企业所在的行业特征，比如机械化工行业与快速消费品行业就有很大的不同。

企业样本的常用模板目录

一、领导致辞

二、企业历史

三、企业精神

四、企业简介

五、企业荣誉

六、产品优势

七、质量管理

八、销售及售后服务

案例 CASE

艾黛妮企业画册——《女人·创世纪》

目录：

1. 昨天，今天，未来，无限——企业简介
2. 女人的梦想，只为一个名字——品牌故事

**广告
文案**

The Power of
Words

3. 女人的事业，也靠众志成城——组织架构

4. 女人的成就，早已耀然出众——经营规模

5. 女人的魅力，全因变幻美丽——产品掠影

6. 女人的世界，更应携手同进——合作发展

引言：

天地，由女人所创造

中国，有女娲采石补天、抟土造人的神话，

西方，有圣母玛丽亚慈爱济世的宗教渊源，

我们歌颂女性的伟大与包容，

没有她们，便没有这丰富多彩的世界。

女人的话题，素来离不开"美丽"二字；

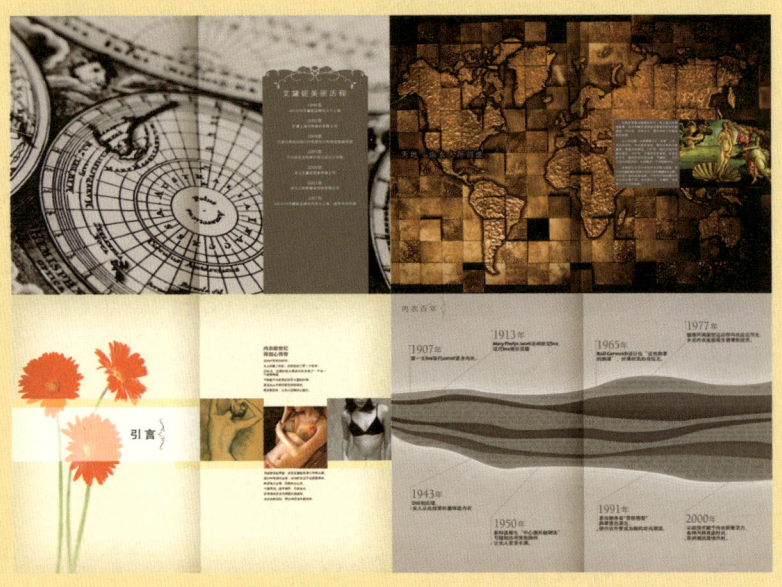

作品来自致力共通广告公司，2008 年

而内衣，作为女人的衣饰语言，更是历史悠远。

2007年，正值现代内衣的百岁诞辰，

在这新世纪伊始，艾黛妮，也将掀开新一页品牌传奇。

创业十数年间，公司立志于美丽事业，

聆听女人心事，洞察女人心思，

不仅赋予内衣产品以更生动的内涵，

也让无数女性找到了全新的魅力与自信。

从开拓本土到进军海外，

从中国制造到中国创造，

百年企业的根基已然成形，

下一个内衣新纪元，艾黛妮，用心书写。

品牌样本

品牌样本，相当于一个品牌的说明书。通常包括：品牌历史、品牌愿景、品牌理念、产品特征等内容；有时，也可选取企业背景信息予以针对性介绍。总体来讲，品牌样本的风格，无论是设计还是文案，都可以比企业样本表现得更具个性。

目标人群：渠道经销商、媒体记者、重要客户等。

案例 CASE

Smirnoff 斯米诺伏特加品牌样本

背景：全球销量第一的洋酒品牌——斯米诺伏特加，以纯劲口感受到

广告文案
The Power of Words

潮流人群的推崇，其原创的经典混饮"斯米诺劲骤"，则是鸡尾酒史上的一道里程碑，对鸡尾酒文化的发展和创新有着不可磨灭的影响。我于2006年接到其品牌画册的创作任务，当时正值该品牌初入中国市场，需要与渠道经销商进行沟通。所以画册目的是让经销商深入了解该产品及目标人群，对这款即将代理的伏特加产品建立信心。画册内容包括：品牌背景、历史、制造工艺、市场定位、全球营销的成功案例，以及对中国市场及经销商的支持政策等。

目录：

一瓶酒的背后，承载了多少的荣耀？

——全球第一烈酒品牌，揭开无上自豪之谜

跨越100年的探知历程

——斯米诺伏特加，百年品牌历史，尽显优异血统

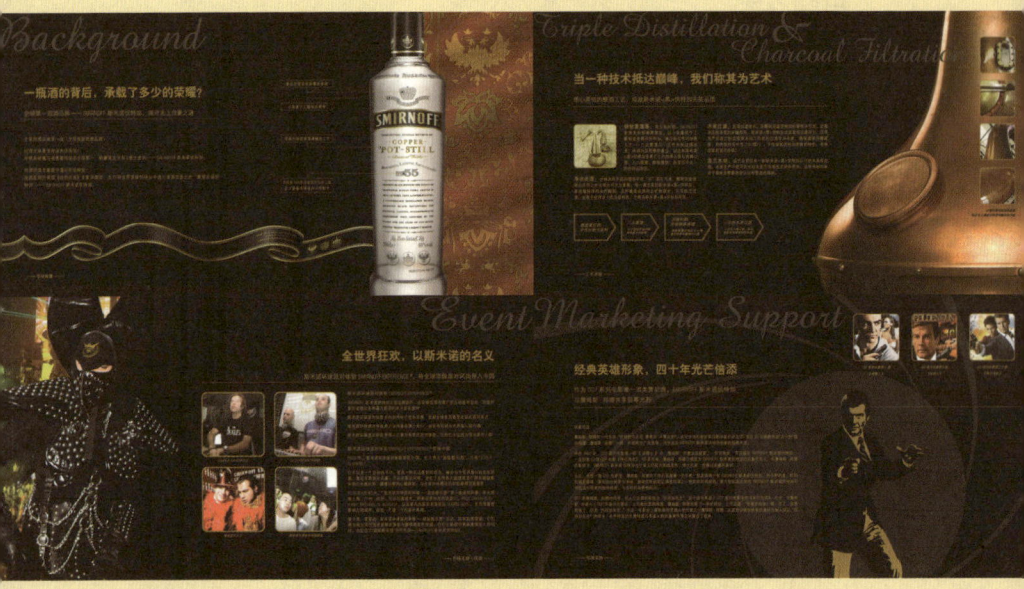

作品来自SHINE广告公司，2006年

当一种技术抵达巅峰，我们称其为艺术

——悉心原创的酿酒工艺，成就斯米诺伏特加完美品质

谁能匹配举世罕见的你

——形而上的品鉴艺术，源自风味卓绝的斯米诺伏特加

新都市贵族精神所系

——斯米诺皇室风范，锁定锐意进取的都市新贵

经典英雄形象，40年光芒倍添

——作为007电影唯一酒类赞助商，斯米诺与詹姆斯·邦德共享银幕华彩

全世界狂欢，以斯米诺的名义

——斯米诺环球派对体验，将全球顶级派对风尚带入中国

奥迪Audi quattro 25周年

主题：

铭记时刻——Audi quattro全时四轮驱动25周年

引言：

我们专注于超越时代之前生产轿车，正如我们秉承如一的理念：突破科技，启迪未来。……在过去25年里，quattro被装配在1 815 396辆奥迪轿车上。这一过程使quattro成为四轮驱动的代名词，令所有人为之兴奋不已，无论是赛车场上的观众或是比赛中的驾驶者。25年，即9 132天，219 168小时，13 150 080分钟，亦或无以计数的种种时刻——包括您难忘的短暂时刻，以及我们铭记的伟大时刻。下面就请阁下耗用几分钟时间来独享专属于您的quattro时刻。

广告文案
The Power of Words

目录：
IItis 时刻
跳台滑雪时刻
Pikes Peak 时刻
圣诞树时刻
安全赛车时刻
未来时刻

串联文字：
13 150 080 分钟的突破
262 次心跳的激情
15 000 英里的独立
海拔 5 897 米的探险
78 米的沉稳
568 公里的英勇
10:47:85 的永恒
2 120 年的神秘
82 个部件的等待
4 534 米的安全
600 度的刺激
38 422 米的激昂
365 天的进取

产品样本

产品样本，又称为产品目录

一本好的产品样本，分类清晰、图片精美，不仅集中展现产品，还能体现企业或品牌的个性。在文字上，它详尽地介绍产品的材质、尺寸、颜色、技术，甚至标明价格，让读者一目了然。这项工作，对于文案撰稿人在工作上的细致度要求较高。

产品样本的印量较大，通常在销售点发放。有些企业将其直邮给目标群体，让对方进行电话订购，此举就叫"目录营销"。目前，还有越来越多的品牌，做起了电子产品目录，就是将目录做成"网络杂志"的形式，让消费者在电脑前查阅，结合声音与动画等多媒体技术，更有说服力。

第十章 本本主义——怎样写样本、单页等线下物料

案例 CASE

宜家产品目录

著名的瑞典家居用品集团宜家的产品目录，每年都会出新版，是全球印量最多的样本之一（总印量达 19.1 亿册）。它以精美的印刷质量，整洁明快的图片、生动幽默的文字介绍，总能让单调的产品罗列，成为轻松愉悦的视觉之旅。

在中国，宜家每年更新的产品目录，同样深受消费者喜爱，一度成为城市"小资"人群的必备手册。画册中，经常将不同风格的家具配置，进行套房化、实景式呈现，对新中产阶层生活方式展开有益的引导，还因此培养出了一大批宜家的忠诚用户。目录中，处处可见构思巧妙的标题文案，跟产品一样令人心动。

作品来自盛世长城国际广告公司，2006 年

广告文案
The Power of Words

宜家产品手册标题：

"一间卧室，双倍空间"

"探索全世界人民青睐SULTAN苏坦床垫的秘密"

"三个给浴室改头换面的好主意"

"布置一个井然有序的客厅，只需￥3 862！"

"给你一个整齐漂亮的厨房！"

"想当墙面装饰的专家，太简单了！"

"让孩子专心玩乐，您就能安心休息"

"马上行动，今天带回家，今晚就用它！"

作品来自盛世长城国际广告，2003

辛苦20分钟
轻松20年

没什么比实木更能
代表好品质

如果告诉客人您的餐厅花了多少钱，
猜猜他们的表情会如何！

作品来自盛世长城国际广告公司，2006年

广告
文案
The Power of
Words

怎样写促销折页

促销折页，一页都不能小看。在市场预算有限时，它可能是企业唯一的营销"武器"，也可能是目标消费者最容易接触的广告。因为它的成本低，印量大，发放范围广，又便于携带。

促销类物料，通常用于临时或单一的产品介绍，所以页数都比较少。单页，只有正反两面；折页，分三折页或者四折页，那种十多页的已属豪华版，有时被用作品牌类样本的简装版。

对于促销折页的创作方法，大致有以下两种：

韩泰轮胎折页——"道不同，抉择不同"，介绍高速、越野，全方位三种不同性能轮胎

ChinaRen.com校友录简介——"ChinaRen究竟是什么Ren"

方法一：将其当成一款缩小版的海报或广告

把封面当成一幅独立的创意内容，内页则清清楚楚地介绍产品信息，用风格相仿的文案去串联。

折页的广告化。韩泰轮胎和ChinaRen.com中国人网站的折页封面，即使放大成海报张贴，亦毫不逊色。

方法二：在整体形式上玩个性，突破纸张等材质制约

摩托罗拉手机，曾经推出一项B2B（针对企业用户）的团购促销，他们希望为该活动设计一款产品目录，通过直邮形式寄给相关的企业采购。我当时在奥美广告负责这个项目的创意，考虑到这批产品正好有"摩托罗拉精选"之意，那么何不借用古色古香的"折子戏单"来比喻呢？主题就叫"好戏连折"，封面封底，用闪光的绸缎面料制成，可以想象它从信封中被缓缓抽出时的质感；内页中，我编辑了七出经典折子戏名，分别引导不同内容，配合环环相扣的正文，直至受众读完全篇。

奔驰轿车的促销活动"欧洲七日激情之旅"，也是个创新设计的优秀案例。为了突出"买奔驰即可赢取欧洲之旅"的信息，促销样本的内页，被替换成七张精美的明信片，在呈现出斯图加特、萨尔茨堡、尼斯、阿尔卑斯山、摩纳哥、威尼斯等大好风光之时，引出品牌旗下的各款车型。而且，每一张明信片均可单独撕下，让你饱览美景之时，还可将其寄给各地好友。这样的创意，委实让人"身未动，心已远"。

广告
文案

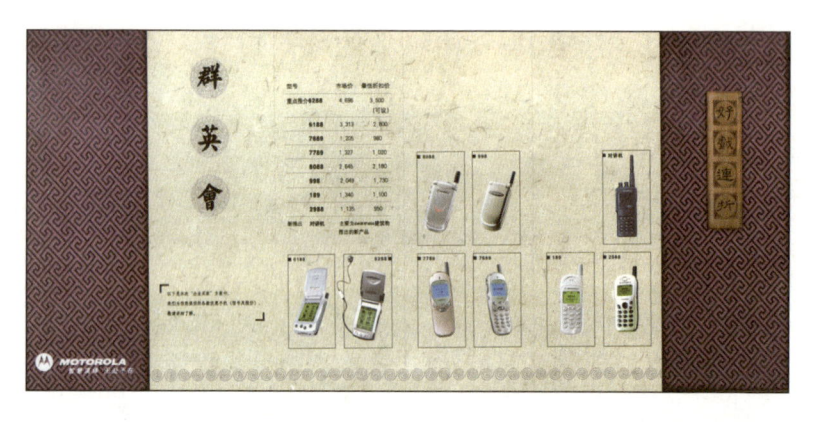

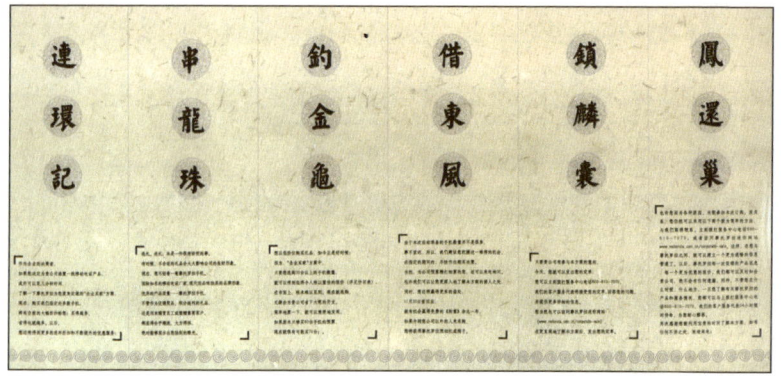

The Power of
Words

摩托罗拉广告图片

> **头脑风暴：**
>
> 1. 如何理解撰写样本的 4 个步骤？
>
> 2. 为什么我们需要将样本的文案内容，分出若干个层级？
>
> 3. 请到商场里收集不同品牌的样本，尝试分析它们的主题思想，并写出它的提纲。

第十一章

声色俱全
怎样写电视广告

电视广告及其媒体

分工搭配,干活不累

百闻不如一见

电视广告文案的零件拆解

脚本、故事板、分镜头

电视广告文案的检核

电视广告及其媒体

关于电视媒体。电视机，对我们而言实在太熟悉了。作为20世纪最重要的发明之一，电视，从1936年正式播出以后，就一直占据着现代传播媒介的中心地位。它拓展了人们的感知方式，改变了大众媒介的结构格局。

即使在网络如此普及的今天，电视机依然是普通家庭中最重要的媒体。电视媒体，依然是覆盖面最广、影响力最大、最为大众接受的强势平台。

电视广告=TVC（TV Commercial）。电视广告与广播广告，同属于电波类广告（broadcasting）范畴。电视广告最大的特点，就是融合了画面与声音的双重元素。一条创意突出、制作精良、画面精美的电视广告，能够很好地展现良好企业和品牌形象。

优点：

- 传播范围大，传播受众广，综合传播影响力强。
- 视听合一，图文声乐等多媒体元素，感染力强。

- 创意表现形式多样，符合各种类型广告的要求。
- 适合情感诉求，帮助快速建立品牌形象。
- 家庭化接受，针对最终消费决策者，诉求和说服效果好。

劣势：

- 费用高昂：制作费与媒体投放费都非常贵。
- 制作复杂：对于创意的要求高，制作周期较长。
- 时间短暂：播放时间稍纵即逝，不擅长理性说服，不利于充分传播。
- 收看无法定时：现代生活节奏快，观众的收视时间难以固定，开始转向移动互联网。

高露洁电视广告　　　　　　耐克体育用品

电视广告常用形式：

- 贴片广告（特约播映、冠名）
- 插播广告（60″、30″、15″、5″等）

- 广告节目（为品牌特别制作一档节目，比如"车天下"）
- 报时广告（整点播出："刚才最后一响，由××为你播报"）

海尔贴片广告

- 气象预报广告（在气象预报中插入品牌信息）
- 植入式广告（将产品软性植入电视剧或节目中）
- 连续剧广告（剧情连贯，扣人心弦，分几次播完）
- 电影式广告（追求大制作，感性诉求品牌形象。比如雅虎中国请陈凯歌、冯小刚、张纪中三位名导，拍摄三支风格迥异的短片）

Shimp 电视广告表现方式分类标准[①]

导向	表现方式	分类标准
人物导向	名人推荐	借由知名公众人物（明星、政治人物、知名运动员等）对商品的偏好喜爱、使用经验等，通过名人演出的方式来表达。
	一般人推荐	借由一般民众对商品的偏好喜爱、使用经验等来推荐。
故事导向	演出剧情	有故事剧情的广告，但商品讯息主要由故事中的主角道出。

① 由美国学者 Shimp T.A. 总结。

（续）

导向	表现方式	分类标准
故事导向	旁白剧情	有故事剧情的广告，但商品讯息主要由旁白者道出，而此旁白者非故事的主角，且通常观众看不到此人。
	说书式	有故事剧情的广告，但商品讯息主要由歌曲的方式来传递。
	说明式	通过广告影片表达出商品本身的特点以及特性。
产品导向	展示式	只是纯粹地展示商品，并未特别说明或强调商品本身的特点及特性。
技巧手法	卡通拟人	广告以一种想象幻想的方式呈现，如会说话的动物、卡通人物等。
	想象式	把不相关的东西、事情变成相关的。互相联想的广告与产品本身似乎并没有太大的关系，但通过想象的方式可以塑造产品的特殊感。

分工搭配，干活不累

一条TVC广告，从创意的诞生到拍摄交片，牵涉到客户、广告公司、制作团队等众多工作人员。不过，我们这里要谈的是在广告公司里、拍摄前的职能分工，主要包含3种职务：文案、美术、制片。

文案人员。负责撰写脚本。他不仅需要将故事情节、画面、人物动作用文字表述出来，还需要：（1）写好人物独白和对话；（2）重视旁白或画外音；（3）精心设计字幕；（4）画龙点睛，写好口号。

此外，他还需要对整条广告片的声音效果负责：试听和挑选配音

广告
文案
The Power of Words

演员的样带；当进入到制作阶段后，他还要到 studio（录音室）现场，对参与录音的人员给予指导。如果考虑周全，他还可以提出配乐、音效上的建议，为制片提供协助。

美术人员。负责勾勒 TVC 创意的原始草图、绘制分镜头等；也需要负责整个广告在美术色调上的建议，配色、产品包装的修饰以及道具的选择等。不过，很多大型公司通常将绘制脚本的工作外发，或者单独聘请手绘功底良好的人员负责此工作，美术指导只需要进行监控把关。

在最初的"发想创意情节"这个环节中，对于文案及美术指导的要求是相等的。两者都应有良好的创作力，能够独立发想、形成一个完整的故事。

制片人员。负责所有影视创意作品的制作完成，包括：挑选导演和制片公司；考察制作班底，控制制作成本；保证作品的良好品质，并符合原创意的目标；充当创意人员与制片公司之间的联络，监督整个制作过程的各方面，事无巨细，保证一切的正常运转。

平时，他还需要系统性地建立并管理所有 TVC、radio（无线电）等创意作品的母带及素材档案，管理所有的影音器材和材料，提供竞价制作商估价和导演作品集，建立及管理合作厂商档案并定期给予评估。

百闻不如一见

电视广告，之所以具备一种神奇的能量，正是由于它做到了视听合一！视觉和声音的双重刺激，可以让人更为兴奋，而且更真实、更立体地感受事物的特征。研究表明，从记忆的角度上讲，听到的信息只能记住20%，看到的信息只能记住30%，边看边听的就能记住50%。

"视"与"听"，作为电视广告的先天条件，非常有利于表现你的创意文案。但是，恰恰是它的动态特质，也给创作者带来了不少棘手的难点——在电视广告中，文案必须与画面元素密切配合，又不能相互干扰，所以，电视广告文案创作要点，要从对"视听表现"的平衡把握来谈起。

视 ➤ 听

电视，本质上还是一个视觉媒介。它的"画面"与"文字"，自然存在主次之分。在电视广告的创作中，时刻要注意：画面占主导，而文案则居于辅助地位，用来描述、解释画面，提炼核心主题，或干脆与画面形成对比。电视广告中的文字，从来都无法孤军奋战。当图像、特技和声音技术加在一起，所传递出的讯息，可能会远远胜过构思精妙的句子。

要点1：为电视而写

声画对位（早Vs.晚）。文案必须与图像精确地配合，保持含义与逻辑上的同步，这是电视广告文案撰写的最基本要求。比如某些悬念性的画面，如果解释文字出早了，就会提前透露所要强调的信息。

字画比例恰当（多Vs.少）。这点不是指文字在整个屏幕画面中占的位置比例，而是指文案对画面的诠释力度。如果画面本身已经够清楚了，文案就不必再说同样的意思，显得画蛇添足。

文字形式自然（声音Vs.字幕）。不同的文案内容，可用画外音、人物语言或字幕来表现。对产品的客观评述，适合以第三者口吻（画外音）介绍，如果让人物硬讲，就会显得不真实；有些人物的内心旁白，以字幕形式出现，也会显得有趣而生动。

要点2：为观众而写

写听得懂的，而不要写仅仅能读懂的。应该避免：过于冗长的句子，过于复杂的句式，歧义词汇，复杂的数据、术语。

简练，顺序清楚，又要符合逻辑。例：Polo三厢电视广告 DNA 篇的旁白文案，由内而外阐释品牌精神，逐层递进。

观众的成分，影响电视广告文案的结构。如果针对文化程度不高的受众，就要避免采用难以理解的倒叙手法。

可以这样写，也可以那样写

方法1：一边想故事情节，一边撰写画面。可分为：开场，交代背景、场景、人物；中间部分，必须围绕产品或卖点为中心，比如快乐片段、解决方案等；结尾抖包袱，告诉观众这条片子的主角及购买理由。

方法2：一边想文案的传达方式，一边撰写。先将文案与声音写出来，也可以找一首情绪相关的音乐，然后在此基础上展开影像的叙述，此举类似于 MV（music video，音乐电视）的创作。

第十一章 声色俱全——怎样写电视广告

方法 3：运用蒙太奇思维，用镜头叙事。不要追求字面的连贯，而要考虑电视广告画面与文案的整体连贯。只要与画面充分配合，文字可适当跳跃或省略（这一点常常很有必要）。

案例 CASE

例1 上海大众 Polo 1.6 上市"太极篇"

创意说明：老师傅掌下生风，一出手便激起一地落叶，自以为神功已经练成。他不知道，背后刚刚驶过动力非凡的 Polo 1.6！

作品来自盛世长城国际广告公司，2002 年

275

广告文案
The Power of Words

例2　摩托罗拉C289手机"怪声篇"

旁白（男孩）：

每种声音都有灵魂，

我发现了最棒的铃声，Moto！

——C289，完美！

作品来自奥美广告公司，2001年

电视广告文案的零件拆解

这里要介绍的，其实就是文案在电视广告中的四种呈现方式。假使要组装一台名叫"TVC"的广告机器，就有可能会用到这 4 个元件：角色语言、画外音/旁白、字幕、广告歌。

角色语言 VO / MVO / WVO[①]

指的是广告中的人物语言，也包括动物角色的拟人化语言；可以是角色之间的对话，也可以是对观众所说的话。在撰写这类语言时，要充分考虑到角色的年龄、职业、气质特点，力求写出真实、自然、生动的效果。让观众一看画面，就可以明确知道是哪个角色在说。

案例 CASE

例1 IBM电视广告"药店篇"

画面：

一位身材消瘦、有些秃顶的先生走进了挂着"热情服务"条幅的药店，两位长相有些幽默的店员十分热情地迎了上来，争先恐后地服务开了……

[①] VO即 voice over 的首字母缩写，MVO指男声，WVO指女声。

> **广告文案**
> The Power of Words

声音及字幕：

女销售员：先生，欢迎光临，您想要点什么？

男销售员：您要生发灵？

女销售员：哪儿呀，人家先生来肯定是有急事。

男销售员：有急事上咱们这儿干吗来呀？

女销售员：您想买点补钙的？

男销售员：补肾的？

女销售员：补锌的？

男销售员：您是不是得了什么不好说的病啊？

顾客：扯啥呀，我就要瓶眼药水！

旁白、字幕：

IBM客户关系管理解决方案，帮您用更先进的方法，抓住客户真正需要。

男、女销售员：欢迎您再来。

IBM电视广告"药店篇"

第十一章 声色俱全——怎样写电视广告

例2 **案例：摩托罗拉T189手机"小狗篇"**

摩托罗拉T189手机"小狗篇"广告截图

旁白（小狗）：

新来的？刚才在主人口袋里，又唱又跳的，是你吧？

哼，别以为个儿小，主人就宠你！

我小时候也像你这样，圆头圆脑，人见人爱的！

（音效：手机铃声响……）

旁白（小狗）："呃，不理我了……"

（男声）："小巧一派，更得宠爱，

摩托罗拉，心语T189。"

279

广告
文案
The Power of
Words

画外音/旁白 VO / MVO / WVO

顾名思义，指的就是画面以外的声音，在画面里看不到声源所在。画外音，常用来表现广告中人物的内心独白，或者第三者陈述，又称为旁白。

什么是 VO 和 VO Talent

VO 即 voice over，MVO 指男声，WVO 指女声。VO Talent 即配音演员，日文称为声优。比起一般的影视片配音，广告配音演员在声音的语气、情绪与音质上需要更高的控制技巧。青年、中年、老年的声线变化，俏皮、严肃、欢乐、沉重的语气变化，悠扬、深沉、雄壮、热情的情绪变化，都需要配音演员能有效掌握。

同一条旁白，广告制作公司一般会向客户推荐两三位配音演员，以个人作品（每人一两条）的形式提供备选。资深的配音演员，由于经验丰富或演技成熟，可能试音一次就能正式录音，一次就过；如果演技不够成熟的，可能要试音许多次，才能录到满意的效果。

对此，我的经验是"选熟不选生"，尽量选资深的、曾经合作过的、有过同类配音经验的。如果你要找的是一个浑厚有力、权威可信的男声，那么最好是一个曾经配过银行、保险或者政府机构广告作品的演员，千万不要选择声线过于怪异或者滑稽的。其实，配音演员各有所长，要善于运用不同人选的优点，为你的创意成果做出最佳选择。

第十一章 声色俱全——怎样写电视广告

案例 CASE

韩泰轮胎TVC 30"——"路篇"

旁白：

每条路，都是一个过程。

有时，你可以直来直往，

有时，也不妨走出不同的路，

但最重要的，是这一路，谁与你同行……

谁，又始终在你左右。

标版（广告口号）：

韩泰轮胎 在乎一路的考验

> **TIPS!**
> **如何打磨TVC旁白——韩泰轮胎的脚本进化史**
>
> 这里有6个版本的TVC旁白，是我在盛世长城执行创意总监苏秋萍先生的指导下，一步步修改才最终变为上面出街的这个模样。其实，被淘汰的版本远不止这些。这个在当时看似折腾的过程，让我至今受益匪浅。从中你可以体会到，一条自然、平和，却有着细腻感情的广告旁白，是如何炼成的。

版本1：

路，可以走得平淡稳健

偶尔，也不妨特立独行

广告文案
The Power of Words

  从容，是因为总有依托

  而唯有控制，才能有所把握

版本 2：

  路，可以走得循规蹈矩

  有时，却要冲破界线，开辟自己的天空

  无论与谁同行，总带着那一份从容

  最重要的是，人生的快慢，早已被你掌控

版本 3：

  每条路，都是不同的经历

  你可以走得稳稳当当

  有时，也要迎接新的挑战

  但最重要的，是这一路，谁让你来去自如

  谁，又给你始终的依赖

版本 4：

  每条路，都是一种经历

  你可以直来直往

  有时，也不妨走得不同寻常

  但最重要的，是这一路的选择，你能否把握

  ……

  谁，又始终在你左右

版本 5：

  每条路，都是一种经历

第十一章 声色俱全——怎样写电视广告

有时，你要走直路

有时，也不妨走弯路

当然，还要面对高低起伏

但最重要的，是这一路，谁与你同行

……

谁，又始终在你左右

版本6：

每条路，都是一个过程

有时，你要走得循规蹈矩

有时，却不妨走出不同的路

但最重要的，是这一路，谁与你同行

……

谁，又始终在你左右

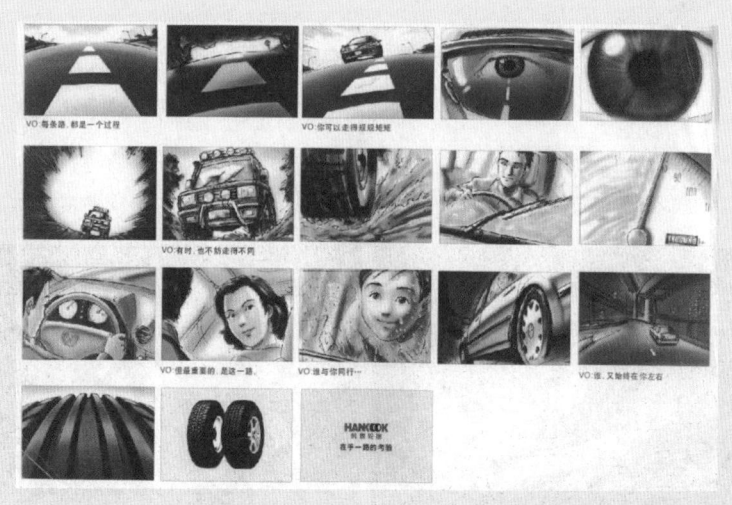

朝泰轮胎TVC提案故事板

字幕 SUPER

指的是广告画面上叠印的文字。通常有以下两种呈现方式：

字幕+画外音字。幕跟声音同步出现，类似电影字幕。这种情况，字幕可以很好地配合到画外音。比如让观众更容易记住广告歌词、更清楚地听懂人物语言。

纯字幕。只有字幕，完全没有人声。这种情况有两种原因：一是为了突出音乐，传达一种唯美的意境，不让人声来干扰画面；二是说明画面之外需要补充说明的信息，一般比较简略，比如时间、地点、人物身份、产品配方、特别强调等。

案例 CASE

例1　世好啤酒"百分百篇"——无声，纯字幕

创意说明：

你可以享受100%的成就，品味100%的新鲜，体验100%的清凉，挥洒100%的豪情……因为我们，提供了100%的啤酒——世好啤酒。

第十一章 声色俱全——怎样写电视广告

世好啤酒电视广告

285

广告
文案

The Power of
Words

例2　上海大众Polo三厢"DNA篇"——字幕+画外音

旁白（男声）：

是个性，更是天性；

是魅力，更是智慧；

是锋芒，更是内涵；

是眼前，更是未来。

Polo三厢，科技演绎精致。

作品来自盛世长城国际广告公司，2003年

例3　上海大众途安Touran轿车"VIP空间篇"——字幕+画外音

旁白（男声）：

如果空间是你的向往；

286

第十一章 声色俱全——怎样写电视广告

如果科技是你的渴望；
如果成就是你的梦想
……
多功能轿车，VIP空间，
途安Touran，崭新开启

作品来自盛世长城国际广告公司，2003年

广告歌

　　品牌的识别不仅可以靠"形"，同样可以靠"声"。"声"包括声音识别，还包括广告音乐与广告歌。好的旋律和歌词，可以使枯燥、乏味的信息得以轻松传播，更有成为流行的潜质。有时，如果将经典的

287

广告
文案
The Power of
Words

音乐与广告结缘,更会使品牌顺利地深入人心,经久难忘。从未来的传播趋势来看,对品牌声音标识的重视将会越来越高。

> **TIPS! 多年来,众多品牌以一曲广告歌扬名**
>
> 1983年燕舞收录机:燕舞,燕舞,一曲歌来一片情
>
> 1987年太阳神:当太阳升起的时候,我们的爱地久天长
>
> 1994年小霸王学习机:你拍一,我拍一,小霸王出了学习机
>
> 1995年孔府家酒:千万里我追寻着我的家,孔府家酒,叫人想家
>
> 1996年娃哈哈纯净水:我说我的眼里只有你,娃哈哈
>
> 1997年步步高电器:世间自有公道,付出总有回报,说到不如做到,要做就做最好,步步高
>
> 1999年高兴就好饮料:该怎么做我会知道,高兴就好,我只要高兴就好
>
> 1999年雪碧饮料:come on(来吧),come on,给我感觉,我就是我,晶晶亮
>
> 2000年非常可乐汽水:年轻没有失败,亮出你自己——娃哈哈非常可乐

情形一:将现成歌曲变为己用

很多品牌喜欢采用现成的、已经流传开来的歌曲,来加强广告的亲和力。它们或让片中人物来演唱,或作为背景音乐出现。这种众所周知的歌曲,能使听众快速进入状态,进而引起对品牌的共鸣。比如安踏运动鞋选用汪峰的《我爱你中国》、娃哈哈纯净水选用景岗山的

《我的眼里只有你》。

苹果的 iPod，便是此中高手。它们一贯选用很有个性的小众音乐，来作为它的新品广告歌。有时候，歌曲的作者并没什么名气，但却能引来很多消费者的关注与讨论，并去网络上搜索这首歌曲。iPod 的广告歌，就像它的产品一样，每次一推出就异常火爆。

2008 年，苹果 iPod+iTunes 发布新版电视广告，由 Coldplay 酷玩乐队的 4 位成员共同出演，并在片尾打上了该乐队当时的新专辑名字《Viva La Vida》。同以往 U2 乐队等全球著名摇滚明星出演的 iPod 广告相似，这次酷玩版的艺术感也非常强，蓝紫色的光芒从剪影背后气势磅礴地喷射出来，极具视觉冲击力。

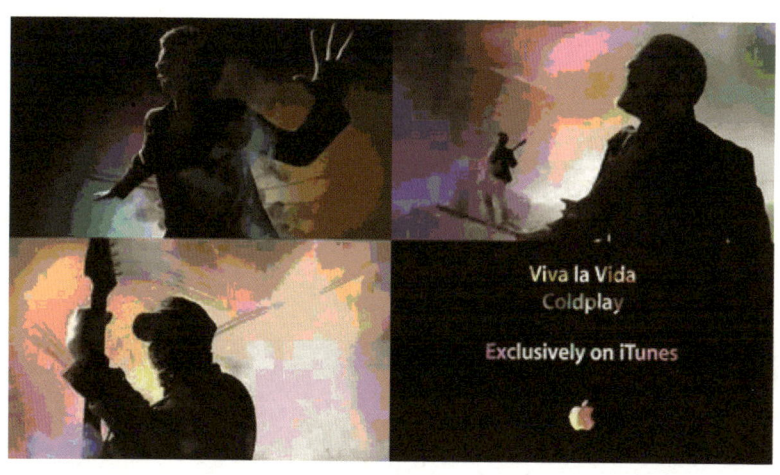

作品来自苹果公司，2008 年

情形二：文案人员自写自创

如果想要快速创作一首广告歌，而且预算也有限，那么最了解广

广告文案
The Power of Words

告目的与受众的广告文案人员，无疑是上佳人选。让他们来构思广告歌曲的歌词，本就天经地义，所以平日里苦于无处发挥的文案诗人们，正好借此过把瘾！

案例 CASE

例1 "高兴就好"果味汽水新上市广告"Only You篇"

旁白（唐僧）：

悟空，你知不知道什么是Dun，Dun，Dun？

Dun，Dun，Dun就是……

（音乐及伴唱起……）

Only you，有香橙、柠檬、青苹果；

Only you，冰冻美味爽心；

Only you，色彩亮晶晶，就是Only you，噢，噢……

旁白（悟空）：噢，噢你个头啊！

旁白（唐僧）：想喝你就说嘛，高兴就好。

作品来自奥美广告公司，2001年

背景介绍：2001年，电影《大话西游》在国内年轻人中掀起了一股奇迹般的风潮！定位青少年市场的饮料——旭日升旗下的"高兴就好"，委托北京奥美做新品上市推广。我作为这条TVC的文案创作者，有幸为"唐僧"（由罗家英饰演）撰写他所演唱的山寨版《Only You》，并将产品卖点融入歌词。广告中，唐僧师徒四人在沙漠中口渴难耐，唐僧从冰箱里拿出高兴就好饮料，却不给徒弟喝，旧病复发地唱起了那首家喻户晓的《Only You》，孙悟空难以忍受他的啰里啰唆，粗鲁地从唐僧手中抢过饮料。最后，唐僧一句"想喝你就说嘛！"更强化了大话西游式的幽默风格。

例2　力波啤酒形象广告——"喜欢上海的理由"

歌词：

上海是我长大成人的所在

带着我所有的情怀

第一次干杯头一回恋爱

在永远的纯真年代

追过港台同胞　迷上过老外

自己当明星　感觉也不坏

成功的滋味　自己最明白

旧的不去　新的不来

城市的高度　它越变越快

有人出去　有人回来

身边的朋友越穿越新派

上海让我越看越爱

好日子　好时代

我在上海　生活也在

广告文案
The Power of Words

背景介绍："力波"啤酒陪伴了上海人近20年，是上海家喻户晓的品牌。但近年来，"力波"渐渐被竞争品牌赶超，被消费者淡忘。本片通过一个在上海土生土长的年轻人的见闻和经历，点出力波始终在上海人的生活中，并和上海共同成长、发展。片中一首朗朗上口的歌曲，唱出了新上海的自豪感，为重塑年轻、充满活力的"力波"新形象功不可没。

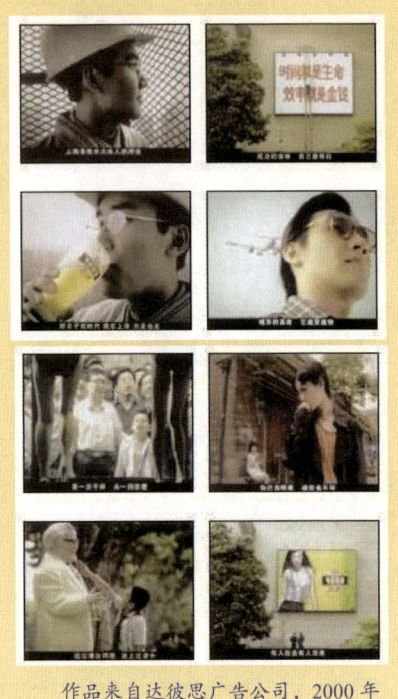

作品来自达彼思广告公司，2000年

情形三：请名家度身定做

大多数文案撰稿人并没有在歌词或者作曲方面受过专门训练，因此，他们的创作常属于玩票之作。广告公司还是会聘请专门的音乐人或者词曲作家，根据广告目的来特别创作歌曲。

如果有足够的预算，更可以请明星来亲自演绎，比如"动感地带"的广告歌《我的地盘》，由周杰伦作曲演唱、方文山作词；可口可乐2008奥运主题歌《红遍全球》，请到华文歌词第一人林夕为其创作，歌神张学友演唱。这种重量级的歌曲，随着广告的地毯式轰炸，唱红了品牌，也提高了歌手与创作者的知名度。

2001年摩托罗拉"心语T191"手机上市，客户曾经邀请当红组合"羽泉"，为此创作特别单曲《深呼吸》，并收录于他们发行的新专辑。它看似一首情歌，其实不动声色地将品牌信息悉数融于歌词中，再加上此歌水准不俗，一下子成了当年最火的广告金曲。

案例 CASE

例1 《深呼吸》——摩托罗拉T191特别单曲

词：梁芒、陈羽凡　曲：陈羽凡
我呼吸，所有的准备都已就绪，
等待着你到来的消息，
迫不及待开始倒计。
在梦里，我进入了另一个天体，
体会着那飞翔的刺激，
伸开双臂我拼尽全力狂奔向你。
深呼吸，闭好你的眼睛，全世界有最清新氧气，
用最动听的声音消除一切距离，
努力爱超越所有默契，所有（的）动力。
我呼吸，别再去考虑太多问题，
像一只奔跑中的rabbit，
提醒自己向爱接近。

广告文案
The Power of Words

在梦里，我又听见了你的声音，

是多么美妙熟悉那么神奇

我会全心全意追逐到底。

例2 《我的地盘》——中国移动通信"动感地带"主题歌

词：方文山 曲：周杰伦

在我的地盘这 你就得听我的 把音乐收割 用听觉找快乐

开始在雕刻 我个人的特色 未来难预测 坚持当下的选择

在我的地盘这 你就得听我的 节奏在招惹 我跟街舞亲热

我灌溉原则 培养一种独特 观念不及格 其他全部是垃圾

用态度扩张地盘 到底什么意思 怎么一回事

广场的鸽子 占领头版的报纸

一种全新的解释 标题关于这座城市

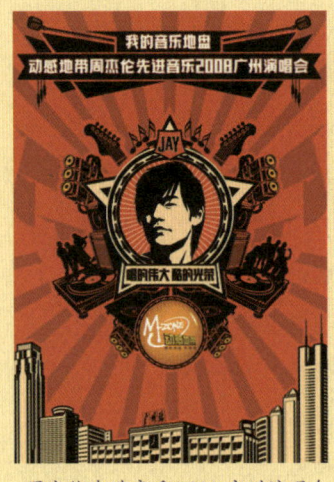

周杰伦先进音乐 2008 广州演唱会

关于一种学习考试 和年轻就该有的本事

动感地带的交通标志 到底离我有几公尺

我说老师 我是不是真的不懂事

听我念绕舌歌词 欣赏我打拳的样子 我站在教室 练拳方式 你的样子 线条一致

隔壁的小姑娘 公开表演需要勇气 别人玩线上游戏 我偏耍猴戏

我用形意猴拳在练习 引你注意 如果觉得有趣 不要吝啬 示个好意

青春是干净的纯白 像一片绿地的窗外 我将记忆的门打开 把所有发生的事记下来

那弹钢琴的孩子 正用他们的手指 弹奏未来的历史

我用手机传中文字 那传输的速度绝对会让你们竖起大拇指

生活不该有公式 我可以随性跳芭蕾舞 照节拍 手放开 静下来 像一只天鹅把脚尖掂起来

讲究速食的这年代 也可以很天真地说说爱

脚本、故事板、分镜头

写TVC文案，主要就是写脚本。脚本，是介于广告原始创意与成品胶片之间的一种表现形式。它不是电视广告的最终形式，却是广告公司与客户间前期沟通的基础。脚本一旦确认，就进入正式制作阶段。在不同的阶段，电视广告文案的格式，可以分别表现为：文字脚本、故事板、分镜头脚本。

广告
文案
The Power of
Words

文字脚本

在广告公司中，一开始会通过分头发想，然后小组讨论的形式，将电视广告的基本创意确定下来，通常就是一个故事情节，或者大概的内容结构。再进一步，就是把人物角色、情节、场景、配音以及音乐、音效、格调、气氛等元素考虑清楚。

随后，文案撰稿人写出对画面和旁白的简单描述，就形成了最初的纯文字脚本。在这个阶段，文案只需要用直白、简练的笔法描述画面，把创意说清楚即可，不需要那种唯美、文学化的语言。但是旁白就要花点心思，写得比较真实、准确，而且要根据广告的实际长度来确定对话的字数。

TVC脚本文案的基本格式

×品牌×产品TVC"××篇"30"

画面VIDEO	声音VIDEO
1. ×××××（画面描述） Supper（字幕）	VO：（旁白、男、女） （年龄、语调、其他要求）
2. ××××× （画面描述）	Music（配乐）
3. ××××× （画面描述）……	SFX（音效、环境声、特殊音效）
Ending（尾版、标版） 企业logo、slogan 广告口号	Jingle（标准性、唯一性、企业特有）

这张图是我根据多年创作经验归纳而成，平时我都使用这个版式来撰写电视广告脚本。

案例 CASE

摩托罗拉 T191 "兔子篇" 30"

Video	Audio
1. 森林。露营帐篷。一只可爱的卡通男兔子背着手，吹着口哨，从远处走来。	
2. 男兔子看见在帐篷边的旅行袋上堆着几个胡萝卜。	
3. 兔子上前拨弄胡萝卜，胡萝卜散开，露出下面的一台T191。和胡萝卜一比，手机显得格外的小巧。	兔子："没想到，会遇上如此
4. 男兔子凝视着T191漂亮的外表，忽然一个来电，他惊喜地发现，手机里有另一双兔子耳朵慢慢地从魔术帽里探了出来。	
5. 男兔子惊讶的眼神，随着每一下剧烈的心跳，胸口都有一个明显的心形的突起。	百分之一百的女孩。"
6. 男兔子痴情地对着T191手机，镜头做360度旋转。镜头可见T191一些漂亮的线条和不同的角度。（场景突然变成浪漫的夕阳中的沙滩风光）	SFX：巨大的砰砰的心跳声 动情音乐起——

297

广告文案
The Power of Words

7. 镜头交替切换：男兔子深情地注视，男兔子的脖子好像也越变越长了/手机里的女兔子从魔术帽里慢慢地探出头来。	
8. Close up：男兔子的瞳孔里全是手机屏幕里的女兔子。	兔子："她清纯又娇小，我真想一辈子照顾她。"
9. 镜头交替切换：男兔子呆呆地张大了嘴/手机里的女兔子好像调皮地慢慢弯下了一只耳朵。	"铃——"
10. 沙滩上，兔子抱着手机在打滚。电话铃突然响起！（场景瞬间又变回到森林里）	兔子："唔——回见。"
11. 魔术帽里的女兔子不见了，一个大灰狼的icon随着来电出现，惊恐的男兔子差一点把T191直接扔掉。	
12. 男兔子故作镇定，把T191轻轻放在地上。	
13. 男兔子装着不怕，慢慢走开两步，突然扭着胖胖的屁股狂奔而去。	
Ending cut 企业标版 Slogan：可爱清新 一见倾心 　　　　心语T191	摩托罗拉心语T191 （"可爱清新 一见倾心" 心语T191）

logo，声音标识或听觉logo

logo，指的是专门用于表现品牌特点的声响、旋律及人声。

其实人们很早就认识到，声音的设计与使用，是广告中必不可少的一部分——因为品牌是通过所有的感官被消费者感知的。在传媒时代，公司的形象不应只注重"看"——传统的平面视觉标识系统（例如商标），而应拓展到"听"——和公司形象协调一致的声音符号。

这种符号系统的设计，是一种重要的营销手段，被称为"听觉品牌管理"（sound branding）。它将品牌形象与特定的声音联系在一起，通过对品牌内涵的充分挖掘和认知，创造出一种个性化的声音标识，强化对顾客的心理影响，使品牌变得与众不同。当消费者感受某一品牌时，声音可以唤醒情感的参与，由此，品牌即可赢得更多好感。大家耳熟能详的"英特尔""索尼""麦当劳""宝马"等品牌，均有专业而成熟的声音标识系统。

广义的声音设计，可以包括拟真音效及特征鲜明的音色、曲调：婴儿食品打开时发出的"扑"的响声，代表新鲜和朝气；饼干被咬碎时发出的"咔嚓"声，象征松脆与营养。这些都能让观众产生丰富的联想。

案例 CASE

例1 它们的logo是什么？

Intel 英特尔：给电脑一颗奔腾的芯
TOSHIBA：TOSHIBA、TOSHIBA，新时代的东芝
HITACHI：日立牌是HITACHI

广告
文案
The Power of
Words

SONY：IT'S SONY。

麦当劳：尝尝欢笑，常常麦当劳

肯德基：有了肯德基，生活好滋味

娃哈哈：娃哈哈果奶，妈妈我要喝！

MOTOROLA：Hello MOTO！

中国的声音标识：义勇军进行曲

你的个人声音标识：大笑？怪叫？手机彩铃？

例2 Ending Cut 企业标版，最后一秒的自我展示

| 丰田汽车企业标版 | 雅芳化妆品企业标版 | MOTO促销广告标版 | 上海大众标板 |

故事板（storyboard）

为了使客户更直观地理解广告的创意内容，通常广告公司会把纯文字脚本制作成故事板。故事板，由画在纸上的一系列方框图构成，画面下方配有文案，用于表述画面情节、动作及音频。当文案撰稿人在创作文字脚本的时候，美术设计人员可以着手用简单的线条，勾勒出大致的画面。

第十一章 声色俱全——怎样写电视广告

　　故事板，一般用于向客户提案。很多广告公司为了追求提案效果或赢得比稿，还会采用制作精美的电脑合成画面，来制作平面故事板；甚至，他们还会收集一些经典的影像画面，来拼凑、剪辑成虚拟的电视广告，国外称之为"steal-o-matic"。比如，我为Polo三厢车做TVC提案时，就特别剪辑过一条模拟片，里面需要的元素包括了：漂亮的汽车路跑画面、都市化场景、型男靓女、Polo平面照片、卡通漫画等任何符合创意主题的材料，最后配上文案字幕与动感音乐，效果几可乱真。

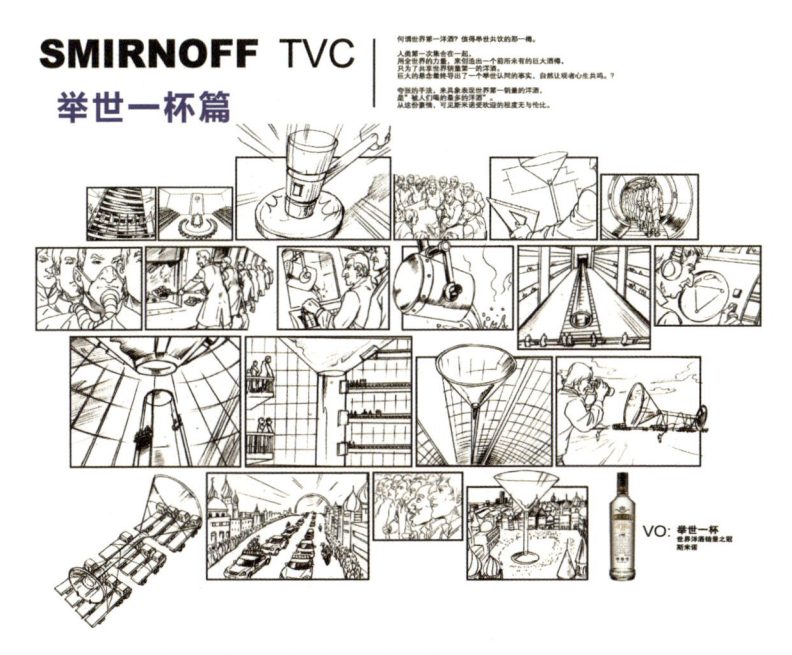

斯米诺伏特加电视广告脚本"举世一杯篇"，来自SHINE广告公司

301

广告
文案
The Power of Words

太湖水啤酒电视广告脚本"回家篇",来自盛世长城国际广告公司

分镜头脚本

分镜头脚本,是广告片拍摄及后期制作时的参考脚本。它也是导演进行再度创作的实际需要,一般由广告片的制作执行团队来撰写、绘制。在分镜头脚本中,序号、景别、画面、音效等各项元素必须标得非常清楚,因为它对最后的质量起控制作用。拍摄时必须严格遵照此脚本执行,因为任何一点改动,都有可能引起制作成本的变化。

最常用的电视拍摄术语

在撰写电视广告文案时,你得经常使用一些基础的术语。它们用来描述镜头与被拍摄物之间的距离、镜头的转换方式等。借助这些通用的视频术语,可以让你跟合作伙伴(美术搭档、制片或者导演)之间的沟通更顺畅。以下包括最常用的电视制作专业术语,如果你想更详细地了解这方面的知识,建议阅读有关视频拍摄与制作的专业书籍。

大特写(Tight Close Up,TCU):镜头将观众拉到非常近以致细节分毫毕现的地步。这种手法经常用于画面主体的某个部分,比如产品名称或商标。

特写(Close Up,CU):将镜头瞄准被拍摄主体或主体的一部分,将不相干的细节省略。比如不只拍摄人物的嘴唇,而是包括整个一张脸,有时还有头和肩膀。

中镜头(Medium Long Shot,MLS):在这种镜头中,被拍摄主体的重要性减弱,好像镜头从特写的位置上又往后退了几步。镜头中有其他物体,并且能看到其他物体与主体的相对位置关系。

长镜头(Long Shot,LS):这种镜头通常起"铺垫"作用,一般涵盖着若干个物件,比如模糊的人形或整个房间的布置。在室外,往往使用长镜头来表现树的全貌、湖的一部分以及个体的人。

特长镜头(Extreme Long Shot,ELS):作为广角镜头,它可以拍下一大片沙漠、群山或湖水的全貌;可以分辨出人,但是不再作为拍摄主体。这种镜头也对后面的叙事起铺垫作用。

蒙太奇(Montage):将几段不同的画面合在一起,构成一个另外的情节。有时,时间的过渡可以用画格的快速播放来表现。

同期声(Sync Sound):在拍摄的同时记录声音,主要用于现场对话。

音效（SFX）：Sound Effects 的简称。

字幕（SUPER）：在画面上叠加字幕，用以说明或强调。

尾板（Ending Cut）：又称为标板，出现在广告片的最后，用于表明这则广告的广告主是谁。一般包括企业标志、品牌标志、广告语、网址或热线电话等。最重要的就是品牌名，其他的元素一般不会出现太多。

回马枪：指的是广告尾板结束后，突然跳出来的一段与之前情节相呼应的内容，通常持续 2~3 秒钟。它较多地用于幽默类广告中，犹如一招回马枪，让误以为广告已经结束的观众，产生强烈的记忆度。

A-Copy：第一次剪接或者混音的版本。

B-Copy：第二次剪接或者混音的版本。

FADE（IN/OUT）：镜头淡出（FADE OUT），转下一个镜头淡入（FADE IN）。

电视广告文案的检核

时间问题

电视广告的时间 一般为 30″、15″、5″，长的有 60″、90″。现在随着媒体灵活性的增加，也出现了 10″、20″、45″等不同的篇幅。

一条 30″ 的电视广告，最多 90 个字 匀速朗读的话，每秒钟 3 个字为宜，再快就容易听不清。写完旁白后，你可以对着秒表，用广告中的真实语气多读几遍，要把音乐、音效以及呼吸停顿的时间空出来，看能否在规定时间内读完。

沟通问题

句子是否足够简短？足够口语化？

是否在画面描述上花费太多笔墨？

是否对有些画面进行了必要的解释，使受众没有任何困难看下去？

是否还有多余的转折词汇，如虚词、感叹词？

是否对商品名称做了必要的、明确的表述或重复？

实战演练：

1. 电视广告的优势和弱点分别是什么？

2. "回马枪"是什么意思？请举例说明。

3. 请以"反盗版，尊重知识产权"为主题撰写一则电视公益广告，要求遵照电视广告文案的标准格式。

第十二章

耳听为实
怎样写广播广告

广播广告及其媒体

如何讨好他们的耳朵

广播广告的类别一览

声音写作的 4 个要点

广播广告检测技巧

广播广告及其媒体

什么是广播媒体

广播电台，是通过导线或者无线电波，传送声音符号的电波类媒介。

它的正式播出，始于 1920 年。在近百年发展历程中，广播媒体曾几度受到冲击，由于电视媒体和互联网的崛起，造成全球电台收听数量锐减。但是，它凭借传播快捷、收听方便的特点，仍与其他媒体并存了相当长的时间。今天，凭借互联网和人造卫星的技术应用，新一轮的电台热情被重新激发，21 世纪的广播文化，正以一种新的形态复苏。

传统的广播媒体，分哪些类型

广播媒体按照传输方式，有无线和有线之分，传统的城市媒介主要是无线广播。

如果按照电波的波长划分，有短波 SW、中波 MW 和长波 LW。

按照调制划分，有调幅 AM 和调频立体声 FM。

按照内容划分，有综合台、新闻台、文艺台、音乐台、交通台、体育台等类别。

网络电台 + 卫星广播 = 听觉新浪潮

撇开传统无线电技术的波段束缚，利用互联网数据流的网络电台，以及依靠卫星覆盖的广播，正成为新世纪的媒体新宠。

所谓网络电台，就是"搭建"在网络上的电台。它没有发射塔，也不用笨重的编录设备，收听它也用不着收音机——你只要坐在电脑前，通过互联网就能听到节目内容。

与传统电台比较，网络电台的优点非常明显：它拥有海量信息，并可对这些信息进行重组、分类，实用性更强；同时，响应更快，它的实时报道能力远胜过传统媒体。它还具有多媒体优势，实现了真正的互动式传播。

遍布全球的网络电台，属于个人、团体、商业机构的都很多，不少网络音乐广播节目的质量很高，足以成为正规电台的替代品。我曾经参与创办的 24 小时网络电台"电音中国"（www.udancecn.com），下设电子、嘻哈、摇滚三大频道，拥有数十万名听众。

除了互联网上的电台浪潮，美国 XM 卫星广播公司 2001 年发射的两颗卫星，也在传播着新的广播福音。XM 卫星广播最早是特供给凯迪拉克高档汽车上的，一经推出就被《财富》杂志推举为当年年度创新产品，专家们都预测这项技术可能带来更加深远的影响，并称之为 1960 年出现 FM 以来，广播技术真正的实质性飞跃，就如同 AM 之后的 FM 时代一样，新的未来，是 XM 时代。

广告
文案
The Power of Words

如何讨好他们的耳朵

广播广告的定义

广播广告,是通过广播媒体传播的广告形式。它通过声音传播,诉诸人的听觉,带来更大的想象空间;传播内容稍纵即逝、不可选择。它的长度规格,一般为 60″、30″、15″、5″。

广播广告的三个特点

"听者无心"

广播媒体的最大特点就是属于一种"伴随性媒介"。听众大多处于非专注收听状态,或者说"半收听状态",比如阅读、驾车、吃饭、钓鱼、做家务时,他们是浮躁而漫不经心的,只是把广播当作进行其他活动时的一种背景声音。

"有声无形"

与印刷媒介相比,广播广告有着先天的缺陷——只有声音,不能产生

直观的形象,因此也就无法像报纸杂志那样,将产品、服务直接呈现给消费者;对于一些功能特征相对复杂的产品,就比较无力。不过从另一方面来看,单一的声音符号,也意味着较大的想象空间,可让听众展开丰富的联想。

"转瞬即逝"

广播广告和电视广告一样,发布时间都非常短暂,前后又有其他广告的音响效果夹攻,分散着听众对它的注意力。据调查,声音进入人耳后一般只能在大脑中保持数秒钟,而且正确信息会随着时间推移越来越少。

如何创作广播广告?

创作广播广告的方法,与其他媒体广告别无二致:你务必首先研究广告策略,在策略的基础上去思考。不同之处在于,你能用的元素只有一个:声音。也正因为这一点,很多人认为广播广告的创作难度最大。其实,你完全可以把这点当成优势,正因为只有声音元素,你就能回避掉画面的局限,运用各种技巧,创造出独特的声音形象与气氛,让广告信息随着听觉快感,直达受众内心。

好的广播是有"图像"的。 动用一切的声音手段,抓住听众的注意力,让声音穿过他的耳朵,激发想象。比如动感的音乐,鲜活的、带有明显特征的环境声,也可以通过改变人物语调来夸张个性,可以高、可以低,可以快、可以慢,变化无穷。

将广告"要点"降到最低。 人脑无法通过耳朵吸收太多资讯,因

广告文案
The Power of Words

此要尽量使用简洁、单一的概念，才能让人记住。要使用熟悉的、通俗的语言，采用容易被听众理解和识别的词汇和语言。

根据特定的媒介时间、地点来创作。清晨、午休、睡前，上下班时间，是广播广告的黄金时间，很多电台都把重要节目放在这个地方，你可以根据不同时段的特征来创作内容。

广播广告文案的基本格式

名称：×品牌×产品 广播广告"××篇"

时间：30″

版本：第×版（日期×月×日）

内容：对于情节的描述

旁白：人声语言部分，必要时可针对声音描述，如40岁左右的成熟男声。

音效：声音特技，如"吱呀"一声门开了、"突然一个急刹车"。

音乐：背景音乐，如德沃夏克的e小调第九交响曲《自新大陆》。

logo：结尾处出现，标准的企业声音标志。

广播广告的类别一览

独白式

这种形式，只有播音员一个人在独自讲话。你可以运用的工具有三个：人声（表意）、配乐（表情）、音效（表真）。人声最重要，它让听众知道这条广告到底要说什么;配乐,要与主讲内容的情绪相匹配;音效,增加一种真实、生动的感觉,让独白不会那么单调,也可以交代背景环境等。

案例 CASE

道酒广播广告 15″ × 3

道酒 "朋友篇" 15″

一诺千金,坦诚忠义;

知无不言,闻过则喜。

有难同当,同舟共济;

雪中送炭,贫贱不弃!

道可道,非常道;朋友之道,尽在道酒!

道酒 "养身篇" 15″

色如琥珀,香气馥郁;

醇厚甘爽,回味无比。

外柔内刚,温润表里;

过则伤身,小酌有益。

道可道,非常道;养身之道,尽在道酒!

道酒 "传统篇" 15″

源起春秋,古越传奇;

广告文案
The Power of Words

国之瑰宝,酒中瑾瑜;

尊崇历史,传承绝技;

道行天下,中华崛起!

道可道,非常道;传统之道,尽在道酒!

对话式

对话式广告,要在数十秒甚至更少的时间里,用对话交代一个相对完整的小故事。我将它们分为三段:开场——用音效或旁白介绍一个简单的场景;内容——围绕产品展开戏剧冲突;结尾——揭开谜底,告知对问题的解决方法,或者广告主角直接出现。对话式包括两种:日常对话式和表演对话式。

日常对话式

案例 CASE

例1　新浪分类信息"意外篇"30"

背景声:嘈杂、喧嚣的集贸市场

男甲:"哎,你这劳斯莱斯怎么卖?"

男乙:"4块6!"

男甲:"行,来一辆!"

男乙:"好咧,收您5块,找您4角!"

女:"给我来一栋海景别墅吧!"

男乙:"12 块 8!"

女:"便宜点吧!人家都卖 11 块了!"

男乙:"存心要的话,10 块钱拿走!"

(喧闹声渐轻)

男声:"在缤纷多彩的信息超市,什么意外都有可能!

新浪分类信息,万千资讯一网打尽!"

作品来自奥美广告公司,2001 年

例2 摩托罗拉 T191 手机歌曲下载 "吃醋篇" 45"

手机铃音响起,好像是一首熟悉的流行歌曲。

女孩敏感地问:"谁的?"

男孩一边接电话,一边不以为然地回答:"王菲的。"

手机铃音响起,又是一首熟悉的流行歌曲。

女孩敏感地问:"谁的?"

男孩一边接电话,一边不以为然地回答:"张惠妹的。"

男孩好像又想起什么,激动地说:"你知道 FM97.4 '全球华语排行榜'吗? 在 10 月 1 日到 12 月 31 日,只要登录 www.motorola.com,就能将最新上榜的十大金曲下载到我的摩托罗拉 T191 手机里,成为手机铃音!"

广告
文案
The Power of
Words

女孩有点生气："没问你这个！刚才是谁的电话？！"

男孩尴尬地："这个……"

例3　SUNDAY电讯 广播广告"打错篇"30″

甲："喂，妈，最近还好吗？波士顿天气冷了，小心身体。"

乙："我很好。但是你爸爸又去见那个女人，几天没回家了，呜……你要乖一点呀，阿明。"

甲："阿明？我是阿强呀！妈，你别吓唬我，自己儿子的名字也忘了！"

乙："阿强？我的儿子叫阿明，你不是我儿子？"

甲："什么？我不是你儿子？！莫非我是那个女人生的？你养育我这么多年，让我三十几岁才知道自己的身世，你不觉得很残忍吗？啊，怪不得移民也剩下我在香港！"

乙："我儿子才二十岁，你究竟是谁？"

甲："噢，我又拨错号码了……（人声渐弱）"

男旁白：Sunday 1622，每逢Sunday免费拨去美加，拨错号码也没有损失。查询请电：21138000。

表演对话式

案例 CASE

中兴百货春装上市"对问篇"30″

男："脚，为了什么存在？"

女:"鞋子。"

男:"手,为了什么存在?"

女:"袖子。"

男:"空间,为了什么存在?"

女:"家具。"

男:"身体,为了什么存在?"

女:"衣服。"

男:"很好,继续!"

女:"三日不购衣,便觉得面目可憎;三日不购物,便觉灵魂可憎!中兴百货春装上市!"

男:"还有二楼国内外设计师女装全新曝光。"

组合式

平淡无奇的对话广告,极易引起受众的听觉疲劳。因此,广告创作者试图借助各种艺术形式,为作品添油加醋:相声、小品、评书、快板、地方戏、广播剧、诗朗诵、顺口溜、侦破故事、有奖问答、明星演说、新闻、气象预报等,只怕想不到,没有做不到。

这类作品对文案的要求极高,因为它要求模仿某种特定的艺术形式,而且要学得原汁原味,让听众以为真有那么一回事。比如某越野车的广播广告,曾邀请评书泰斗单田芳先生,以播讲《三国演义》的口吻,来描述产品跋山涉水的特性,单先生老练苍劲的声线,铿锵有力的专业表演,与品牌气质浑然一体,堪称一绝。

广告文案
The Power of Words

案例 CASE

例1 中国移动"彩铃唱作"大赛广播广告 "评书篇"30″

男:"话说'彩铃唱作先锋'总决赛,男的、女的、老的、少的,彩铃英雄各占一方!只听仓啷啷一阵响亮,彩铃英雄各拽兵刃,什么带弓的、带弦的、带哨的、带键盘的、带喇叭的、带铃铛的、带效果器的、带麦克风的,全亮出来了……要问彩铃创作先锋最终谁属,手机拨打12530,或登录www.12530.com投票,您自然就知道!投票就有机会获得摩托罗拉M7手机。中国移动通信。"

例2 招商银行信用卡广播广告"信用52"系列之一 30″

热烈的掌声……

男(语速快,刻意模仿CCTV"幸运52"主持人李咏):

"信用52,谁都会有机会!请听题!"

男:"公司派王经理紧急出差去纽约,王经理忘了带外币,为什么一点不着急?"

"嘀!"

B抢答:"他有亲戚在那儿!"

"错!他在纽约无亲无故。"

"嘀!"

A抢答:"他去唐人街办事!"

"错!唐人街也要用美金。"

318

"嘀！"

C抢答："因为他有招商银行信用卡，出国就能刷外币！"

男："恭喜你，答对了！招商银行信用卡，一卡双币，全球通用！拥有，才有价值！"（热烈的掌声）

例3 黑劲牌电吹风"相声篇"

甲："问您个问题"

乙："你问吧。"

甲："你喜欢吹吗？"

乙："你才喜欢吹呢！"

甲："你算说对了，我的名气就是吹出来的。"

乙："是呀！"

甲："我会横着吹，竖着吹，正着吹，反着吹，能把直的吹成弯的，能把丑的吹成美的，能把老头吹成小伙儿，能把老太太吹成大姑娘啊！"

乙："嗬，都吹玄了！"

甲："我从家乡广东开吹，吹过了大江南北，吹遍了长城内外，我不但在国内吹，我还要吹出亚洲，吹向世界！"

乙："你这么吹，人们烦不烦哪？"

甲："不但不烦，还特别的喜欢我，尤其是那大姑娘、小媳妇，抓住我就不撒手啊！"

乙："还是个大众情人！请问您尊姓大名啊？"

甲："我呀，黑劲风牌电吹风。"

乙："咳，绝了！"

音乐式

这里指的不是简单的背景配乐,而是将整条广告做成歌曲或音乐形式。创作人将产品或服务的卖点、属性、名称、功能等,一并融入广告歌词里,让受众在哼唱中容易记忆,更便于流传。

在广播广告中,音乐绝对是一种屡试不爽的好方法,它惹人注意又令人难忘。流行、民谣、古典、爵士、说唱、摇滚……不同的曲风,赋予文字新的意境,制造出与产品相关的气氛和形象,比如,街头说唱的激情节拍,适合动感地带、可口可乐之类的年轻人品牌;浪漫轻快的巴萨诺瓦(Bossa Nova,拉丁味道的爵士乐),引发一种对异国情调的遐想,正适合旅游产品或休闲零食。豪车凯迪拉克,曾专门制作一档电台节目叫"凯迪拉克当代爵士新风",使百年品牌的王者气势与当代的经典艺术之间,激发出一种奇妙的火花。

案例 CASE

例1 动感地带"大学生街舞大赛"广播广告"视力篇"30″

(声效:笃、笃、笃……敲打视力表的声音)
女甲:左,右,左……看不清了。
女乙:左眼1.0,右眼1.2,下一个!
男甲:右,右,右,Yo—Yo—Yo—Yo……
(街舞节奏响起,男生的说话声,转眼变成了嘻哈说唱)
男乙:这个10月,大学生街舞挑战赛,Yo—Yo—Yo,又来啦!

第十二章　耳听为实——怎样写广播广告

甭管班长、学委还是校花，Yo—Yo，"以舞会友 3"，现场见！ Yo—Yo！动感地带，我的地盘，听我的。

例2　全球麦当劳广告主题歌——我就喜欢（演唱：王力宏）

你喜不喜欢看见老朋友的新把戏？

你喜不喜欢说笑话给自己听？

你喜不喜欢 30 年后还是跟现在一样年轻？

怎么让你更喜欢自己呢？

就是 4 个字　我–就–喜–欢！

只要你喜欢

心情有多好就有多年轻

世界有多大就有多好玩

你知道我最喜欢什么吗？

我真的真的最喜欢——麦当劳

我就喜欢——让我的她一直笑一直笑

没什么比这个更重要

我就喜欢——别担心我会小心

下次一定会搞定你放心

……

麦当劳广告

广告文案
The Power of Words

例3 《梦，发声在心中》——上海设计之都 创意人联合发声之歌

原曲：《爱，因为在心中》

歌词改编：乐剑峰

A段：

当我仰望星空每一天，

都会疲惫自豪揉揉眼，

这平凡世间，因为我们而改变。

就算时光匆忙难见面，

渴望沟通的心没界限，

让浦江的风，传播独特的新鲜。

少了几个星期天

换来几对黑眼圈，

一起并肩，将白日梦都实现。

有过坚定又纠结

忘了苦痛又喜悦，

谁叫我们，天生爱挑战极限。

（合唱）

抬抬头，看世界多灵动，

因为经历各不同，

管它失败成功，

只要做好自己，都是英雄。

梦,发声在心中,也在你我手中,
穿越不同时空,
能够让我们分享,彼此的光荣。

B段:
昨天是你刻画的经典,
明天有他观点更惊艳,
舞台无处不在,欢迎来超越。

灵感就像病毒会传染,
汉字突破国界才够范儿,
我们信仰设计,是另一种语言。

下班赶上早高峰,
咖啡配着热小笼,
不来魔都,这种激情你不懂。

头脑经历了风暴,
孤独就像个玩笑,
就算不在一起,也能够拥抱。

(合唱)
抬抬头,看世界多奇妙,
因为用心来创造,
我们灵犀相通,
无论东南西北,都会相逢。

广告
文案
The Power of
Words

梦，发声在心中，也在你我手中，

穿越不同时空，

能够让我们分享，彼此的光荣。

（结尾）

每个梦，都发声在心中，

传递在你我手中，

管它失败成功，

只要做好自己，都是英雄。

梦，发声在心中，

穿越不同时空，

听过的人都懂，

我们始终都是最特别的人种。

声音写作的 4 个要点

广播广告的创意和制作，对于文案人员的依赖比较重，而与美术指导基本没有关系。文案撰稿人在创作广播广告时，可遵循以下 4 个要点：

1. 易说和易懂

2. 语气和节奏

3. 音乐和声效

4. 重复和强调

易说和易懂

完全不同于印刷媒体广告，写就的广播文案先要让配音员好念，再要让听众好懂，而不在乎字面上有多漂亮。在文稿中，任何一个难读的词，都会阻碍播音语速的"顺畅前进"，而对于那些"半收听"状态、注意力涣散的听众，用词当然越简单越好。

多多使用短词、短句。简练、短促、准确，让受众一听就明白；而那种长的、复杂的、精巧的文字描述，只会增加理解的难度。即使是片段式的句子也无妨，反倒能增添活生生的现场感。日常对话中，其实很多句子都不完整，甚至是"病句"，却完全不影响我们的交流。

避免难读的词、"生造"出来的词语。不要选择那些稀奇古怪的、拗口的词语。比如"饕餮"，常被用来形容"贪吃的人"，字面上看起来很有学问，但用在广播里就没几个人能听得懂。

避免书面语，尽量口语化。就拿我曾经创作过的一条促销广播稿结尾来说，最初写的是"喜欢Polo，何不今天就拥有！"，貌似押韵，但是也显得非常"广告化"，后来把它改成"喜欢Polo，今天就可以开回家！"

避免发音上有歧义的词。

案例 CASE

新浪广东站推广 "痛改前非篇"30"

背景：新浪网，在广东地区网民的心中，就像个一本正经的刻板"北叔"，一直得不到年轻群体的青睐。在这则广播作品中，我替"SINAMAN

广告文案
The Power of Words

新浪小子"（网站的卡通代言人）写了一封自我检讨书，向各位网友郑重反省，希望他们重新来关注被忽视的新浪，表明自己其实够醒目（smart），够潮流。

旁白：男声，十七八岁左右，嗓音略带青涩，带点哭腔

（普通话版）

各位广东网友，大家好，我叫新浪，是啊，大眼睛新浪仔！

今天，我向大家保证，我再也不会像以前那样了！

哪里有好吃的，让你尝尝先；

好看的衣服，随时通知你；

全广州最新鲜的事，最好玩的东东（东西），统统包在我身上！

还不信？上网看下吧：gd.sina.com.cn！

（粤语版）

各位广东网友，大家好，我叫新浪，係呀，大眼睛新浪仔！

今次，我向大家保证，我再也唔会好似以前哽样！

边兜有好食口既野，让你食下先；

有型口既靓衫，随时通知你；

全广州最新鲜口既野，最好口既野，统统包在我身上！

唔信？上网呔下先：gd.sina.com.cn！

想认识真正的新浪？10天内见分晓！

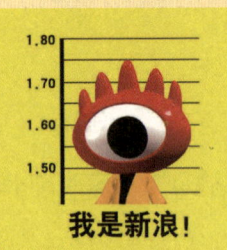

我是新浪！ 我才是！

作品来自奥美广告公司，2001年

语气和节奏

快节奏可以振奋人心，慢节奏可以强调重点，交替变化可以形成韵律感……好好地利用语言的节奏，能使广告信息更容易钻进听众的耳朵。不同的语速、情绪和态度，将给听众造成不同的影响，你需要整体调控，反复尝试。

写作时，注意角色的身份、对话的语气

在写完对话以后，要多念几遍，坚决删除不符合人物身份的语言，改得越真实越好。

如果有男女对话，要揣摩不同性别的特殊语气，寻找他（她）的感觉。如果选用名人，或者一些声线独特的播音员，比如葛优、范伟、小沈阳、唐老鸭（李扬）等，就要在对白的撰写中，尽量贴近他本身或者某个经典角色的气质。有时，几句口头禅，就可以迅速丰满人物形象，比如"相信我，没错的""治感冒，杠杠的！"。

标记的作用

录制时，在文稿上用一些标记或符号，标明整条广告的重点。

播音员在拿到你的文案稿后，会先试着自己理解里面的内容，然后通过发声、回音、语调、平衡等多种手段，来让声音的表情更为丰富。

如果，你还需要他们在朗读中传达出更多微妙的情绪，你就应该在稿纸上，用明显的标注记号，来帮助他们更快地得到文稿中的精髓，

广告
文案
The Power of Words

而不是只在录音前做几句简单介绍。

毕竟你是这则广告的创作者,没有人比你更熟悉它的来龙去脉。你有权让播音员知道,什么时候该快、该慢,什么地方该停顿、停多长时间,什么时候该一口气念完……在封闭的录音间里,播音员唯一依赖的就是手中的那张文稿。试想一下,当他声情并茂地表演之时,你觉得他还有精力去仔细地分辨哪个单词需要强调吗?

下划线或者**字体加粗**。一般情况下,播音员很容易判断句子中的哪些词语需要加重语气。但是,如果因为客户或者品牌原因需要特别强调某一个词,就需要为这个词加上下划线,或者加粗,来提醒播音员"时刻注意着"。

破折号。能产生一种语义上的递进关系,它比句号产生的停顿效果要少一些唐突。

省略号。能产生一种意犹未尽的暂停感。加在句子的结尾,能够引导后面的那句话快速接上;加在句子的开头,则表示,这句话是说话者深思熟虑过才讲出来的。比如以下的对话:

男:哎哟,胃病又犯了……

女:那可怎么办啊?

男:咳,几十年的老毛病了。

女:……有了,不如试试最新上市的胃炎冲剂!

案例 CASE

例1 中国移动通信 神州行——"群众篇" 30"

就说这手机卡，有一说一啊，我不挑号，号好不好是虚的，我挑卡！神州行，是吧，用的人多。这跟进饭馆儿一样，是吗，一条街上，哪家人多我进哪家，神州行，听说将近两亿人用，我，相信群众。喂！——神州行，我看行。

作品来自奥美广告，2003年

例2 中国移动通信 神州行——"实在篇" 30"

干我们这行，电话少不了。再早吧，呼机那会儿，回个电话满街跑。后来有了这个，电话跟着自己跑。一开始，也撒着欢儿用，后来理性了，电话多呢，弄个神州行套餐；少呢，用没月租的。还有这卡那卡什么的，多了。打电话就得讲究实在。喂！——神州行，我看行。

作品来自奥美广告，2003年

音乐和声效

在这里要着重讲的是音乐与声效的选择。好的音乐与声效，能够使听众的耳朵"一下子竖起来"，强化广播广告的"抓耳"能力。

音乐，从听觉上为品牌建立一种独特的气质

前面已经说过，不管是伴奏曲，还是广告歌，都能为内容本身增加感染力。其中，又以作品开场和结尾的音乐最重要，开场时悠扬的旋律或特殊的音色，能吸引人们集中精神听下去；中间的音乐渐弱或者淡出，为人声对白做辅助；最后，以号召性较强的音乐做结尾，比如用品牌统一的logo（声音的logo）作为收尾，强化听众的认知度与记忆度。

声效，让整个广告的听觉体验更为丰富

急促的闹铃，等于清晨的卧室；疯狂的警笛，一场追捕行动拉开了序幕；流水潺潺，鸟鸣声声，来到了青山绿水的大自然……不用任何语言说明，各种声效，可以将听众迅速拉入到一个你想让他进入的情景里。夸张的声效，更能使你的作品脱颖而出，突破其他广告的"前后夹攻"。很多时候，广播广告的创意，就是从声效开始发想的。

在创意中，尽量使用与产品有关的声效

汽车类广告常用：汽车喇叭声、引擎轰鸣声、刹车声等；啤酒广告常用：啤酒倒入杯子的声音、一饮而尽的爽快叹气声。另外诸如手机拨号声、机场里播报航班号的女声，都属于比较常用的声效。总体

第十二章 耳听为实——怎样写广播广告

上来讲,声效主要分 3 类:

1. 大自然:洪水、海啸、暴雨、雷电、动物叫等。

2. 物体摩擦:摩托车、火车、汽车、轮船汽笛、枪击、打快板等。

3. 人类活动:鼓掌、啼哭、尖叫、大笑、喘息、打斗、脚步等。

案例 CASE

例1 动感地带促销广播广告——"警报篇"

女:嘟,嘟,嘟,嘀……北京时间 20 点整。

(声效:急促的警报声突然响起……)

男甲:注意,M-Zone 人注意,这是动感专线先知,每晚 8 点开始,到次日早晨 8 点,通话费每分钟只要 1 毛 2,注意,这不是演习……

男乙:动感地带,我的地盘听我的。

男甲:(警报声)再重复一遍,每分钟 1 毛 2,这不是演习……

例2 洁尔阴 广播广告"课堂篇"

声效:教棒敲打黑板的声音

女老师:大家跟我一起念——央!(第一声)

学生们:央……(跟读声稀稀拉拉、无精打采)

女老师:阳!(第二声)

331

广告文案
The Power of Words

学生们：阳……（依然稀稀拉拉）

女老师：痒……（第三声）

学生们：痒！（情绪激动）

女老师：样！（第四声）

学生们：痒！

（情绪更激动，依旧齐声喊着刚才的"痒"）

（音乐起）

女声：痒？就用洁尔阴洗液，恩威药业。

数字和品牌（重复和强调）

广播广告稍纵即逝，所以，最重要的诉求信息，应当反复强调。

电话和网址，最好重复一遍

广播广告只是起一个提醒的作用，它需要让消费者借助其他媒介来深入了解产品，比如电话咨询或者网络搜索等。

这类信息，如果只念一遍的话，会让大多数人都记不住，因此十分有必要重复或刻意强调，让听众听得清楚、记得完整。

需要强调的内容，一般还包括：（1）品牌、企业名；（2）热线电话；（3）网址；（4）特价促销信息。

品牌和产品，应该早点出场

别忘了介绍你的产品和广告主，越早越好。广播广告不像电视或者平面媒体，要想让人们清楚你是谁，只有想方设法让他们清楚地"听到"，甚至不止一遍。

案例 CASE

招商银行信用卡 广播广告系列

"买电器篇" 30″——卖点：新

背景：电器城里，导购小姐热情地推荐着一款款新上市的电器，而我们的主人公因为钱不够，只好尴尬地应付，一等再等……

（商场喧闹的气氛）

女："先生，这是最新的等离子彩电，优惠价两万六……"

男："呃……等过年再买吧。"

女："那您看这笔记本，奔4的，才一万八……"

男："等奔5出来再说吧。"

女："您再看这彩屏手机，有心要，四千元拿走……"

男："再等等吧……"

（音乐起——）

女声："今天能拥有，何必要等那么久？

招商银行信用卡，先消费后还款，想用就用。

拥有，才有价值。"

"机场父子篇" 30″——卖点：双

背景：儿子第一次出国，爸爸掏出积蓄多年的美金，想给儿子防防身，谁知儿子早带上了国际通用的信用卡，有备无患……

（机场嘈杂的环境声）

父："头一回出国，凡事要小心啊！"

广告文案
The Power of Words

子："放心吧，爸爸！到了就给您电话。"

（"唏唏嗦嗦"父亲好像从口袋里掏出什么……）

父："这些美金你拿着，出门在外，多带点有备无患。"

子："不用，我有信用卡！"

父（疑惑地）："哦？你那信用卡出国还能用？"

（音乐起——）

男声："出不了国，还谈什么信用？！

招商银行信用卡，一卡双币，全球通用。

拥有，才有价值。"

"审问篇" 30″ ——卖点：免

背景：阴沉的背景，紧张的气氛，有人一脸怀疑，对你的身份进行严肃的盘问，还要你交一大笔保证金……难道申请一张信用卡，真的那么可怕？

"嘭、嘭、嘭、嘭……咚！"（沉重的脚步声从远到近，坐定）

女（严肃地）："姓名？"

男："刘小苗。"

女："职业？"

男："软件销售。"

女："有过不良记录么？"

男："呃……绝对没有。"

女："谁担保？"

男父："我！"

女："你跟他什么关系？"——男父："我是他爸！"

女："钱带了么？"——"嘭！"厚厚一叠钱落在桌上。

女:"等通知吧!下一个……"
(音乐起——)
男声:"办张信用卡,何必那么麻烦?
招商银行信用卡,免担保人免保证金,轻松享用。
拥有,才有价值。"

广播广告检测技巧

将你写的内容大声、动情地读出来

观众或者听众,最后听到的是声音,而不是你纸面上的文字。所以检测你写完的广播广告,有一个重要法则,就是把要用来广播的文字,真实地朗读一遍。如果办公室不方便,就走到门外或走廊上去。

在你朗读的时候,在语速、音调以及表情上,都要像一个真正的播音员。不要害羞,如果你的文稿经过这项"仿真朗读"的考验,并据此得到优化,就会大大地避免配音演员在临场朗读时的磕巴现象。

准备一个秒表,用来控制时间

有限的广告时间,决定着有限的文案字数。一般来说,正常语速是每分钟180字,1秒钟3个字。不要超时,也不要太短,一旦发现不行就要提早调整。

你可以对着秒表来念你的文案,用你希望的真实语气,还要为音乐、音效,以及句子、词语间的呼吸停顿留出时间。要注意利用这些

广告文案
The Power of Words

间隙，它们就像音乐中的休止符，虽然不发声，却可以起到意想不到的作用，传达出紧张、松弛等各种情绪。

头脑风暴：

1. 如何理解广播广告的 3 个特点？
2. 请回忆一则令你印象深刻的广播广告，并说出它为什么吸引你。
3. 请以"动感地带街舞大赛"为主题撰写一则广播广告，要求遵照广播广告文案的标准格式。

第十三章

常变常新
怎样写网络广告

新媒体，创造新机遇

如何策划不同风格的网站文案

如何撰写电商类文案

H5 文案：豪华版的移动端广告

新媒体，创造新机遇

看电视、翻杂志、听电台，或者逛街，是我们以前的休闲方式，也是传统媒体接触、影响大众的主渠道。但近年来，随着生活全面步入网络化、移动化，社会的整体传播结构已经全面改变。网站、微博、微信朋友圈、各类App软件，占据了我们的主要时间，把控着我们的信息入口。

随着互联网技术的发展，大数据时代的到来，为品牌实现精准营销提供了可能。传统广告强调的整合营销，开始大幅度转向以"数字营销"为核心进行辐射，即充分利用数字平台与资源，对包括传统媒体在内的多种渠道进行扩散，品牌以创新的传播形式，激发受众接受信息的方式从"被动"转为"互动"。

对于文案工作而言，一直具有"强概念、快执行、重沟通"的特点；在如今的新媒体领域，它迎来全新的挑战与机遇。为了便于说明，我将包括电脑、平板、手机、互动屏幕等区别于传统媒体的渠道，统称为"新媒体"。新媒体的崛起，对广告公司的快速响应能力、技术开发能力及对优质内容的出品能力，提出了更高的要求。近年来，以文案内容来主导创意的品牌战役比比皆是，如：加多宝"对不起"战役、"凡客体"战役乃至杜蕾斯、锤子手机等品牌的精彩表现，让文案一再地成为行业乃至社会公众的关注话题。

网络媒体的特性

覆盖范围更广，受众细分程度更高。 虚拟的互联网，突破了个人所能接触的有限空间，将世界各地的人们前所未有地连接在一起。人们在更广阔的世界范围内找到自己的同类，并根据兴趣喜好、生活态度等指标形成社群。

爆炸性的信息容量。 铺天盖地的信息向大众涌来，好处是你想找的信息可能都在，坏处是你得花大量时间才能筛选出匹配的信息源，辨别真伪的难度增大。

信息传递的交互性。 网络消除了信息的"不对称"，以往掌握信息的主流媒体不再占有绝对优势；"我推送、你阅读"的单项沟通模式，需要转变成与受众进行平等、双向的互动。

视听效果的综合性。 文字、图片、视频、音频的全面运用，大大丰富了受众接受资讯时的综合效果。互联网上的广告创意，以强烈的形式感与互动性，激发受众的兴趣及参与。

新媒体时代对文案写作的三个挑战

挑战一： 在数字媒体时代的信息海洋中，如何获得受众宝贵的注意力？当屏蔽广告的权利掌握在读者手里，如何让他们接收你的内容，进而自发传播？

广告
文案
The Power of
Words

挑战二：新媒体文案应该遵循传统文案写作的规律，还是重建一套适合网络平台的思维？

挑战三：传统文案可花上数周去推敲一句广告口号，而新媒体文案却要在几小时内创造热点话题。如何在保证质量的同时，提高出品速度？

其实，新时代对广告文案所提出的全新挑战，远不止以上三条。新媒体的传播方式与进化速度，相较传统的媒介平台，不可同日而语！常规的文案创作，无外乎配合电视、报刊、户外、广播等这些大家耳熟能详的媒体形式来写作，抓住"冲击力、趣味性、价值感、戏剧张力、对受众心理的洞察"的标准即可。而新媒体的文案，随时要面对的是发布载体与沟通风格的变化：网站文案、电商文案、微博文案、微信文案、H5页面（html5）文案等。层出不穷的广告新形式，缺少共通的规律，当每种新的平台出来，文案写作者都需要重新审视，重新定义品牌与受众的沟通语境。

如何策划不同风格的网站文案

网站，就像是企业或品牌在互联网世界中的大本营。今天，如果哪家企业没有自己的官方网站，是难以想象的。对企业而言，它是客户以及传播对象，最快捷地认识品牌、信任品牌的必要方式。网站的文案，既包括对网站的定位进行整体思考、对栏目框架进行创意规划、对视觉系统进行调性把握，也包括对整个网站内容库的材料收集、撰写和编辑，以及对日常信息的发布更新等工作。

需要根据不同的品牌风格，来策划网站栏目。

企业平台风格

除了域名之外，网站栏目是进入网站后的第一级入口，它明确显示了平台细分的不同版块，方便受众在第一时间查找自己感兴趣的项目。企业、品牌类的官方网站，栏目分类一般分两种：

根据企业传播信息的主次版块来设置

代表网站：宝洁、强生

网站的栏目设定，通常在"导航条"上一览无遗。它相当于整个网站的骨架，一个明确的版块结构，可以使用户在第一时间找到所需的信息，实现良好的阅读体验。

栏目的命名风格，与网站的定位、针对人群，以及需要达成的传播目标有很大的关系。如果是风格正式的企业官方网站，通常追求直

图片来自宝洁公司中国官网

接明了即可，不必过多修饰。无论内容多么丰富，每个栏目的设置，还是必须清晰地展现网站各部分的内容，让人一目了然。如：企业简介、品牌产品、企业文化、品牌故事、最新资讯等，都是较多用于常设版块的栏目名称。

宝洁中国官网可以视为"企业平台风格"的典型代表。首页的大图中，一对亲昵的父女，表现了企业关于消费者生活的美好愿景。标题栏分别呼应前述的栏目设计框架："关于我们（企业简介）—品牌产品（主打产品）—宝洁创新、企业责任（品牌故事）—新闻与观点（企业资讯）"；蓝色的二级导航条列明："首页—宝洁招聘—联系宝洁—新闻会客室—搜索"等内容，在满足常规功能的同时，也凸显出宝洁对人才的重视。

根据不同的产品线划分不同版块

代表网站：苹果官网

图片来自苹果中国官网

第十三章 常变常新——怎样写网络广告

苹果官网,以品牌旗下的产品类别,来划分版块栏目。标题栏涵盖"iPhone—iPad—iPod—iWatch"等一系列苹果旗舰产品,具有鲜明的销售导向。简洁大方的文案与设计风格,清晰直观。

品牌个性风格

网站首页的画面与栏目设定,体现了品牌想要传达的基调。就像一个人的形象与语态,让对方对你形成直观的感受。对个性鲜明的品牌与产品而言,它的栏目命名应该与品牌精神一脉相承,无论是人文情怀,还是潮流趣味,简短精妙的栏目命名,能传递出品牌特有气质,让用户为之惊喜,也绝对体现文案的功力。

文化味——台湾掌生谷粒官方网站

台湾农业官网"掌生谷粒",名称谐音"掌声鼓励",别有深意栏目命名"晴耕雨读""熟客赶时间""田边俱乐部"等,既有功能导读,也传递出文化底蕴

网站栏目名:有乡下味的米、喝采茶作、秘密花园、时光的滋味、田边俱乐部、喜事好事要送礼,图片来自台湾掌生谷粒官网

343

格调味——Jonnie Walker 尊尼获加中国官网

网站栏目名：KEEP WALKING、我们的品牌和传承、与迈凯伦车队、精彩活动、尊邸朝圣

Jonnie Walker 苏格兰威士忌官网，作为全球闻名的品牌，历史悠久且品味高贵，故而官网风格保持成熟优雅的格调；图片来自 Jonnie Walker 尊尼获加威士忌中国官网

玩乐味——李维斯中国官网

李维斯牛仔官网，以#活出趣#为主题画面，整体视觉风格清凉爽快，强化当季主打产品的卖点；明星形象与青春造型，传递出牛仔品牌的不羁性格。图片来自李维斯服装中国官网

网页引导语，细微之处显个性

网站的浏览过程，本质是一次全面的用户体验。有经验的文案，会在每一处文字出现的场景下，考虑用户的感受，用心去和对方沟通：不管是"页面加载""登录成功"，还是一些常规的提示语，如果能借机创造出一些有趣的沟通，就能为品牌与用户之间增加情感的联系。

例如提醒用户注册的邀请语

果壳网：现在加入果壳，一起记录科技新时代；

暴走漫画官网则采用"暴走漫画"字样+厕所卷纸的方式来表现。

图片来自暴走漫画官网

例如网页宕机、页面维护期间的提示语

知乎的文案：服务器提了一个问题，我们正在紧张地撰写答案……

饭否网站的文案——《在饭否维护期间你可以做的30件事情》：认认真真刷15分钟牙；熨衣服；煮方便面，加个鸡蛋，甚至加点虾皮……

广告
文案
The Power of Words

如何撰写电商类文案

　　电商平台，是一个全然不同的互联网生态环境。要想在其中突围而出，就必须要用系统化的品牌思路去筹划。从淘宝到天猫，从亚马逊到京东，优秀的电商企业层出不穷。一个系统化的电商平台，离不开文案所构建与传递出来的品牌文化；如果要提高电商品牌的销售率，同样需要文案的沟通力。当我们登录"凡客""唯品会""小米""本来生活"这类知名的品牌电商网站，你会发现，在精美的网页、诱人的产品照片之中，走心的文字也起着非常关键的作用，它就像无声的导购员，打动消费者、并促使其做出购买决策。

文案像"导游"，带领受众身临其境，全方位感知产品

　　网购跟线下商家最大的区别在于，受众在购买前无法触摸实物。因此，文案就像一个耐心而专业的导游，带领消费者"穿越"屏幕，直观地表达产品的妙处。这部分的工作量体现在细致的"产品描述"上（通常也叫"宝贝描述"）。光靠文字的堆砌是没有用的，你需要完整、具象地把产品的特点、属性传达给消费者，最好再加上一点设计思维，用指示图的形式，让消费者对产品如同亲见般了如指掌、产生信赖。

图片来自Nike耐克天猫店

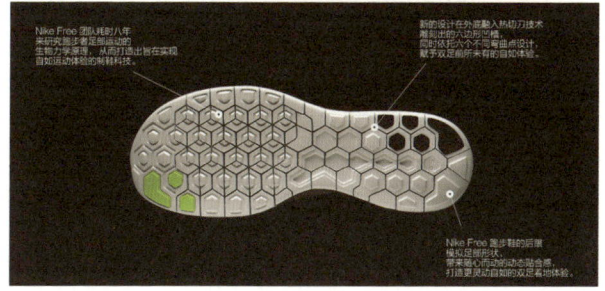

第十三章 常变常新——怎样写网络广告

耐克电商平台，某款运动鞋的宝贝描述，用技术化的语言描述每个产品亮点。图片来自Nike耐克天猫店

换位思考，让产品化身为解决用户问题的利器

如何在竞品林立的市场中突围而出？站在用户的角度去描述产品功能是个捷径。着笔前可以先换位思考，如这件产品可以解决用户的

图片来自锤子手机官网

347

广告文案
The Power of Words

哪类问题？如此，产品客观的属性就变成了化解用户困难的利器，而不再是陌生而冰冷的某个物体了。

锤子手机官网："康宁第三代大猩猩玻璃机身、坚固无比的玻璃纤维增强树脂……"当冷冰冰的工业配件加上新鲜的形容词，赋予用户更形象的感受；"接近完美对称、支持左右手操作"，将产品体验转换为用户的实际利益点，这种"干货"的描述方式体现了电商文案的水准。

为产品附上多样化的情感色彩

所谓"情怀"，实质是电商文案赋予产品的一种情感价值。该类文案多采用拟人化手法或散文式表达方式，文字节奏舒缓；也惯用讲故事的形式呈现品牌故事、产品制作过程以及将产品多样化的使用场景进行实景再现。

图片来自"本来生活"生鲜电商网站

生鲜电商网站"本来生活"文案：家简×厨。图片来自"本来生活"生鲜电商网站

给产品的优势特色来张"大特写"

同类产品中，消费者为何要选择这款产品？因为大品牌？质量好？优质的产品来源？贴心的包装设计？抑或是近期有促销优惠信息？紧抓产品的特色优势，并在醒目的位置上加以突出。

广告
文案

The Power of
Words

天猫品牌童装店 "巴拉巴拉" 促销行动。图片来自 "巴拉巴拉"
童装天猫店

巧妙借力竞品与热点，往往事半功倍

如果新品刚刚面市、影响力尚且不足，可以考虑"借力竞品"的策划思路，将知名度、认可度较高的对手作为"比附"对象。在文案的表达上，既可以用挑战者的姿态，强调"自身有、竞品无"的特色；也可以干脆退而求其次，大方承认自己排名第二，引起受众好奇与同情。让大牌为新品背书，让你的产品提升人气。

图片来自锤子手机官网

第十三章 常变常新——怎样写网络广告

锤子手机网站原文案为"东半球最好用的手机",后经调整,文案最终定型为"我们眼中全球第二好用的智能手机"。两款文案沿用同一思路,即使用了"东半球最好用"和"西半球最好用"、"我们眼中全球第二好用"和"我们眼中第一好用"的明暗对比。锤子手机巧借竞品"苹果",找到了产品文案的着力点。

苏宁易购"双十一"广告

2014年"双十一"期间,苏宁易购在多家主流媒体发布了名为"这个TM的双十一,你该多一个选择"的系列漫画广告(组图左边的画幅)。"差评被人肉"、"快递等半月"、"熬夜扑个空"等内容直指竞争

351

品牌的劣势，以此来突出自身优势。组图右边的画幅为网络"回扇版"（不确定是否为天猫所作），对于前者文案中提及的各点一一做出回应。两者广告的素材正取自于"妈妈再打我一次"网络热点。

> **漫画"妈妈再打我一次"**
>
> 　　2014年初最火的一组网络漫画。由某微博用户分享的一组四格漫画，内容主要为"学霸"女儿与妈妈之间的对话。由于画风模仿20世纪80年代的招贴画风格，且漫画本身戏剧张力足、谐谑效果强，故而引发受众的翻版创作热潮。
>
> "妈妈再打我一次"漫画原图

情感沟通的落点，指向营销目标

　　电商平台，让文案与销售的关联度变得前所未有的紧密。传统广告的传播方式，与消费者的购买行为普遍脱节，而电商文案的展示页与产品的"立即购买"按钮就在同一页面,这大大缩短了受众的选择时间,对文案的销售力提出了更高的考验。

图片来自未来生活官方网站

H5 文案:豪华版的移动端广告

网络技术日新月异,让品牌有大量的机会进行酷炫展现。H5,当仁不让地成为近年来移动端广告的热门应用。我们平时在手机里看到的、声画结合的"邀请函、轻型小游戏",都属于 H5 网页。

H5,其实是"Html 5"网页形式的缩写,本质上与我们

H5 技术成为热门应用

广告
文案
The Power of
Words

平时在 PC（电脑）端看到的网页（通常称之为 Html4）相同，是 Html 格式的高级版。相较常规的微信广告，它更可兼容音乐、视频和动画元素的插入。因此，H5 形式的广告，呈现方式更加丰富多元，堪称豪华版的移动端广告。

App "网易云阅读"为书籍《请把我流放到最美的时光里》制作的 H5 推广页面

H5 优势何在？

相比普通的客户端广告形式，H5 广告，的确是更为先进的广告载体。它将文字、图片、声音、动画效果精妙地结合起来，能够充分地表达创意理念。而且，H5 广告中逐页滑动、点击、翻阅的顺畅感，结合随时返回、点评的设定，相当于从视觉、听觉、触觉等多方面调动受众的阅读兴趣，与受众产生深度互动。

H5 广告可以在手机或 iPad（平板电脑）里直接观看，用户随时随地打开，又无须下载。用户即点即赏、随时转发，如果想要分享，只需一个URL（统一资源定位器）链接。这些都是其他广告形式所无法比拟的。

> 关于H5的声效，要么干脆静音，要么就做最专业、最好的声乐体验。所以我们放弃了用罐头音乐的简单拼凑，而直接和业内顶尖的、影视级的专业音棚与专业混音师合作。因为，音乐永远是击倒用户的第一发或最后一发子弹，需要加大火药量。
>
> ——H5策划高手

> **TIPS！**
>
> **如何免费快捷地制作精美的H5广告？**
>
> 苹果App Store以及安卓商店提供了大量H5的免费制作软件，比如"初页""易企秀"等。你可以将它们下载到你的手机，按照软件提示，选择个性化的模板，输入你所要表达的文案与图片，一则精美的H5页面就此诞生。

H5的四大功能

推广活动。 为推广某项具体活动而推出H5宣传页面，包括H5轻型小游戏、主题测试、精美H5贺卡、活动邀请函等。这类H5注重层层递进的逻辑，引导受众一步步参与，最终达到宣传活动主题、预告活动详情的目的。

宣传品牌。 由于H5可用的宣传素材多样，组合效果不亚于一个移动端的TVC，对于全面呈现品牌精神很有价值。因此，不少品牌也会借用这种新型的传播载体，以短片的形式向受众全方位呈现品牌风格。

介绍产品H5。通过文字、图片、动画等多种形式，动态地展现产品的亮点、优势，让受众对产品形成更加生动、具体的认知，而且便于转发分享。

报告汇总。汇总类的报告，过去常见于公司内部总结，如今众多企业也将其作为与消费者分享的内容，以借此增加受众对品牌的认知。H5因为兼具视听优势，又能转发传播，担当起企业形象宣传的重任。

H5文案撰写攻略

撰写H5页面的文案，应该成为新媒体广告人的必备技能。H5页面少则五六页，多则数十页，它的思考方法与文案形态，其实与"系列广告文案"的写作很接近，都是从一个核心概念出发，延展出数则广告画面，通过内容，逐渐积累起用户对品牌的兴趣与认知。我们试着用以下案例，来介绍下H5页面文案的策划与撰写技巧。

用系列广告的思维，来组织H5的页面文案

这是宣传电影《一步之遥》的H5创意"评什么爱姜文"，它列出导演姜文从影多年来的经典作品，以邀请网友打分的形式，激发互动。每一页画面，都是姜文的电影作品，画面右侧为电影名称，左侧为该影片的简介，底部则设置为评星的模块。常规的"前进/后退"键用繁体的"进""退"来代替，传递出电影所特有的文化感。

第十三章　常变常新——怎样写网络广告

《一步之遥》电影 H5 创意，作品来自 W 广告，2014 年

运用设计、动画、音乐等元素，营造文字的情绪、气氛

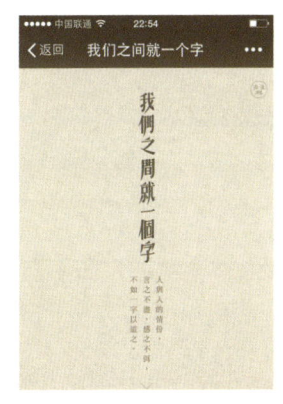

大众点评网广告

以大众点评网"我们之间就一个字"H5 广告为例。打开这则 H5，优雅的动画效果扑面而来，你会听到意境悠远的流水声、禅意十足的夜间虫鸣，而每帧画面中间只出现"一个字"：金、拼、赞……底部竖排的小字，对这些现代生活中的"关键词"做出独到的阐释。比如"赞"——"赞无用。你一边抱怨自己没有朋友，一边又为朋友圈多出的每

357

广告文案
The Power of Words

大众点评网广告，作品来自W广告，2014年

个赞积极回应，心里却念着那个从不点赞，只对你直言嬉骂的家伙。当她吼出：'只有我能骂你，其他人都不准'时，这样的损友，赞再多也不够。"整个H5以"聚"字结尾，提炼出广告主题：号召人们从虚拟网络中回归真实的生活，关注身边的朋友，多多相聚。

加强内容的交互性，吸引读者持续点击

为了让读者保持兴趣，文案可以在内容中通过设置连贯的问题，引导持续的回答，直到揭晓最终的答案；也可以设置多样化选项，根据不同的选择，生成每个人独有的结果。总之，让受众乐于互动、乐于分享，是H5广告创意的真谛。

第十三章 常变常新——怎样写网络广告

案例 CASE

例1 "广告多年，不做无知鬼"——2015中国内容营销金瞳奖推广H5

2015年中国内容营销金瞳奖

作为广告大赛的自身宣传，又是针对行业新人的，恐怕没有比"专业冷知识"，更能激发他们的挑战欲了。这则H5内容，设计成简单轻松的问

广告
文案
The Power of
Words

卷形式，引导受众一步步地参与问题，比如"天天在微博开黄腔的是哪个品牌？"然后，页面还会针对解答给出回应，比如答错后，页面会显示生气表情，配上"笨蛋！还有脸说是广告人！"之类的卖萌评语。通过吸引受众不断地继续答题，最终在尾页揭晓赛事。

例2 电影《失孤》H5 广告"爸，我想你了"

电影《失孤》H5 页面，作品来自 W 广告，2005 年

稚趣十足的卡通画风，引出的是电影《失孤》的广告。只需输入你与父亲的生日年份，页面就会自动生成父子俩"生肖"间的对话。"爸，我想你了"，不仅描绘了父子不可割舍的亲情，也让受众在参与中体悟亲情的可贵，进而对电影"万里寻子"题材产生认同。

确保H5整体文案风格的统一，保持语气的连贯节奏

案例 CASE

例1 高端移动社交软件AceBridge H5创意文案

创意一：靠谱说

作品来自致力共通广告，2015年

广告
文案

The Power of
Words

　　以受众的真实社交需求为出发点，通过 5 种常见的场景，来诠释该平台拥有"实名认证、高端人脉"等一系列保障，以确保"人脉靠谱"的优势。H5 页面文案，从不同角度演绎受众群的内心需求，整体句式简洁，采用"当你"作为开头，令读者产生一气呵成的连贯感。

　　创意二："四有新人"系列

作品来自致力共通广告，2015 年

　　何谓靠谱人脉？H5 广告提出"四有"概念，利用漫画风格，诠释出"靠谱"所应具备的四大特征。四个词语，既注重内涵的表达，也注重语音上的押韵，营造出轻松的阅读体验。最终落点在品牌口号：靠谱人脉更"融"易。

实战演练：

1. 国外网站的中文译名都很有特色：Facebook 被译成"脸书"，Google 被译成"谷歌"，你认为还有哪些网站的中英文名称结合得特别巧妙？并阐述理由。

2. 请搜集三则电商网站的产品内文，说明它们各自运用了哪些撰写技巧？

3. 你正在组织一场跨年迎新的晚会活动，请策划一则 H5 广告，并尽可能结合音乐、摄影等多种元素。

第十四章

分享共鸣
怎样写微信微博等社交媒体文案

"约吗?"社交媒体来啦!
为读者而写:社交营销文案的逆袭
AISAS:决定微博文案的重心
如何策划品牌的微信公众号
如何让你的文案被更多人分享

"约吗？"社交媒体来啦！

2014年10月，"Hi，约吗？"作为手机版百度输入法的广告语，出现在纽约时代广场的大屏幕上。这句简单而内蕴丰富的招呼语，被称为"史上最懂全球华人的中文表达"，正是社交媒体在当下红极一时的佐证。

社交媒体的信息交流，呈现去极化、扁平化现象。它颠覆传统媒体"一点对多点"的模式，形成"多点对多点"的交互方式。信息可以从任何一个媒体点发出，经过迅速且不规律的传播过程，最终形成或一致或冲突的社会意见混合体。

在模糊传播者与受众传统角色界限的同时，社交媒体推动受众自发参与内容制作、完善和传播。个体，前所未有地从群体色调中凸显出来，每一个人都成了"自媒体"，情感元素备受关注，进而形成全新的社群关系。

热门软件"陌陌"，是一款基于地理位置服务的社交媒体应用程序，满足陌生人群的社交需求。这套主题为"总有新奇在身边"的系列广告，通过塑造5种人：按部就班的人、忙碌的人、内向的人、高

第十四章 分享共鸣——怎样写微信微博等社交媒体文案

作品来自环时互动广告公司，2014年

冷的人、胆小的人，以"就这样活着吧"正话反说的方式，倡导人们打破社交壁垒，去发现身边的新奇。

社会化营销的五大特点

社会化营销，以速度取胜

社交媒体相对于传统媒体的重大突破，正在于它24小时介入了每个人的生活。每天发生的大事件毕竟有限，如何抢在别人面前发布信

367

广告
文案

The Power of
Words

息、表达观点，成为社交媒体关注的重点。在"快思维"主导的社交媒体世界，受众更关注信息发布的及时性，而真实性和内容深度常常被排在后面。

案例 CASE

例1 耐克#活出你的伟大#系列

2012 年 7 月 25 日，即伦敦奥运会前两天，Nike 开启全球统一广告片 "Find your greatness"（活出你的伟大）宣传，先是在社交媒体上预热，随后又发布了正式的 TVC 和平面广告。该广告片借势奥运热点，传递出每一个普通人都可以成为伟大运动员的理念。

作品来自 W+k 广告，2012 年.

例2 可口可乐"昵称瓶"传播

可口可乐"昵称瓶"传播战役，将"宅男、吃货、学霸"等社会化媒体上的热门词汇，印在瓶身上，更改了原有的产品包装。营销初期，它们

第十四章 分享共鸣——怎样写微信微博等社交媒体文案

充分利用意见领袖的明星效应，根据他们的喜好，定制专属瓶身的方式，引发公众关注，进而带动产品销量。该项案例荣获"2013 大中华区艾菲奖全场大奖"。

作品来自环时互动，2014 年

例3 可口可乐"歌词瓶"传播

作品来自环时互动，2014 年

广告
文案

The Power of
Words

作品来自环时互动，2014 年

UGC时代，受众即是传播者

所谓UGC（User Generated Content），即通过用户参与生成传播内容。社交媒体与传统媒体相比，它的竞争性优势，正是受众的参与性——让受众直接参与内容的创意、优化和传播等多个环节，而不仅仅是作为发表评论的单一角色。所谓"高手在民间"，很多源自现实生活的机智创意，后来都成了大众关注的引爆点。

案例 CASE

例1 星巴克手绘纸杯竞赛

2014年4月，咖啡连锁品牌星巴克（Starbucks）举办White Cup Contest（手绘白杯竞赛）活动，邀请热爱手绘的消费者，在星巴克的白纸杯上涂鸦。用户只要通过推特网或图片社交网站，上传自己手绘的纸杯照

第十四章 分享共鸣——怎样写微信微博等社交媒体文案

片,加上标签#White Cup Contest#,就可完成报名。最后选出优胜者获得奖金。

图片来自星巴克#White Cup Contest#活动,2014 年

例2 "凡客体"引发网民创作热潮

凡客是致力于打造年轻人时尚的电商,它选用韩寒、王珞丹为其代言,在广告中以"爱什么……不爱什么……"的判断句式彰显个性。前两幅推出后,在网络上引发了各地网友的创作热情,他们用这套句式,将唐僧、奥特曼、葫芦娃、大卫·奥格威等各路"名人",进行了惟妙惟肖的刻画,广为流传,为凡客做了不少免费广告。这种让人捧腹的"众创"形式,后被称为"凡客体",成为病毒营销的知名案例。

广告文案
The Power of Words

VANCL 凡客诚品
圆领印花短袖T恤
RMB 29

爱网络,爱自由,
爱晚起,爱夜间大排档,
爱赛车,也爱29块的T-SHIRT,
我不是什么旗手,
不是谁的代言,
我是韩寒,
我只代表我自己。我和你一样,
我是凡客

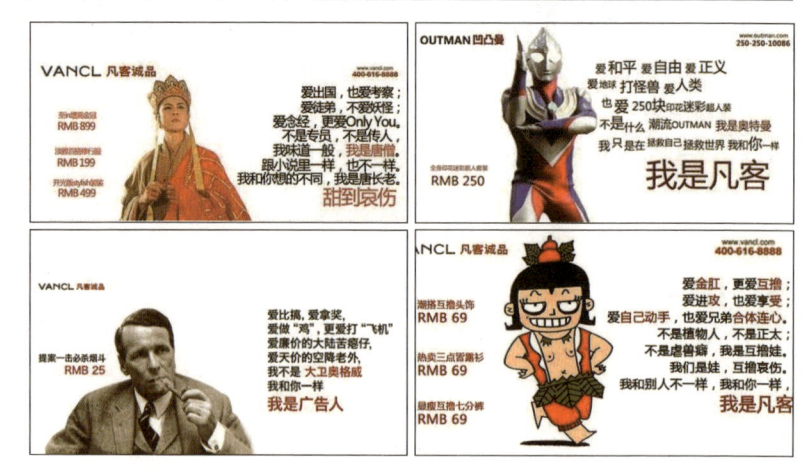

VANCL 凡客诚品
www.vancl.com
400-616-8888
白色剪花长蓬裙
RMB 99

爱表演,不爱扮演;
爱奋斗,也爱享受;
爱漂亮衣服,更爱打折标签。
不是米莱,不是钱小样,
不是大明星,我是王珞丹。
我没什么特别,我很特别,
我和别人不一样,我和你一样,
我是凡客

VANCL 凡客诚品
400-616-8888
印花圆领短袖T恤 RMB 899
法国白麂皮长靴 RMB 199
开沁胸水袖锦缎 RMB 499

爱出国,也爱考察;
爱徒弟,不爱妖怪;
爱念经,更爱Only You。
不是专员,不是传人,
我长话一般,我是唐僧。
跟小说里一样,也不一样,
我和你我的不同,我是唐长老。
甜到哀伤

OUTMAN 凹凸曼
www.outman.com
250-250-10086
全身印花迷彩超人装
RMB 250

爱和平 爱自由 爱正义
爱地球 打怪兽 爱人类
也爱250块印花迷彩超人装
不是什么 潮流OUTMAN 我是奥特曼
我 只是在 拯救自己拯救世界 我和你一样
我是凡客

VANCL 凡客诚品
提案一击必杀烟斗 RMB 25

爱比搞,爱拿奖,
爱做"鸡",更爱打"飞机"
爱廉价的大陆苦瘪仔,
爱天价的空降老外,
我,不是 大卫奥格威
我和你一样
我是广告人

VANCL 凡客诚品
www.vancl.com
400-616-8888
潮搭互撸头饰 RMB 69
热卖三点窗帘衫 RMB 69
显瘦互撸七分裤 RMB 69

爱金扛,更爱互撸;
爱进攻,也爱享受;
爱自己动手,也爱兄弟合体连心。
不是植物人,我是互撸。
不是虐兽师,我是互撸娃。
我们是娃,互撸哀伤。
我和别人不一样,我和你一样,
我是凡客

图片来自远山广告,2011 年

用户反馈及时，便于迅速调整传播策略

对社交媒体的运营者来说，可以在信息发布后的第一时间获知受众的反应。比如评论、点赞、转发功能，后台数据的及时分析，都能帮助媒体运营者快速地了解传播效果。而传统媒体的受众反馈可就没那么便捷了，甚至要通过周期漫长的市场调研才能了解。

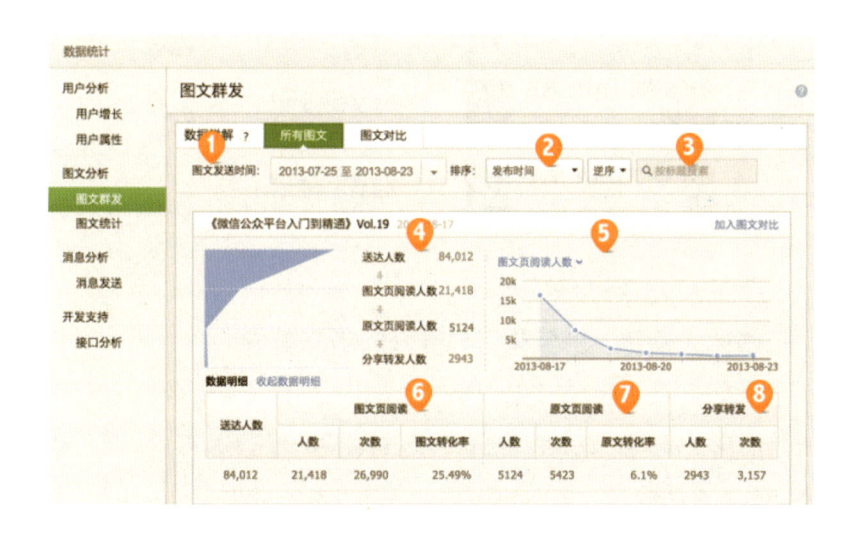

受众细分程度高，价值观却趋于一致

"物以类聚、人以群分"的原理同样适应于社交媒体，它为越来越多的小众群体提供了生存空间，让人们更容易找到"同类"。而受众群细分的另一面，也有网民价值观的整体趋同，网络上的"成功学、鸡汤文、励志段子"经久不衰，轻易就能获得巨大的传播量。

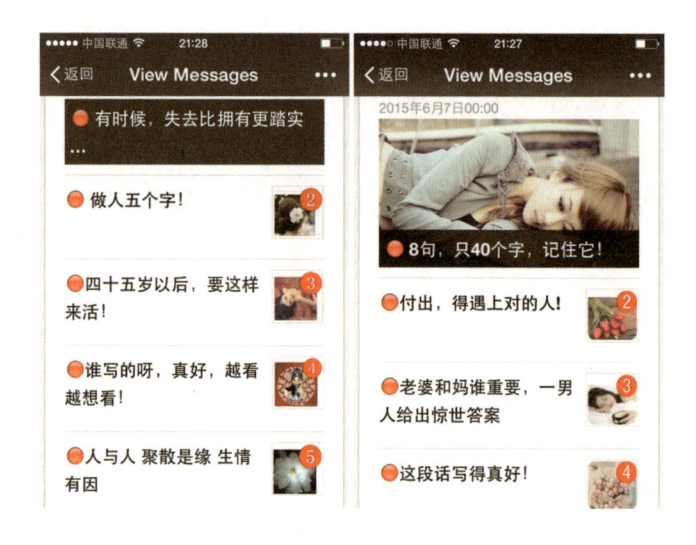

广告
文案
The Power of
Words

媒体人格化、形象化，与受众的距离更近

社交媒体营销中有个典型规律：人格化的品牌更受喜爱。因此，品牌的社交媒体账号，往往倾向于塑造具体生动的人物形象，赋予品牌各种人性的情感，拉近与受众的关系，使其产生共鸣。它们犹如品牌精神的代言人，杜蕾斯官微推出的"杜杜"、西岸音乐节推出的"西岸君"、UPM芬欧汇川的"小U"、圣碧涛的"涛涛"，均属此类。

作品来自环时互动，2015 年

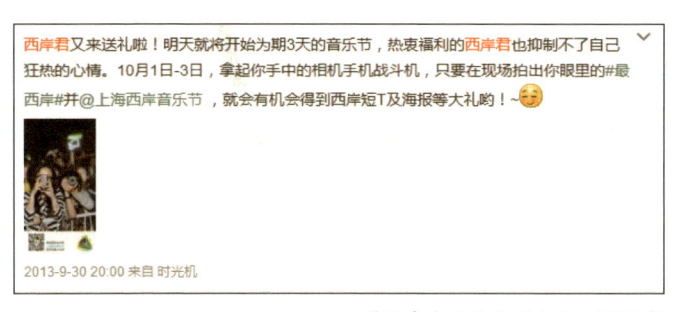

第十四章 分享共鸣——怎样写微信微博等社交媒体文案

作品来自致力共通广告，2013 年

为读者而写：社交营销文案的逆袭

2004 年，社交网络的鼻祖 Facebook 上线；

2006 年，新兴公司 Obvious 推出 Twitter 服务；

2008 年，国内第一家以白领群体为主的社交平台"开心网"上线……

此后，校内网、人人网、新浪微博、腾讯微信等众多平台相继诞生，社交媒体完成了从"新生事物"到"360 度渗透生活"的角色转

375

广告文案
The Power of Words

变。某种程度上，移动终端已经颠覆传统的生活方式，技术的不断升级满足着受众的各种需求，手机成了人们的必备品，"清晨醒来后的第一动作就是打开朋友圈"更是很多人的常态。

社交媒体的形式，目前主要包括微博、微信、BBS（论坛）、社交网站等。它们已经成为数字广告传播的重要渠道，文案的内容、风格边界被无限扩大，日常八卦悉数登场、嬉笑怒骂皆成文章。在信息海洋中，内容所受局限看似减少，却也增加了脱颖而出的难度。

在这个"参与式消费"时代，用户不止关心买到了什么东西，更关注在了解产品乃至购买过程中获得了怎样的体验。今天，当文案遇上社交媒体，所面临的最大挑战在于：如何让受众积极地参与互动？掌握这四点，才有优秀的社交媒体文案。

用文案激发行动力

社交媒体的文案，不仅要引发情感共鸣，更需要激发行动：让受众参与评论、转发甚至是再创作。在广告的最后，也不要漏掉网址链接、活动的参加方式等。

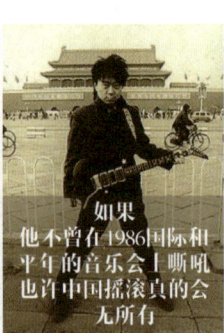

第十四章　分享共鸣——怎样写微信微博等社交媒体文案

西岸音乐节微博创意梦想征集令，作者2013年作品　　　作品来自致力共通广告，2013年

让每一个"你"成为主角

社交媒体中的个人视角尤为重要。因为，移动设备的使用者是每一个具体的人，社交媒体文案也不再像传统媒体一样，动辄以群体观点作结。个体的欲望、需求、情感，被强调放至最显眼的位置。

为浙江卫视电视剧《天使的城》创作的微海报。海报文案模拟一名女性的内心独白，表现出个体的内心挣扎、情感冲突，极易引人共鸣。

377

广告文案
The Power of Words

《天使的城》微海报，作者 2015 年作品。作品来自致力共通广告

踏准热点节奏，创造鲜活题材

社交媒体平台好似一个快速滚动的新闻条，每时每刻都在产生新的内容。想要迅速吸引受众眼球，时事性、新鲜感成为很多社交媒体文案的切入点。

奔驰"愚人节"社交媒体广告

如"节日营销"就是一个品牌借势赢得关注的好机会。2015年4月1日，奔驰充分利用"愚人节"的契机，正话反说，揭示了一个事实：汽车工业史上的诸多发明，原来都出自"奔驰"。欲扬先抑的文案，令人对品牌的睿智与幽默印象深刻，也让奔驰的卓越贡献深入人心。

打破"一本正经"，玩出趣味

在社交媒体中，人们乐于分享轻松、有趣、娱乐化的题材，它们也成为人们纾解压力、放松消遣的首选。于是，各种围绕品牌、企业创作的"段子"，开始涌现。此类段子创作的诀窍在于，内容来源于真实的生活场景，其中却又蕴含较强的戏剧性，结果在意料之外，又在情理之中。

案例 CASE

例1 阿里上市的网络段子（模拟相亲场景对话的方式）

"你有车吗？"

"没有"

"你有房吗？"

"没有"

"那还谈什么！"

"我是阿里老员工"

"讨厌啦，怎么不早说！"

> 广告
> 文案
> The Power of Words

例2 **有关微信的段子（模拟婚礼现场新郎致辞的方式）**

参加一个朋友闪婚婚礼，婚礼上司仪说：请新郎说一下结婚感言吧！这哥们儿停顿了一会，深情地看着新娘子说："感谢马化腾，感谢微信，感谢附近的人……"

AISAS：决定微博文案的重心

我们都知道，每条微博的字数有限定，不能超过140字。除了必须提及的硬性信息、网页链接等，余下的、给予文案发挥创意的空间实在有限。如何将产品、品牌信息写得简要且不乏趣味？即使是140个字，也应该做到结构清晰，符合起承转合的逻辑。

全新网络消费行为模式，决定着微博文案的策划重点

AISAS模式，基于传统的"AIDMA"模式重新整合而成，即attention（引起注意）→interest（产生兴趣）→search（主动搜索）→action（促成行动）→share（信息分享）。在网络消费时代，原AIDMA模式中的"记忆"和"购买"被省略，用户在接触商品或服务的初步信息后，会根据兴趣程度转化到搜索、分享阶段。因此，微博文案作为信息的原始传播源，相当于一个入口，文案需要在"A→I"阶段下功夫，设法使消费者产生兴趣，进而促使其主动搜索产品、服务等信息，再让他将其转发、传播出去。

第十四章　分享共鸣——怎样写微信微博等社交媒体文案

> 听说到今天为止，喝了一款新品星冰乐的，80%是尝试了#夏莓意式奶冻星冰乐#；喝了两款的，极有可能同时购买了#夏季星享卡#；而三款都喝过的，100%是＿＿＿。

图片来自星巴克，2015 年

如星巴克官方微博文案，正文不仅提及了星巴克的新款产品"夏莓意式奶冻星冰乐"，自家的会员卡"夏季星享卡"，还引导受众去好奇"另外两款新品是什么味"悬念式的填空题，激发受众去回答并转发，让更多潜在用户看到；也是为了让受众可以主动搜索相关信息，或留意线下门店的新品信息。

又如西岸音乐节微博创意"暗号系列"。2013 年，韩国巨星权志龙首度登陆中国，"上海西岸音乐节"官方微博作为独家发布媒体，与权志龙的粉丝们展开了一次前所未有的深度互动。官微上连续发布四张图片，以刻意神秘的文案（#懂的转#）与歌迷们对话，竟然引发了歌迷的疯狂转发，最后登上新浪当天热门话题榜。其实四张图片中的元素，均来自权志龙本人：（1）人生信条（爱、家庭、财富）；（2）生日（1988 年 8 月 18 日）；（3）爱情文身；（4）名字缩写（G、

381

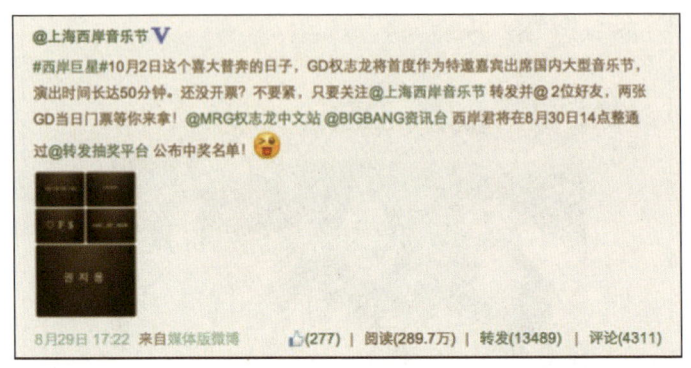

广告文案
The Power of Words

图片来自上海西岸音乐节官方微博

作品来自致力共通广告，2013 年

D 作为空缺字母，暗示其英文名 G.Dragon）。它们就像"暗号"，外人或许难以理解，但是对权志龙的"真爱粉"来说易如反掌；于是，发布这些"暗号"的西岸音乐节也赢得了粉丝族发自内心的拥护。（作者 2013 年作品）

第十四章 分享共鸣——怎样写微信微博等社交媒体文案

微博转发语

转发，是社交媒体的一个关键功能。在微博上，正是大量的转发行为，造成了信息的裂变扩散。微博的很多普通用户并不致力于生产内容，而是通过转发极少数流传度广的信息（如明星、红人大V、段子手的言论）来体现参与感。如此情况下，微博转发语（转发微博时附上的评论语）便自然产生了，也成了新媒体文案的日常工作之一。

微博转发语，大致分为两类：

一是转自有平台之前的微博，即对微博原内容进行"回炉热炒"，可以在原内容的基础上层层递进，也可以说明原事件的最新进展；目标是重新引发用户的关注。

三星Galaxy手机"S6真色彩"的自我转发

二是转别人的微博，重在与原微博内容产生互动、做出回应。当大号（粉丝量较大）转发小号（粉丝量较少）的微博，可以提携后者，为后者导流，引入更多粉丝；当小号对大号的内容进行转发，通常可以从"借势、借名气、搭讪"作为转发语的出发点。

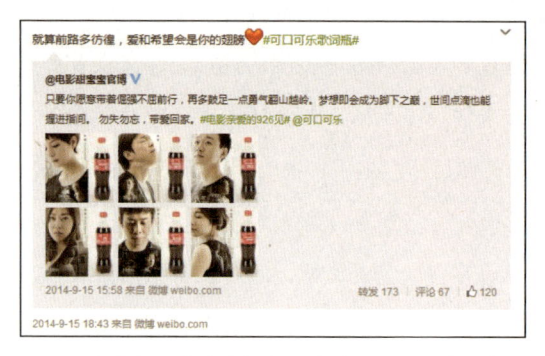

可口可乐官方微博对某电影微博进行转发，作品来自环时互动，2014 年

转发语的文字宜短不宜长。因为它是在正文的基础上进行阐述，且表现形式仅限于文字，若长篇大论与微博原文堆叠起来，反而显得目标不明确。转发语的目标，仍在于原微博文案的内容及相关链接，相当于以新的方式再次提醒受众原先的微博信息，并非单纯的重复。

微博的时效性：适当利用"流行元素"，增加亲切感

互联网"热词"时效性很短，各领风骚两三天，不过，如果你能及时地将"它们"运用到最新的传播中，说不定能起到意想不到的奇效。因为，首先这些元素不管是文字还是视觉形式，恰好是网络热点，因为受众熟悉，带来较高的识别度；其次，当原有的内容糅合了"流行元素"，这种"二次利用"又会产生出一种新鲜的趣味感。

第十四章　分享共鸣——怎样写微信微博等社交媒体文案

杜蕾斯官微转发语，作品来自环时互动，2015年

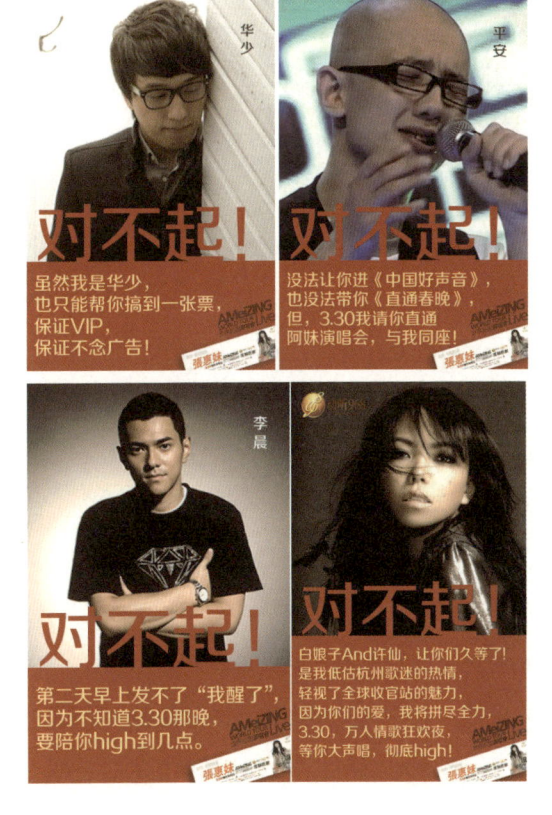

"张惠妹杭州演唱会"对不起系列，根据加多宝"对不起"系列所创作华少篇、平安篇、李晨篇、张惠妹篇，作者2013年作品，致力共通广告

385

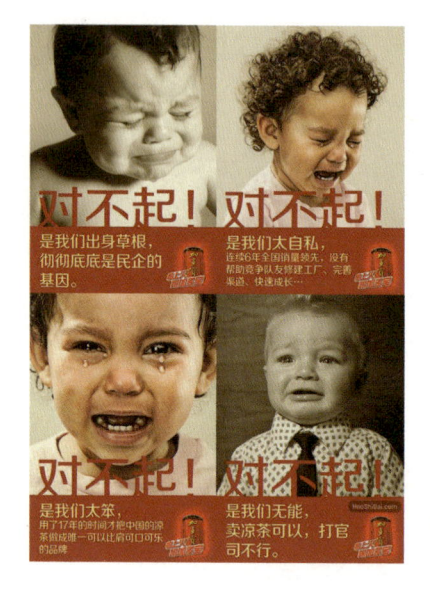

广告
文案
The Power of
Words

加多宝微博广告原有的
"对不起"系列

如何策划品牌的微信公众号？

微信公众平台，是腾讯公司在个人微信的基础上增设的功能模块。通过这一平台，个人和企业都可以打造一个微信的公众号。它定位为自媒体属性的"公众平台"，可以群发文字、图片、语音、视频、图文消息5个类别的内容，能够实现群发消息、自动回复、一对一交流等功能。

如何打造一个专业的微信公众号？除了每日常规的微信内容编写、推送工作，尤其需要重视前期的准备工作，包括：头像、名称、功能介绍、二维码设计，基本资料、邮箱申请。如果是企业级公众号，还要涉及信息登记、资料报备等。对一名文案来讲，可以在多个方面发挥你的创意：公众号的命名、欢迎词的设置、自定义菜单栏的命名等。

公众号的命名。 要体现内容属性及个性化特征。如果是一个定位为"广告文案"领域的公众号,那么如果命名中包含"文案""广告""设计"等关键字,就可以方便受众搜索到。笔者的公众号名称为"乐剑峰创意公开课",对应英文ID为:lejianfengidea(姓名拼音加英文"创意"),这样就能让受众的认知保持一致。有些公众号的名称,中英文互不关联,就会引起记忆成本的增加,不利于传播记忆。

欢迎词的设置。 字数多少不拘,可热情大方,可诙谐幽默,前提是要与平台调性保持一致,让受众关注之后有种亲切感,同时也能对本公众号的内容有个大致了解。

Nike+Run Club 微信平台的问候语及菜单栏

耐克在微信、微博等社交平台上与受众建立联系,专门开通了Nike+Run Club 微信服务账号,为用户提供:跑步贴士、训练计划、选

广告
文案
The Power of
Words

鞋指导、跑步路线、常见问答等，旨在建立起一个微信平台上的专业跑者社区。

耐克品牌广告

自定义菜单栏命名。反映了该公众号的细分版块，命名原则类似网站栏目的设定规律。由于客户端屏幕的宽度所限，菜单栏最多设定为三栏，每个名称一般不超过四个字。一个优秀的菜单栏命名，既能表现栏目内容，又能传递平台的品牌理念。

"UPM芬欧汇川"品牌微信公众号菜单栏

"依云中国"品牌
微信公众号菜单栏

第十四章　分享共鸣——怎样写微信微博等社交媒体文案

如何编辑一条合格的微信图文

标题有看点

微信文章的标题创作，与平面广告标题相比差别在于，微信的标题与正文的呈现存在着先后的时间差。读者先看到标题，然后需要点击标题才能浏览内容。如果你的标题缺少吸引力，读者根本就不会点进正文阅读。因此，微信标题承担的压力更大，对微信文案（编辑）的要求也更高。

以下几个方法，可能帮助你写出较好的微信标题：

利益诉求。在标题中明确：正文内容会带给受众哪些好处。不管是所谓的"福利贴"还是"五种方法、八种策略"，都是直接在题目中显示——正文确实会带给受众某种物质、能力或是精神上的、切实的收获。该类题目的关键词包括：如何、秘诀、教程、攻略、福利等。

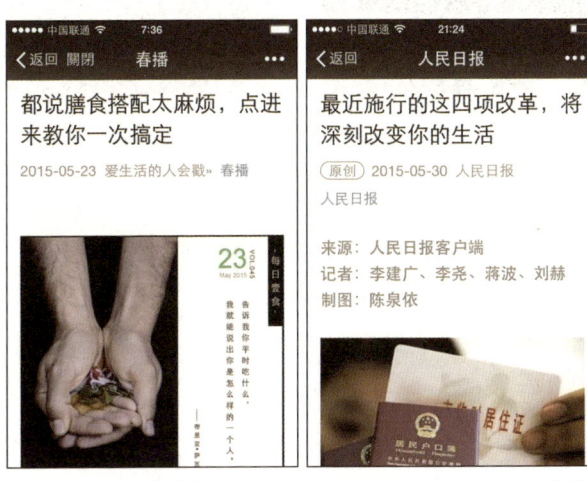

春播公众号截图　　　　人民日报公众号截图

389

广告
文案
The Power of Words

恐惧诉求。运用"恐惧诉求",告诉读者如果不读正文会有什么损失。你可以适当运用一些负面词汇,明确告知读者如果错失该篇内容会有怎样的后果。这其实也是广告"恐惧诉求"的体现,这类风格的标题会带给受众某种"必须立即知晓"的紧迫感。

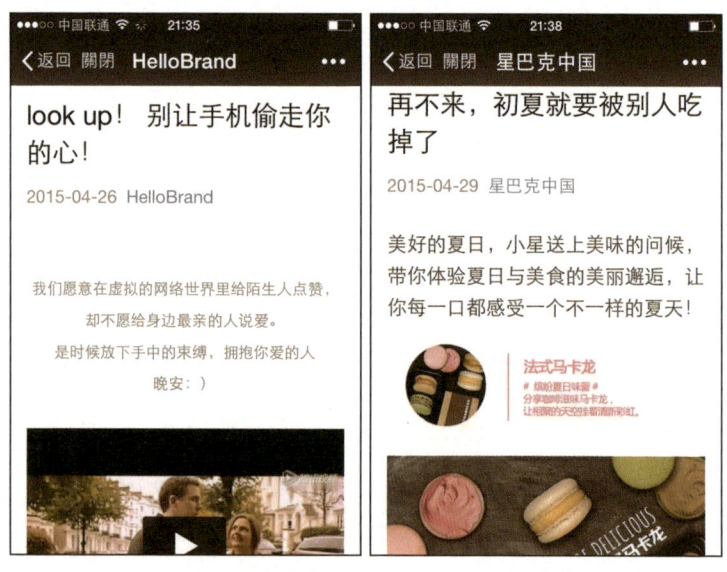

HelloBrand公众号截图　　　　星巴克中国公众号截图

新鲜感。无论是词汇还是切入角度,都应带给受众新鲜感。即使说同一件事情,有经验的文案也会尝试从不同的角度、用新鲜的词汇去表述。陈词滥调无法吸引读者点击,如果你的标题能为受众带去惊喜,他们就会用居高不下的阅读量来回应你。

共鸣。找到内在的痛点,才能激发共鸣。如果只写出了自己觉得有趣的文字,那叫自娱自乐。想要大多数读者对你的微信标题都产生兴趣,就要了解他们的痛点与痒点,挖掘出他们的真正需求。

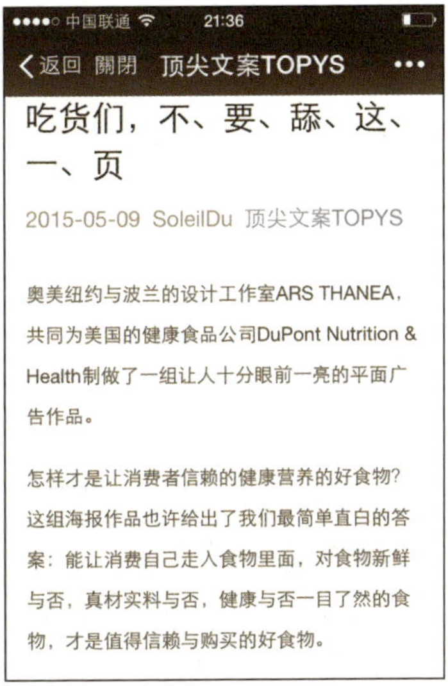

第十四章 分享共鸣——怎样写微信微博等社交媒体文案

顶尖文案TOPYS公众号截图

NewBalance中国公众号截图 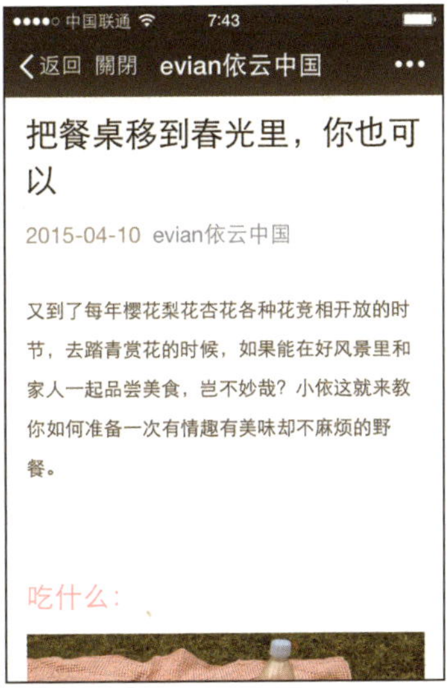　　evian依云中国公众号截图

391

广告
文案
The Power of Words

视觉志公众号截图　　　　春播公众号截图

当然，诸如此类的写作方法还有很多：

采用数字量化说明，让信息更确切，如"5月最值得看的11部电影来了，爆米花准备好了吗？"（钛媒体）；

嵌入热点词汇、专业术语，如"电影｜看《复联2》前必知的31件事（可口可乐）；

强调打折优惠类的信息，如"嘘！明天520，杜杜给你发钱啦！"（杜蕾斯中国）；

提供新鲜的事物，如"那些被晒在朋友圈的新款星杯"（星巴克中国）

……

微信时代，标题的重要性比起传统广告有过之而无不及。学会总结热门文章标题中的规律,并试着超越,是文案提升撰写水平的不二法门。

头图有亮点

微信给予受众的第一印象,除了标题,还有头图(又称"题图")。头图画面,很容易被认为只是标题的"陪衬",但它所具有的冲击力,往往能超过标题。如果头图能在第一时间聚焦受众的目光,就极有可能引导他的注意力向题目转移,令其毫不犹豫地点开正文。

当头图与标题组合在一起、呈现在读者面前时,会形成一种"协同分工"的作用。两者巧妙呼应,好比相声里有"逗哏"和"捧哏"。如果标题是一则微信的主角,那么与标题同时出现的头图,就像一个润物细无声,但绝对不可或缺的配角。相反,一张质量粗糙、内容毫无亮点的微信头图,会严重干扰信息与受众"潜在交流"的机会,减少正文被打开的机会。

头图用醒目的图形元素,对标题提出的问题,起到重复与强调作用。

头图是内容的预告。用来解答读者的疑惑,让其尽快决定:"点进去吧,里面好料更多!"

头图起到配合标题的作用。头图的"刻意低调"恰恰是为了衬托"有趣的标题"。

当你的标题已经很"有料",可以尝试采用"反差感"较大的画面作为头图,产生出一种"违和感",让别人很好奇想点击进去看个究竟。

广告
文案
The Power of Words

她们为谁尖叫？

2013-07-08 上海西岸音乐节

2013上海西岸音乐节蓄势待发，西岸君忍不住怀旧一把！记得去年9月30日的这张照么？只要你说出下图声势浩大的粉丝对面，究竟是哪位大牌正演出，就有机会赢得今年的第一张门票！还有签名CD、歌星合影的大好机会等你赢哦！快把答案私信给西岸君！别又被她们抢先咯！

她们为谁尖叫 —— GUESS？

15张图，教你学做户外好广告
04月15日

有时候，创意并不意味着"打破"，而是诞生于一种新的融合。15个极富巧趣的广告作品，让你知道什么叫"真的会玩"！

15张教你做好户外广告

394

第十四章 分享共鸣——怎样写微信微博等社交媒体文案

名片上的LOGO那么low，你家老板造吗？
04月22日

不会想LOGO的文案不是一个好CD。（多款精美LOGO图，搭配wifi食用，口感更好。）

方法 | 如何用100个奇烂无比的桥段救你小命？

2014-04-02 向右看齐
乐剑峰创意公开课

桥段，是剧情的基本粒子。有人打比方，每位编剧写剧本都要从"桥段

如何用100个奇烂无比的桥段救你小命——画面：男星成名前所演的清宫戏，呼应"桥段、救命"等主题

没人愿意教你的四个基本动作

2013-10-24 点右边关注→
乐剑峰创意公开课

创意，是要花时间去酿的。你的时间多

没人愿意教你的四个基本动作——画面：少林十八铜人，提示内容是讲解"创意基本功"的干货

395

广告
文案
The Power of
Words

导语很关键

微信的首屏空间，可谓"寸土寸金"：（1）标题受到字数限制，信息量有限；（2）头图更多用于吸引视线、无法详解内文。此时，文案还可以借助第 3 个"武器"——导语。尽管寥寥数语，如果构思巧妙，就能吸引更多点击。

微信的推送，包括"单图文"和"多图文"两种形式。导语，出现在"单图文"状态中，位于标题和头图的下方；而当同一天推送的微信超过单条，就会出现"多图文"叠加的情形，这时导语就自动隐藏，而头图的面积也会因此缩小。

导语的字数，一般不会太多，但它的作用不容小觑：你可以"提纲挈领"，也可以"欲说还休"。目标只有一个：配合标题图文，诱导更多点击，尽快进入内文。

View Messages 公众号截图

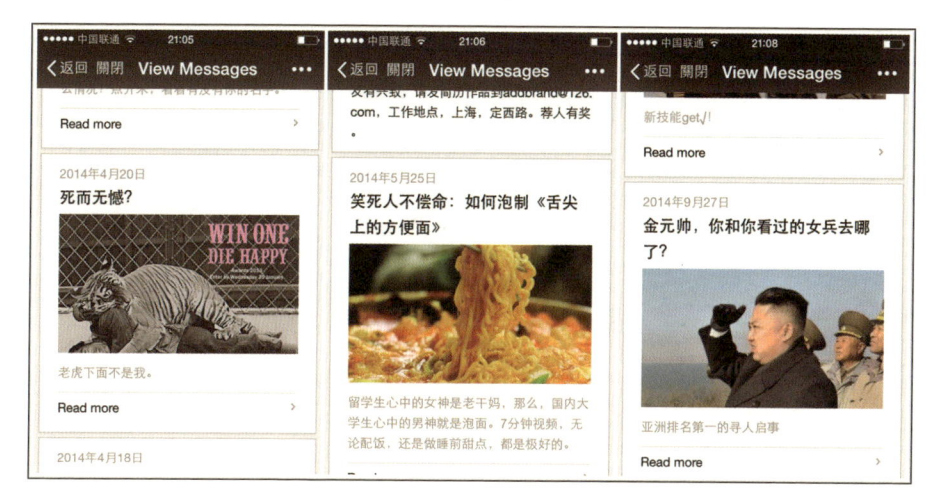

第十四章 分享共鸣——怎样写微信微博等社交媒体文案

View Messages 公众号截图

结尾引分享

高明的广告，总是能够将"营销信息"植入到"娱乐化、知识性"的内容中，让人们津津乐道。处处不着推广痕迹的文案，看似用相当大的篇幅去说一件与品牌、产品毫无相关的事，只到行文结尾处方才揭晓商业目的。这一切，都是因为受众对硬性的推销越来越反感，只有当他喜欢你的内容时，才会心甘情愿地接受你的商品信息。此类文案的考验之处在于：如何在前文中营造一种压倒性的说服逻辑，并通过戏剧性的故事情节提高受众卷入度？如何才能全程打破受众预设的心理防线，直至文章结尾处引发自觉的分享行为？

397

广告文案
The Power of Words

案例
CASE

支付宝微信广告 "梵·高为何自杀"篇（节选）

梵高為何自殺

因为他是'神经病'吗？

可能是

……

但绝不是主要原因

今天我想聊聊'梵高为何自杀'这个话题

……

1890年7月29日，梵高朝自己胸口轰了一枪……（最近有个作家认为梵高是他杀，对此我保留意见）反正不管怎么样，梵高是真的挂了

一个对于自己的'商业模式'有着完美构想的奇才，为何会在快要熬出头时挂掉了？除了神经病外，我能想到的唯一解释就是：

窮

第十四章　分享共鸣——怎样写微信微博等社交媒体文案

怎么算也不会超过100法郎的开销啊！

那么问题就来了

梵高的钱究竟上哪了？

这个问题别说我答不上来，相信就连梵高自己也搞不清楚……

可惜，当时没有 支付宝 Alipay.com

不然滑几下手指就能轻松理财了……

	6:21 PM	100%
〈返回	土豪榜	
	我 39,023,025	第3名
01	塞尚 99,023,329	巴结
02	毕加索 93,929,023	巴结
03	我 39,023,025	
04	莫奈 33,023,323	安慰
	查看更多	

……

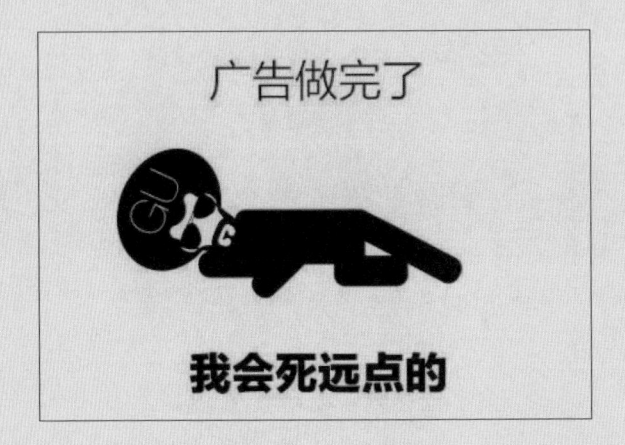

广告
文案
The Power of Words

> 广告做完了
>
> 我会死远点的

创意以梵·高的生平机遇为切入点，选择了与常规知识迥异的思维角度去重构画家的遭遇，最终达到为产品宣传的根本目的。然而全文层层推进，在不快进、跳读的前提下，受众很难在阅读过程中发现文案的实质目的。直到文章渐进尾声，读者才恍然原来是广告帖！然而，作者仍以一句"广告做完了，我会死远点"的谐谑自嘲，减弱硬广的商业气息，又增加了不少魅力值。至此，即使受众恍然大悟，也不至于产生厌恶情绪，毕竟文案内容已让他们经历了一次妙趣横生的艺术之旅。

版式要有型

微信文案的创作者，要像个编辑一样去思考。因为微信内文的版式，会直接影响到读者的观感，而它通常又受到手机尺寸的限制。在狭窄的手机屏幕上，要使内容得到最佳呈现，你需要精心选择版式、字体、字号和图片。如果版式上没有基本的审美，通篇色彩纷呈、犬牙交错，那么，不管内容文字有多精彩，对品牌形象都是一种损伤。

背景色选用单色调，系统默认为宜。微信系统默认的版式，本身

第十四章 分享共鸣——怎样写微信微博等社交媒体文案

就考虑过各种手机型号应用，通常不会出现太大偏差。因此，如果没有特殊要求，直接采用系统默认的背景即可，不必过多地追求第三方的模板应用及各种繁复的效果。

段首无须空两格。很多人受到书面排版的思维定式影响认为段首必须空两格，因此，将此方式也照搬上了微信。殊不知，手机屏幕大小有限，一行本就字数有限，段首空两格出来反而显得页面凌乱，通篇看来更是参次不齐，美观度相对不足。

文字较多时，分段空两行。如果一篇文章很长，需要通过多屏的编辑才能读完，就会很容易让读者失去耐心。这时，你除了精简文字内容，还可以做好"段与段"之间的分隔。一般每段之间空两行为宜，这样不仅在视觉体验上比较舒服，也便于阅读思维在此停顿、休息。当然，你也可以在适当的地方配上"插图"，缓解满屏文字带给读者的枯燥感。这些小细节，无不体现了微信编辑为读者着想的"体贴度"。

字体以及颜色，不宜设置过多。微信公众号的内容排版，决定了读者的阅读体验，也体现着微信运营者（个人、机构、企业）的专业素养与品味。在一个专业的微信公众号中，每一篇推送文章的"标题、小标题、内文、签名档"，都应该有清晰的层级划分，形成一个固定的格式。同一段落中，不应该有两种以上的字体与字号，尽量避免花里胡哨的色彩，减少"红字""加粗""蓝绿相间""大段彩色字体"等混搭情形。

细节处理，检查、检查再检查。微信内容一经发布，就无法修改与撤回，文章中哪怕出现细微的失误，都是永久的遗憾。根据我的经验，经常发生的细节问题是：（1）前引号和后引号用反；（2）标点符号选用半角还是全角，没有统一；（3）字体色彩过浅；（4）字号过

广告
文案
The Power of
Words

小；(5) 错别字；(6) 图片下方缺少说明文字等。见微知著，这些都是专业文案应当避免的。

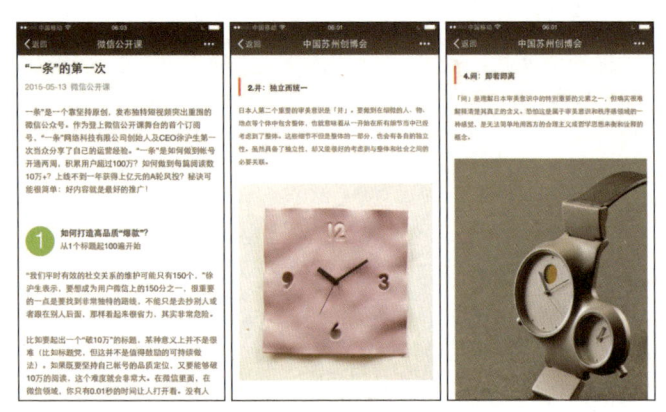

微信公开课公号、中国苏州创博会公号截图

在微信正文中，如何处理"纯文字"及"图文并茂"的版式关系？

大篇幅的文字，应根据自然段落的分布，使用小标题或图片做区隔，让受众的眼睛得以休息，保持继续阅读的兴趣；为了增加小标题的醒目度与趣味性，还可选用图标来代替常规的序号。

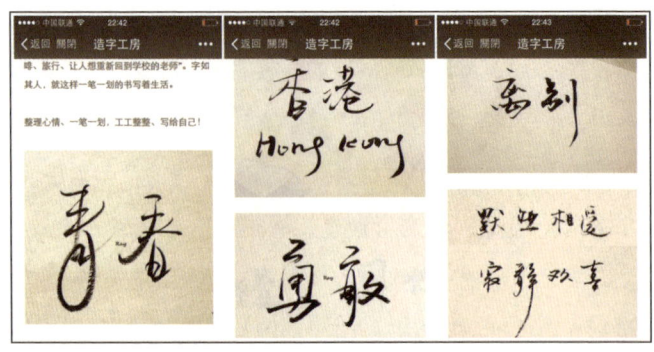

造字工房公众号截图

第十四章 分享共鸣——怎样写微信微博等社交媒体文案

造字工房公众号截图

如何处理多幅图片的连续呈现

首先，应优先选择清晰度高、主题鲜明的图片，将它们排在前

403

面;其次,将"画面内容与主题元素比较接近"的图片,排在相邻位置;从色彩上,应该选择"色彩、明暗反差较大"的图片排在相近位置,构成整个页面的层次感,让读者不容易产生阅读疲劳。

> **TIPS!** 常用的免费图片网站(来自网络推荐)
>
> www.pinterest.com
> www.flickr.com
> www.lofter.com
> www.google.com
> www.unsplash.com
> www.realisticshots.com
> www.picjumbo.com
> www.pexels.com

如何让你的文案被更多人分享

当你读到这里,一定已经有所了解,社交媒体的文案,与传统广告文案存在共性,也有着太多的不同。而最大的不同,我认为还在于社交媒体创意的时效性与快捷性。在前期创作过程中,需要你快速地捕捉时事热点,尽快构思;在作品的效果回馈上,几乎在你发布信息后的瞬间,就会有人对你的创意内容做出响应。同时,"阅读量"与"转发量",是衡量社交媒体传播效果所无法回避的两个数字。

既然能否"被更多人分享",成为衡量社交媒体文案的重要标准。

那么，我们就必要研究一下：受众会因为什么动机去分享呢？标题耸动？头图夸张？内文深刻？到底是"哪些人"会因为"哪些原因"，愿意去分享"哪些种类"的文章？

让我们来解读下社交媒体的使用者，在线分享时所涉及的 5 种"受众动机"：标榜自我，拓展、维持关系，呼吁或倡导，利他，自我实现。以及与这 5 种动机相对应的人格类型：嬉皮士/寻求认同者，社交者，专业权威，利他主义者，挑选者。

在线分享的 5 种动机及对应的人格类型[①]

动机		人格类型	
标榜自我	社交媒体时代的自我形象塑造，较传统时代显得更为便捷、成本更低。经常发美食图片的人，往往被称为"美食客、吃货"；经常发跑步健身信息的人，会被认为是"运动爱好者、积极健康的人"；经常发自拍照的人，会为定义为"自拍达人"。这些被筛选后才得以呈现的信息，正代表了人们想要标榜的自我形象。	嬉皮士/寻求认同者	时髦人士、潮人，他们往往是朋友圈里消息最灵通、最早尝鲜的一拨人。这类人会在知晓消息或是尝鲜后的第一时间内发布相关信息，以此来标榜、维持自己的"潮人"形象。他们一方面是为了获取关注眼光，另一方面也是在开启"搜索雷达"，寻找那些与他们口味相投的人——如果他们分享的内容无人问津，会令他们大感沮丧。

---

① 引用自《跟在线分享有关的那些事儿》。

（续）

动机		人格类型	
拓展/维持关系	他们之所以费心去打理"朋友圈"这样一个虚拟个人空间，也是想借此保持与他人的交往关系。分享内容、转发文章、评论他人的状态，都可视为与他人产生连接的过程。	社交者	通过分享信息来维系社群关系，与他们保持连接。内容的分享倒在其次，关键是他们的评论和再次转发，能让社交者们感受到友好而和谐的社交氛围，从而减轻社会生活的孤独感。
呼吁或倡导	通过分享某篇文章来表明自己对某件事的倾向和态度，并借此发出呼吁（倡导），希望获得他人的认同甚至跟从。	专业权威	往往是某个领域的专业权威。他们对此领域较他人更熟悉，也更容易发现其中的问题和缺陷。因此，他们发起的呼吁、倡导也更容易引起他人重视。
利他	通过分享一些"可能对他人有用""也许大家看了这篇会心情大好"的文章，以期对他人的生活观念、态度产生影响。	利他主义者	分享的内容中，利他信息的占比自然较高。看到别人因为他们分享的信息而产生感动、开心的情绪，或者产生具体行动上的变化，都是他们最乐见其成的结果。
自我实现	分享内容仅仅是为了"自我完成"。例如，有人会分享自己今天的跑步里程；有人会分享自己在烘焙课上的成果。他们将这些内容作为自我成长的一种记录，类似网络日志、成长记录的形式。	挑选者	精心挑选一些分享内容，并将内容排列成序、作归类整理，以期作为某个阶段的个人成果、类似一种记录仪式，由此获得一种微妙的成就感和自我实现体验。

八种易被分享转发的文案模型

类型一：集合型。毫无疑问，受众都想在最短的时间内了解事物的全貌。集合型文案往往做好了前期的搜集整理工作，在纷繁复杂的信息海洋中，为受众提前准备好了条分缕析的有用信息。

类型二：反思型。"如果你还不知道×××，你就奥特了！""亲子教育最易存在的九个误区"……这类反思型文案往往"反其道而行之"，通过强调"错误的方法、负面的影响"，来提醒受众应该采取相反的行为方式。

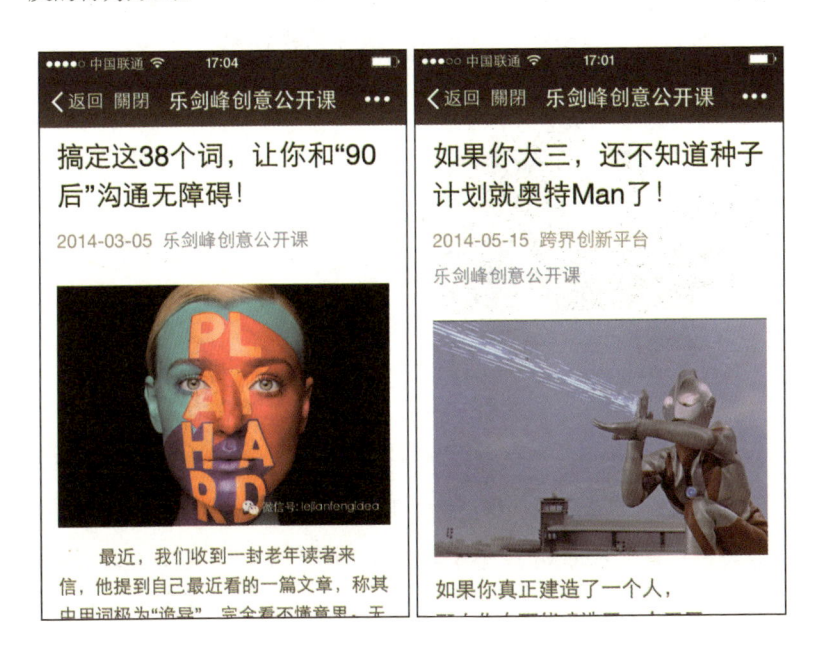

类型三：教学型。没错，这就是常见的"技能get（获得）√"贴。此类文案通常针对受众遭遇的某些具体问题给出解决方案。步骤分明，过程叙述通俗易懂，能帮助读者很快上手，积极地应对

各类困境。

类型四：时效型。此类文案赢在既快又准，要在事件发生的第一时间内做出反馈和响应，超前于大众的视线抑或与受众的关注点保持同步。既能反映文案撰写者对事态的投入和跟进，也能成为短时间吸引众多关注者的捷径。

类型五：研究型。适用于于对某个方面颇有研究的专家、权威或是业余爱好者。普通大众往往对一些事物浅尝辄止，研究型文案却能以通俗易懂的语言向受众表达一些深入的研究成果。例如，果壳网就是对科学研究内容的普及化。

类型六：案例型。以生动具体的案例为切入点，论述某个观点、表达某种立场。只摆事实，不讲道理，让受众在对案例的感受中自然得出结论。如此,既能免于受众对"说教"的反感,也能起到旁敲侧击、委婉说服的作用。

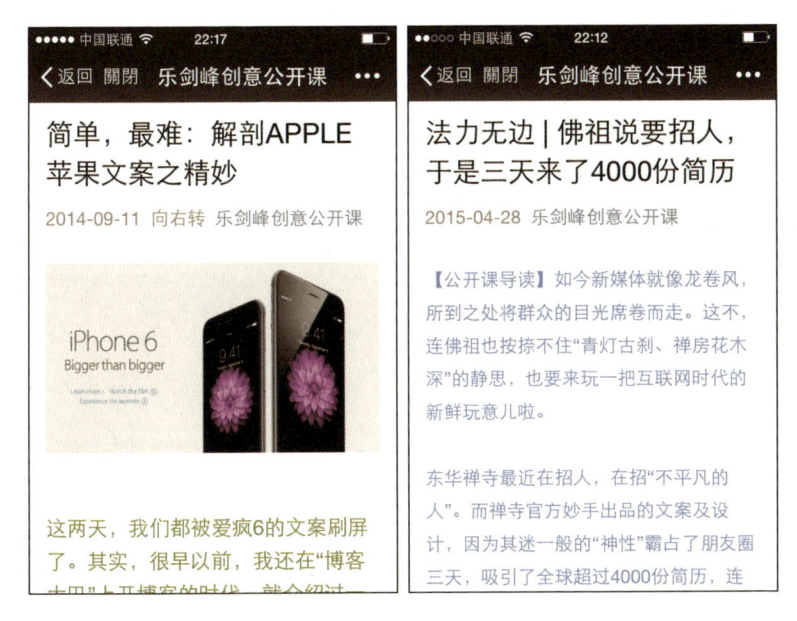

类型七:排行型。Top10(前十)、最佳人气排行等方式,与人性中"一较高下"的本能相适应,往往能激起受众自发的好奇围观。文案借此机会详细阐述居于不同排名事物的特点,每位受众既能对照自身,还能跟身边的朋友做对比,文字就自然拥有了成为社交话题的潜质。

类型八:直播型。直播型文案满足了受众对现场事件的参与感,尽管与事件发生的空间并不一致,但时间状态的同步进行,能拉近受众与微信平台(及品牌)的距离,带给受众一种真实、亲切的"即视感"。

广告
文案
The Power of Words

实战演练：

  1. 你如何看待AISAS模式？请运用该模式为某品牌官微撰写一条微博活动文案。

  2. 列举你最喜欢的3个微信公众平台，并从文案内容、图片选择、排版方式等多个角度分析其成功之处。

  3. 请简单介绍UGC的定义，并举例说明它对于营销活动能带来哪些好处？

附录

有备而战
广告行业入门常识

什么是 4A

英文头衔大盘点

广告奖，逐个讲

专业书刊何其多

如何准备你的作品集

什么是4A

国际4A。4A广告公司,并非指四项指标(客服、策略、创意、媒介)都达到A级的公司。4A是美国广告公司协会(American Associato of Advertising Agencies)的缩写,该协会是20世纪初由美国各大著名广告公司所协商成立的组织。该组织对成员公司有很严格的标准,最主要的协议就是关于收取客户媒体费用的约定(17.65%),以避免恶意竞争。

一般我们所说的国际4A广告公司,指的是规模较大的、有国际性影响力的综合性跨国广告代理公司。如Ogilvy & Mather(奥美,O&M)、Saatchi & Saatchi(萨奇兄弟)、JWT(智威汤逊)、McCann(麦肯)、Leo Burnett(李奥贝纳)、BBDO(天联)、GREY(精信)、TBWA(李岱艾)等著名广告公司。

本土4A。中国广告业的4A组织,起源于广州。广州4A全称是"广州市综合性代理公司协会",由一些有影响力的本地广告公司自发组织,本土公司包括:省广、黑马、平成、蓝色创意、合众、协作、致诚、千里马等;亦有当地的外资公司。

2005年12月，中国商务广告协会综合代理专业委员会（简称中国4A）成立，这家由高端会员组成的同业组织的出现，预示着中国广告业向国际惯例的广告代理制迈进了一大步。

中国4A的基本标准是：年营业额1亿元人民币以上，收入至少是1 000万元人民币以上；有3个以上的客户是经营3年以上；在两个以上城市有分支机构；公司员工数量在50个人以上。

英文头衔大盘点

广告公司通常分为创意部（Creative）、客户服务部（Account Servicing）和媒介部（Media）。随着网络业务的增加，很多公司还增设了互动部门（Interactive）。

创意部负责构思及执行广告创意。重点人物是执行创意总监（ECD），其下会视人手而分为若干组，每组由一至两位创意总监（CD）或副创意总监（ACD）带领。一般一位是文案出身，另一位是美术出身，但也有不少人身兼两职。

创意总监，保证并监督创意部的出品质量；带领并指导重要品牌的创意构思及执行，协助客户部及策划人员发展并完成策略，也负责指导及培训下属。

创意总监下会有不同的小组，每小组由一位文案（CW）及一位美术指导（AD）组成。基本上两人会共同构思广告。由于美术指导的执行工作一般都较繁复，所以大都有一位助理美术指导（AAD）协助。

广告文案
The Power of Words

有经验的文案及美术指导，将会晋升为高级文案（SCW）及高级美术指导（SAD），但工作与以前大同小异。

大型广告公司的创意部，还包括电视制作（TV Production）、平面制作（Print Production）、画房（Studio）及流程主管（Traffic）4个小部门。电视制作部设有监制（Producer），负责电视广告的统筹，但实际上广告拍摄由另外的制作公司负责。平面制作部设有平面制作经理（Print Production Manager），主要负责跟进平面广告的印制工作。画房设有绘图员（Visualizer）、计算机绘图员（Computer Visualizer）、正稿员（Artist）等职位。流程主管（Traffic Coordinator）则负责统筹平面制作事宜。

客户服务部，主要工作是负责一切的业务联系及制定策略。重点人物是总经理（GM），其下按不同客户，划分为不同的客户群总监（GAD）、客户总监（AD）、副客户总监（AAD）、客户经理（AM）及客户主任（AE）。

媒介部主要为客户建议合适的广告媒体（如电视、报纸、杂志、海报、网络、直销等），并为客户与媒体争取最合理的收费。重点人物是媒介主管（Media Director），下设媒介主任（Media Supervisor）及媒介策划（Media Planner）等。

一般来说：

  A = Account 客户，= Art 美术，= Associate 助理

  B = Business 业务

C = Chief 首席，= Creative 创意，= Copy 文案

D = Director 总监/指导

E = Executive 执行

F = Finish 完成

G = Group 组/群

H = Head 头头

M = Manage 经理，= Media 媒体

P = President 总裁，Planner 策划，Production 制作

S = Sr = Senior = 资深

V = Vice 副，= Visualizer 视觉

客户服务部门：

Chair Man–总裁

VP（Vice President）–副总裁

CEO（Chief Operating Officer）–首席执行官

GM（General Manager）–总经理

GAD（Group Account Director）–客户群总监

AD（Account Director）–客户服务总监、业务指导

BD（Business Development）–业务拓展

BD（Business Director）–业务总监

AAD（Associated Account Director）–副客户总监

415

SD（Strategy Director）–策略总监

AP（Account Planner）–客户企划（分策略企划和业务企划两种）

AM（Account Manager）–客户经理

AE（Account Executive）–客户执行、客户服务、客户主任

创意部门：

GECD（Group Executive Creative Director）–集团执行创意总监

CP（Creative Partner）–创意合伙人

ECD（Executive Creative Director）–执行创意总监

GCD（Group Creative Director）–创意群总监

SCD（Senior Creative Director）–资深创意总监

CD（Creative Director）–创意总监、创意指导

ACD（Associated Creative Director）–副（助理）创意总监

GH（Group Head）创意组长

SCW（Senior Copywriter）–资深文案、撰稿人

CW（Copywriter）–文案、撰稿人

SAD（Senior Art Director）–高级美术指导

AD（Art Director）–美术指导

AAD（Associated Art Director）–副美术指导

Designer–设计师

FA（Final Artist）–完稿员

FAGH（Finish Artist Group Head）–完稿组长

PM（Production Manager）–制作经理

SM（Studio Manager）–画房经理、作业室经理

Traffic（Traffic Control Specialist）–流程专员

Traffic Coordinator–平面制作统筹

TV Producer–制片

Visualizer–插画师、绘图员、视觉设计

媒介策划部门：

MD（Media Director）媒体指导、媒介部经理

MD（Managing Director）–总经理

MP（Media Planner）–媒介策划

Planning Director–企划指导

Planning Supervisor–企划总监

互动部门：

Web Designer–网页设计师

Senior Web Designer–资深网页设计师

Interactive Designer–交互设计师（包括网页、Flash动画、视频等）

广告文案
The Power of Words

广告奖，逐个讲

世界级（前五项为全球五大广告赛事）

奖项	国别	特色及参赛须知
戛纳广告奖	法国	创立于 1954 年，总部设在法国戛纳。它源于戛纳电影节，由电影广告媒体代理商发起并组织，希望广告能同电影一样受到世人的认同和瞩目。 每年 6 月下旬举行，各国广告代表云集于此，它是真正意义上的综合性国际大奖。 参赛者范围及要求：全球有关广告和媒介的任何机构。直邮广告作品和促销活动材料，以及侵犯民族宗教信仰和公众品味的广告不得参赛。
克里奥广告奖	美国	创立于 1959 年，每年 5 月在美国迈阿密海滩举行。旨在表彰广告业最富创意的精英，鼓舞和奖励现代文化中最为生动有趣、最富有影响力的艺术形式。 参赛者范围：全球有广告和媒介的任何机构。慈善机构或非营利机构制作的公益作品及学生作品除外，其他参赛作品均应是商业广告。 奖项类别：内容吸引与创新性接触设计，互联网、电视电影、广播、电视与电影技巧、电视与电影经典荣誉、平面印刷、海报招贴和户外媒体、创意、整合媒体宣传、学生作品。
One Show 金铅笔奖	美国	1975 年，由美国 ONE CLUB 主办。1994 年，设立最佳学生作品展、青年创意大赛，是世界权威级广告大奖中唯一注重学院风格的奖项。 参赛者范围：世界各地大小不等的广告公司、电影公司、电视台、广告主；青年创意奖参赛人员为学生及 30 岁以下的青年创意人。 奖项类别：平面、电台和电视，互动广告、设计、短片、医疗广告、院校竞赛等。

附　录　有备而战——广告行业入门常识

莫比广告奖	美国	创立于 1971 年，每年 2 月在美国芝加哥城文化中心举行颁奖典礼。它的名字和奖座形状，源于 20 世纪德国数学家、天文学家莫比发现的莫比现象，象征永无止境的交流。 参赛者范围：世界各地大小不等的广告公司、电影公司、电视台、广告主。 奖项类别：影视、平面、户外、包装设计、直邮、网络等；每一类别设有两个奖项：金奖和第二名（杰出创意证书）。
伦敦广告奖	英国	创立于 1985 年，每年 11 月在英国伦敦开幕并颁奖。该项奖在创意概念、设计手法、技术制作等几方面齐头并重。 参赛者范围：世界各地大小不等的广告公司、电影公司、电视台、广告主。 奖项类别：平面、影视、广播、设计包装、技术制作。在技术制作方面又细分了 17 个奖项。
艾菲广告奖	美国	创立于 1968 年，总部设在美国纽约。它是以广告的实际效果作为评审标准的唯一奖项。 参赛者范围：全世界包括美国、法国、德国、中国等成员国在内的 33 个国家和地区设立。 奖项类别：日用品、耐用品、服务、企业形象、小预算。
纽约广告奖	美国	创立于 1957 年，总部设在美国纽约。 参赛者范围：世界各地 60 多个国家和地区的广告公司。 奖项类别：除常规奖项外，为了适应技术和科技的发展，全球互联网络奖项亦于 1992 年正式设立；对于健康关怀的全球奖项也于 1994 年加入大赛；1995 年又添设了广告市场效果奖，以嘉勉那些创意精良且市场销售突出的广告活动。

419

广告文案
The Power of Words

D&AD	英国	D&AD 是英国最权威的设计奖项，创立于 1962 年，已连续举办 40 多年。
		由于 D&AD 是一个非营利性机构、一个慈善基金组织，因此以其独立性与公平性，深受设计界的重视。D&AD 奖项几乎遍布各种创造性交流的领域，涉及绘图、写作、设计，到建筑、音乐和摄影等。
		虽然 D&AD 奖以"黄色铅笔"为人熟知，但其实"Yellow Pencil"（黄铅笔）只是 D&AD 的银奖；金奖为"Black Pencil"（黑铅笔），每届只颁出一两支，更显可贵。

亚太级

亚太级奖项	奖项介绍
时报亚太广告奖	时报亚太广告奖成立于 1990 年，由台湾《中国时报》创办，主要是促进亚太地区广告业界的交流与共同发展。每一届都会邀请亚太各国家和地区内卓越有成的广告人来担任评审，参赛者也来自亚太地区数十个国家，每一届参赛作品多达千余件，是亚太地区历史最悠久，影响力最大、最广的广告奖项之一。
金犊奖	金犊奖面向高校学生，取"初生牛犊不畏虎"之意，由《中国时报》于 1992 年创办。 现已成为全球华人地区规模最大、最具影响力的学生广告竞赛，吸引着世界各地的学生参与。它在学界和广告业界之间搭建桥梁，为业界输送优秀人才，并推动着海峡两岸的高校学术、师资、学生交流活动。

龙玺环球华文广告奖，诞生于 1999 年，由林俊明、孙大伟、莫康孙、苏秋萍 4 位著名的华裔创意人创办，被誉为华文广告"奥斯卡"。

它跨越中国内地、中国香港、中国台湾、新加坡、马来西亚和北美各地华文广告市场，为三大世界级广告创意排名榜 The Gunn Report、Shots Grand Prix 和 The Big Won 所认同。除了传统龙玺奖项，还包括"龙玺杰青华文创意精英大赛""拢合大奖"和"龙玺设计大奖"。

龙玺广告奖

国家级

国家级奖项	奖项介绍
 中国长城广告奖	中国广告节（China Advertising Festival）始于 1982 年，是经国家工商总局批准，由中国广告协会主办的广告业界盛会。它是中国广告业最权威、最专业、规模最大、影响最广的国家级展会，集国家级专业比赛评比、媒体展会、设备展会、商务交流、学术论坛会议等为一体。 作品评选分为影视、平面、广播和户外四大类，从众多参赛作品中评选出入围奖和金、银、铜奖，以及一个全场大奖。
 广州日报杯全国报纸优秀广告奖	"广州日报杯"全国报纸优秀广告奖评选，是由《广州日报》发起，中国国内最早、最具影响力的报纸广告评选，始于 1991 年。 多年来，随着活动影响力不断扩大，每年都会收到来自全国各地的近两千件参评作品，参评作品的来源地也从广告氛围较浓厚的广东、北京、上海、福建、浙江等沿海省市，扩展到新疆、甘肃、安徽、四川等中西部地区。

广告文案
The Power of Words

IAI年鉴奖

"IAI年鉴奖",以《IAI中国广告作品年鉴》收录的广告作品为评选对象。

《年鉴》由国际广告杂志社、中国传媒大学、IAI国际广告研究所等机构共同编辑,精选每年中国最有影响、最具代表性的广告作品。"IAI年鉴奖"坚持博采业内百名专家意见,并推出广告公司创作50强实力排行,为企业选择广告公司提供实证参考。

创意金印奖

中国4A创意金印奖由中国4A设立,始于2006年。它以创意品质为评选的最高原则,旨在树立中国广告创意的最高标准,褒奖出色的广告创意。共设影视、平面、广播、传统户外、创意媒体、包装、网络互动、整合传播8大项、52个类别,各设金、银、铜奖及优秀奖。

TIPS! 什么是飞机稿?

飞机稿,又被称为假广告(Scam AD)。它是广告公司为了在各种国内外创意竞赛中赢得奖项和声誉,在非客户埋单的情况下,而在公司内部自行创作和制作的稿子。

飞机稿有两个特点:一是未经客户审批同意;二是从未在媒体上发布过,或者只是为了参赛而临时投放在无关紧要的媒体上。所以,它大大减低了创作的难度与题材的限制,满足了很多创意人渴望一夜成名的心态。公益广告往往没有明确客户,因此也成了很多飞机稿的目标对象。

这类没有经过客户与市场考验的作品,往往含金量不高,更被视为广告人对于创意奖项的精神自慰。

附　录　有备而战——广告行业入门常识

专业书刊何其多

《国际广告》

创刊于 1985 年，由中华人民共和国商务部主管、面向国内外发行的广告专业月刊。1997 年，独家购买世界权威杂志美国《广告时代》周刊中国版权，成为国内同类期刊中发行量最大、广告量最大、阅读率最高的杂志，具有相当的权威性和影响力。主要内容：品牌、创意、媒介、营销、沟通五大板块。2014 年更名为《国际品牌观察》，旨在以国际视野洞察本土品牌，打造一个将企业、广告业及媒体紧密联系和运作的新平台。

《中国广告》

创刊于 1981 年，是中国大陆第一本广告专业刊物。由东方出版中心、上海百联（集团）、上海市广告协会联合主办，致力于广告学、广告理论及广告相关科学的研究和探讨；研究各类广告的创意、设计、制作；交流国内外成功广告案例和优秀作品；报道国内外广告动态；介绍广告新技术、新材料、新方法。每期辟有"每期专辑""广告研究""风云人物""创意故事""品牌透视""创意快递"等栏目。

《广告档案》

《广告档案》以国际版、欧洲版、德国版和中文版四种版本发行，发行量逾 3 万 8 千份，读者遍布美国、亚洲、欧洲、澳洲和非洲。

每期收录 70~80 套全球最新的系列平面作品，按照不同产品类别呈现。作品来自全球广告界知名设计师、摄影师及顶级广告公司的投稿精选，涉及广告、设计、摄影、海报等众多方面，具有强烈的实验性。

中文版对广告标题、文案和作品背景进行了必要的翻译和解释，更便于中国大陆创意人阅读、参考。

423

广告
文案

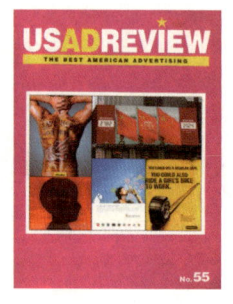

The Power of Words

《美国广告通讯》，涵盖最全的美国优秀平面广告刊物，每期刊登超过 200 幅美国最新、最优秀的全彩色杂志广告、报纸广告和户外广告，按产品类别收录。它的特色：是以真实的出街稿为主。

在每一期中，编辑者都精心选择数套杰出的作品，深入访问它们的创意总监、美术指导和文案，与你分享他们的创意经验，以帮助读者更好地理解创作过程。

《美国广告通讯》

如何准备你的作品集

要入行做创意，一份作品集是必须的，而且起码要包括 20 张以上的稿子。广告公司判断一个新人有没有做创意的潜质，关键还是看作品。做广告跟做设计不同，设计可以追求纯粹的形式感，但是做广告的话，作品背后有没有"逻辑"和"思想"就很重要。

如果没有真正的出街稿，也可以拿一些能够反映你的创意能力的习作，只要有五六套很棒的系列广告，即使是一流广告学校的高才生也不用放在眼里了。

在 20 座 One Show 奖得主路克·苏立文（Luke Sullivan）所著的《文案发烧》一书中，对"如何准备作品集"有着以下精辟的言论，就让它们作为本书的结尾，并预祝你也能拥有一本出色的作品集，早日梦想成真。